回教圏研究所編

回教圏史要

大慈大悲のアッラーの御名において

萬有の主宰＊大慈大悲の神＊審判の日の王に栄光あれ＊われら汝に仕えまつり、汝がお護りをこいねがう＊仰ぎ願わくはわれらを正しきもの＊汝がお恵みを垂れたまいしものの道へと導きて＊汝が怒りたまうもの、さ迷えるものの道へと導きたまうことなかれ

—コーラン、序章—

スレイマン一世の謁見

スレイマン一世（一五二〇—一五六六在位）はオスマン帝国最大のスルタンであり、彼の時代こそオスマン族の極盛期である。図は地中海に雄飛したバルバロス・ハイレッディン（一五四六没）が、スレイマン一世に拝謁している古画である。（トプカプ宮殿博物館蔵）

一　聖宇とその垂帳

メッカに所在するカアバは、回教の信仰の焦点であり、それはアッラーの霊場として回教徒がひとしく仰ぎみる聖宇である。カアバの方位がキブラ（祈祷の方角）として定められているのも、実にこのためである。上図はアナドル製の釉瓦に描かれたカアバである。それは一六六二年に製作されたと伝えられている。下図はカアバの昔時の垂帳の一例であり、その中央の聖句はコーランの断節である。（「ミラート・ウル・ハラマイン」から。）

二　聖典と預言者廟

回教の聖典はコーランであり、預言者マホメットが天使ジブリール（ガブリエル）を通じてアッラーから接受した天啓の結果である。上図は一三〇六年の筆になる豪華なコーランの断節であり、バグダードのフダーワンド廟に発見されたものである。（ライプツィヒ市立図書館蔵。）下図はメディナにおける預言者廟の眺望である。メディナがマホメットの入滅地として回教霊地であるのは、いうまでもない。預言者廟は前ウマイヤ朝カリフ・アル・ワリード一世（七〇五—七一五在位）によって回教寺院として建造され、その後修築されている。

回教圏史要

三　サラセン帝国と古文書と貨幣

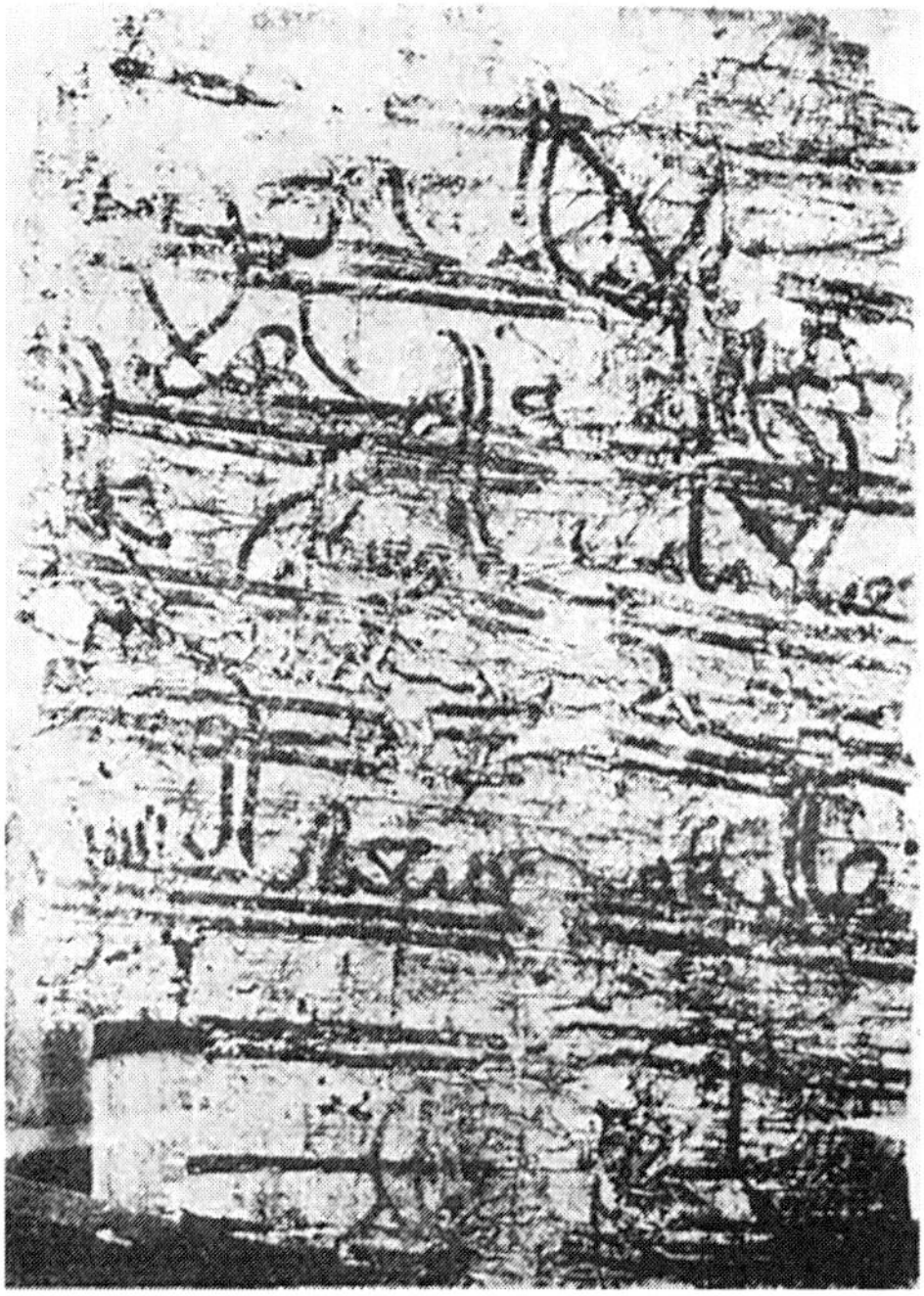

上図はアッバース朝カリフ、アル・ムクタディル（九〇八―九三二在位）の署名をもつサラセン帝国最古の現存公文書である。下図はサラセン帝国の貨幣であり、右上―前ウマイヤ朝（六三八鋳造）、右下―アッバース朝（七六五鋳造）、左最上―トゥルン朝（八八二鋳造）、左中上―ファーティマ朝（九六九鋳造）、左中下―アイユーブ朝（一二一八鋳造）、最左下―アイユーブ朝（一二一九鋳造）の各時代のものである。

四　サラセン帝国の遺跡

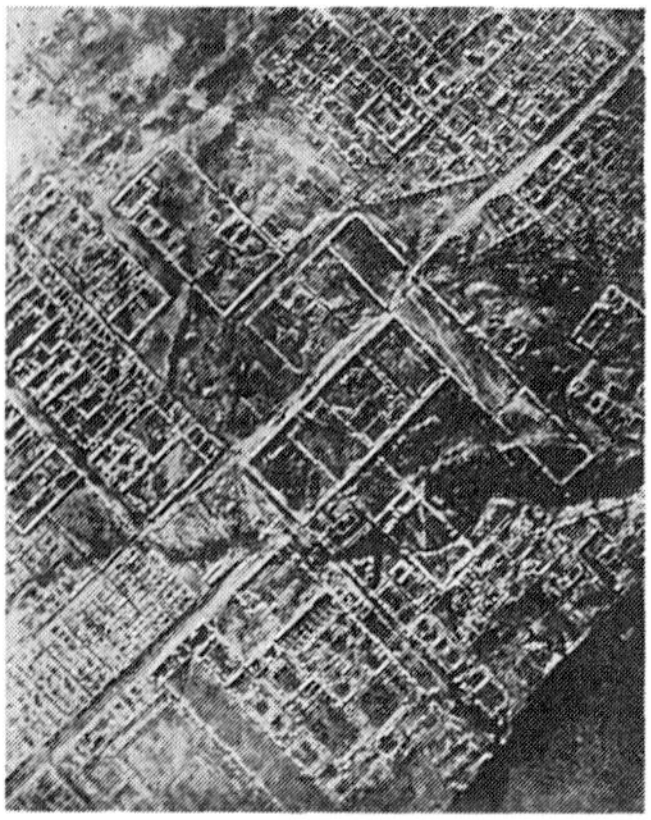

上図はサマッラーのアル・ムタワッキル宮殿の廃墟の俯瞰図である。この整然とした設計を示すアル・ムタワッキル宮殿は、アッバース朝のカリフ、アル・ムタワッキル（八四七―八六一在位）の造営にかかる。なお、サマッラーは八三六年から八八九年までの間、バグダードに代わってアッバース朝の首都として立っている。
下図はグラナダのアルハンブラ宮殿の内景であり、いわゆる獅子宮の一角である。アルハンブラ宮殿は回教建築の極致を表し、大理石の柱、多様な拱門、多彩な壁面をもって、とりわけ声明をほしいままにしている。それはナスル朝によって第十三世紀から第十五世紀の長年月を費やして築造されている。実に、アルハンブラ宮殿こそヨーロッパにおける回教的遺跡の代表的存在であろう。

五　サラセン文化の所産

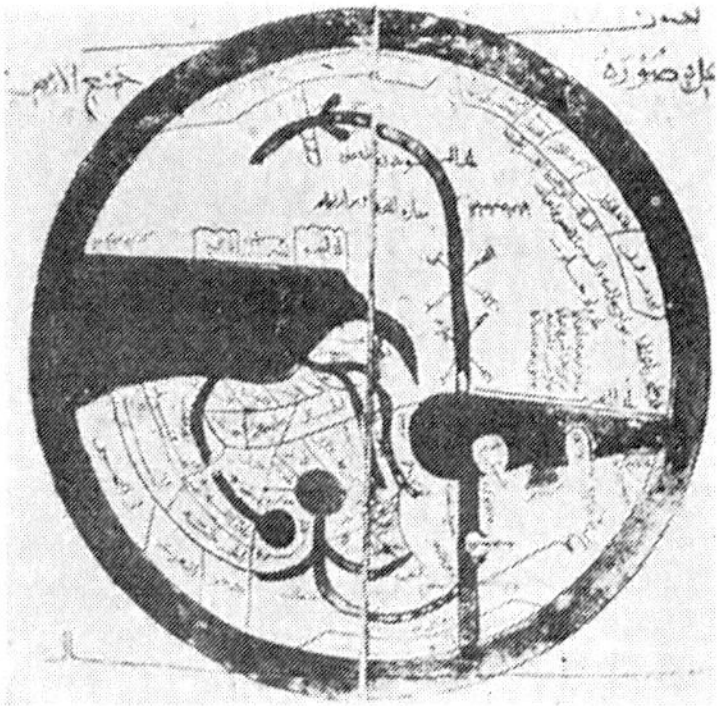

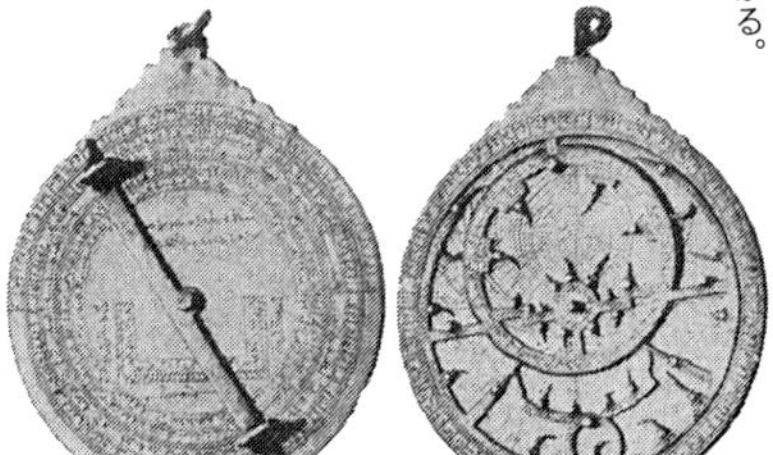

上図はサラセン地理学者イブン・ハウカル（九七五頃没）によって描かれた世界地図である。上方が南であり、左方の大海はインド洋であり、右の小海は地中海であり、周囲は大海である。なお、この地図は一〇八七年の復刻図である。下図はサラセン天文学の発達を物語る測天儀である。本図の測天儀は一六〇一年の日付をもっているが、右はその表面であり、左はその裏面である。中図はサラセン医学の一面を暗示する調剤図である。それはローマ薬用植物医学者ディオスコリデス（五〇頃生）の「マテリア・メディカ」のアラビア語訳書に使用された挿絵であり、なお、この医書は一二二二年の出版にかかる。

六　回教学堂の残栄

回教徒は回教文化の発展のために、早くから幾多の学林を設立している。上図はセルジューク帝国の分裂時代のコンヤのインジェ・ミナーレ・マドラサ（高等学院）の正面である。この学院は一二五二年に建立されている。下図はティムール帝国時代におけるサマルカンドのウルグ・ベク・マドラサ（ウルグ・ベク学堂）の正面である。その学堂は一四四七年から一四四九年にかけて建築されている。けだし、かような大規模な学校の存在によって、はじめて回教精神は輝かしく高調されたのである。なお、これらは建築美術の観点から見るときでさえも、重要であろう。そうして、その遺産はいまなお高く評価されなければならない。

七　カイト・ベイ廟とクトゥブ塔

カイト・ベイ廟はカイロに所在し、とくにその屋蓋の輪郭と紋様との美において有名である。けだし、その奇巧な建築技法は円熟の境地を示している。なお、それは一四九六年に建立されている。上図はこのカイト・ベイ廟の美麗な円蓋の外景である。また、クトゥブ塔はデリーに所在する一種の光塔であり、回教建築の特異な遺跡の一つである。一一九三年の建立にかかるクトゥブ塔は、もともと四層であったが、後世の修築によって、いまは二三八フィートに達する五層の姿を示している。下図はこの高塔の第一層と第二層との中間部を写している。

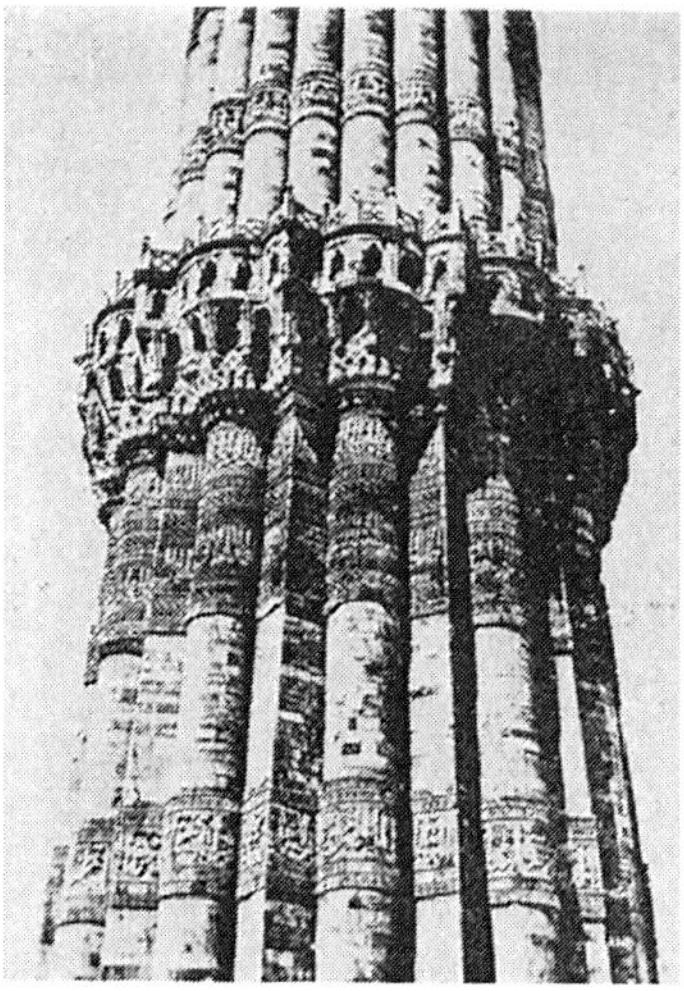

八　ムガル帝国の栄光

ムガル帝国は豪華な回教建築の遺産を伝えている。上図は不抜の堅城として知られたアグラ城の外景である。それは一五六五年にアクバル（一五五六―一六〇五在位）によって起工されたのである。中図はシャー・ジャハーン（一六二八―一六八五在位）によって造営されたデリー宮殿の一部、すなわち華麗なディーワーニー・ハース（接見の間）である。その建築年代は一六二八年から一六五八年の間である。下図は均整美の最高調を誇るタージ・マハル廟である。それはシャー・ジャハーンによって、一六三〇年から一六四八年までの歳月をもって建立されている。

九　イラン人の偉業

上図はイランが産んだ世界的詩聖フェルドウシー（一〇二〇没）の著「シャー・ナーメ」の一節である。これは列王詩譜であり、一〇一一年に完成したイラン文学の最大傑作の史詩である。上図は英雄ルスタムの物語にあたえられた挿絵であり、一四六三年の筆にかかる。下図はサファヴィー朝によってイスファハンの郊外に架工されたハージュー橋の遺跡である。まさに、これは「イスファハンは世界の半分なり」と豪語したところのサファヴィー朝の支配者の誇りを伝える稀有の大工木工事であろう。

十　中国回教の片影

広東の懐聖寺は中国へ回教が伝来した当時の遺跡として著名である。この回教寺院は光塔寺ともいわれているように、その光塔の存在のゆえに注目されている。それはいまも中国有数の回教寺院である。現存の本堂は一三〇五年の再建にかかる。上図はこの懐聖寺の外景である。下図は北京の普寧寺の碑文である。これは一七六四年に清朝の乾隆帝によって回教徒に対する寛仁な態度を訓示するために、建立されたものである。また、それは漢語、トルコ語、満州語、モンゴル語の四箇国語をもって記述されているが、ここにはトルコ語とモンゴル語との部分が提出されている。

十一　メフメット二世とティムール

上図はメフメット二世（一四五一―一四八一在位）の肖像である。メフメット二世は一四五三年にローマ帝国の首府コンスタンティノープル（現在のイスタンブール）を占領し、オスマン帝国の西方的発展を実現した偉大なスルタンである。彼がファティフ（征服者）の名をもって呼ばれる理由は、まさにここにある。下図は彗星のように出現したティムール（一三六九―一四〇四在位）の雄姿である。ティムールもまた巨大な征服的足跡を残した回教徒であり、タメルランの名は人口に膾炙している。彼によって創設されたティムール帝国のもとにこそ、中央アジアの回教文化は最高度に輝かしめられたのである。

十二　ベオグラードの激戦とプレヴェザの大戦

オスマン帝国の征服戦は世界的驚異の一つとして知られている。上図はオスマン帝国の陸軍によるベオグラード攻囲の光景であり、第十六世紀のトルコ古画である。（「ヒェネルナメ」から。）いうまでもなく、ベオグラードは頑強な抵抗にもかかわらず、一五二一年に果敢なトルコ軍隊の強襲によって陥落している。その戦勝はバルカンにおける回教的覇権の確立を導いたのである。下図は一五三八年にオスマン帝国の海軍によって行なわれたプレヴェザの大戦のトルコ古画である。（ドルマ・バフチェ宮殿蔵。）プレヴェザの大戦はオスマン帝国の戦艦一三〇隻がスペインおよびイタリア連合艦隊一六七隻をイオニア海において撃破した著名な海戦である。これによって、地中海の制海権はオスマン帝国の手に移ったのである。

十三　回教寺廟の輪奐

回教寺院は世界の建築における奇観である。上図はイスタンブールのスレイマニエ寺院の外景である。これはトルコのミケランジェロと称えられる巨匠スィナン（一五七九没）の傑作の一つであり、荘重典雅な建築美を示す。それは一五五〇年から一五五六年までの六箇年を費やして完成されている。下図はイスタンブールのアフメット寺院の内景である。これは六基の光塔と藍色の装飾とをもって、絢爛な諧調を表すところの回教寺院の典型として世界的に知られている。なお、それは一六〇九年から一六一六年にいたる歳月をもって建立されたのである。

ケマル・アタテュルクの英雄的決起によって、老朽のオスマン帝国は瓦解し、一九二三年一〇月二九日に新しくトルコ共和国が出現したのである。そうして、トルコ共和国は政教分離とともに、あらゆる革新を断行し、回教文化の近代化の実例を提供している。上図は世紀の偉人として一九三八年一一月一〇日の他界したケマル・アタテュルクの影像である。下図はトルコ共和国の近代産業の勃興を物語る最大のカイゼリ紡績工場の一景である。

十四　ケマル・アタテュルクとカイゼリ紡績工場

十五　レザー・パフラヴィーとイラン縦貫鉄道

衰弱のイランを救済し、一九二五年にパフラヴィー朝の始祖として即位したレザー・パフラヴィーは、イラン人の新生のためにあらゆる努力を傾注している。そうして、最近のイラン王国はトルコ共和国とならんで、著実な歩行をもって回教徒の近代化を実現している。上図はレザー・パフラヴィーの英姿である。下図はイラン王国の多年の宿望であったイラン縦貫鉄道の風景である。一、四〇〇キロメートルの延長をもつこの鉄道は、一九三〇年から一九三八年の日子をもって完成されている。

十六　イブン・サウードとザグルール・パシャ

上図はイブン・サウードの偉貌である。アラビア砂漠の子として誕生したイブン・サウードは、大アラビア主義の旗のもとに蹶起し、たちまちサウジアラビア王国を建設している。彼はアラビア族復興の指導者であり、現代のマホメットとさえもいわれている。下図はエジプト独立の父として知られているザグルール・パシャの面影である。彼は一九一九年以来ワフド党を率い、エジプト人のエジプトの再現に尽くし、民族運動史のうちに巨大な足跡を残している。しかし、彼は一九二七年に没している。

回教圏史図版

十五　レザー・パフラヴィーとイラン縦貫鉄道
十六　イブン・サウードとザグルール・パシャ

目次

序

今日ほど、わが日本において回教圏の重要性に対する認識が高まっている秋はあるまい。しかし、回教圏に関する正しい知識は、まず回教圏の歴史を通じて把握さるべきであろうと信ずる。しかるに、従来わが国には厳密な意味における回教圏史の概説を欠いていた。本所は、この点に鑑《かんが》み、研究員小林元君を編集主任となし、所員一同の協力のもとに、この「回教圏史要」を作成するにいたったのである。

本書は一切の回教民族を包括する通史であるが、とくに中国回教史を詳述したところに一つの特徴をもっている。

もし、本書が、これまでともすれば等閑《とうかん》に付せられていたこの世界に関して真の理解をもたらし、さらに回教徒問題への解明の鍵をあたえることに役立つならば、それは本所のもっとも欣快《きんかい》とするところである。

昭和十四年初冬
回教圏研究所
所長　大久保幸次

表記について

回教＝イスラム教
回教徒＝ムスリム
（イスラム教徒）
回教寺院＝モスク
マホメット＝ムハンマド
サラセン＝イスラム

本書にもちいられた地名、人名、その他は、とくに慣用の場合をのぞけば、できうるかぎり原音に近い音訳があたえられている。

なお本書の扉図はブルザの回教寺院建築の断片である。

※今回の新版では、表記の一部を現代仮名遣い慣用的なものに改めています。

第一篇

Islamic history

Concept of the Islamic world

第一章 回教圏の概念

回教の名称——回教および回教徒の真義——回教圏の定義——回教圏の地理——回教徒の総数——諸地方の回教徒数——中国の回教徒数——回教徒の地域性——回教圏の主体——回教圏の時代性——回教圏の現段階

（一）回教の名称

回教の真称
回教の名称の由来
清真教および伊斯蘭教
マホメット教

回教《かいきょう》の真称《しんしょう》はアラビア語のイスラーム（الإسلام）である。回教はイスラームに対する通称にほかならない。そうして、回教は回回教《かいかいきょう》ともいわれる。回教もしくは回回教という称呼《しょうこ》は、東トルキスタンに占拠していたトルコ系の回鶻人《かいこつじん》、すなわちウイグル人が、第十世紀ころに、仏教から回教へ改宗した事情に由来すると考えられている。したがって、かような異称は中国人によって作られたものである。もちろん、中国の回教徒自身は、多くの場合、回教を清真教《せいしんきょう》もしくは伊斯蘭教《イスラムきょう》と呼ぶ。清真はイスラームの意訳であり、伊斯蘭はその音訳である。さらに、回教の古称としては、天方教、花門教、石室教などの別名がある。しかし、回教こそイスラームの通称として、東方において、一般に用いられている名称である。また、回教はマホメット教とも称えられる。ただし、これはヨーロッパ風

イスラームの典拠

の称呼である。それはキリスト教の名称のように、尊崇すべき回教の教祖マホメット、正しいアラビア語的発音によれば、ムハンマド（محمد）の尊名を宗教名と見なした結果である。しかしながら、これは誤解を招きやすい。われわれはつねに回教の聖典コーラン、アラビア語をもっていえば、クルアーン（القرآن）において述べられている次のような聖句、すなはち「しかして、この日われは汝らのために、汝らの宗教を完《まった》くし、汝らにわが慈恵《じけい》を充ち足らし、回教（イスラーム）を宗教として撰《えら》みたり」（コーラン、第五章・第三節）、また「まことに、アッラー（الله）による宗教こそ、回教（イスラーム）なれ」（コーラン、第三章・第一八節）などという啓示を忘れてはならない。まさに、イスラームこそ回教の正しい名称である。

（二）回教および回教徒の真義

イスラームの語源および語意

回教の本義

回教徒の真義

イスラームの語源は、アラビア語のアスラマである。このアスラマという言葉は、「平和の境地に到達する」あるいは「帰依する」ということを意味する。それゆえに、イスラームは「平和であるべきこと」ないし「絶対に帰依すること」などの語義を含んでいる。神に向かっては絶対帰依、また人に対しては慈悲忍辱《じひにんにく》こそ、安心立命の三昧境《さんまいきょう》であり、まことに、この境地はイスラームの極致である。コーランも「げに、おのれをことごとくアッラーに任せ、善根《ぜんこん》を積むものこそ、主より報いを受け、おそれもなく、はた悲しみもなし」（コーラン、第二章・第一一二節）と教えている。そこで、回教の本義は「アッラーに対する自我の徹底的没入」、いいかえれば「帰真」でなければならない。かような真心をもって、神と人とのために平和境を守るもの、いいかえれば、神に身心を捧げ、また人に善根を施す

ムスリム

ところの平安な人々は、たれびともムスリム（مسلم）すなわち回教徒である。いうまでもなく、このムスリムというアラビア語は、アスラマの変化語である。中国においては、回教徒は回民もしくは回回と呼ばれている。しかしながら、そこでは「信主的人」を表わすアラビア語のムーミンの音訳、すなわち穆民《ムーミン》という名称が用いられることもある。

ムーミン

（三）回教圏の定義

回教圏

回教圏は回教徒の居住地である。すなわち、回教圏はつねにコーランの聖句が読誦《どくしょう》される疆域《きょういき》であり、回教的雰囲気の地区にあたる。まさに、それはアッラーの信仰の宗教区にほかならない。この意味において、回教圏は異教が流行してい

闘争の境
平和の境

るところの「闘争の境（ダール・ウル・ハルブ）」に対して、回教が浸透しているところの「平和の境（ダール・ウル・イスラーム）」にあたるわけである。もちろん、この回教圏はすこぶる広い。したがって、そこに居住する回教徒数もきわめて多い。

（四）回教圏の地理

回教圏の諸地
アジア大陸
アフリカ大陸

いま、回教の本地を焦点として、現在の回教圏を地理的に展望すれば、それはアジアにおいては、アラビアから、パレスチナ、シリア、イラク、トルコ、カフカス、イラン、アフガニスタン、トルキスタン、中国、蒙彊《もうきょう》、満州などに延び、さらにインド、マレー、インドネシア、フィリピンなどを含み、またアフリカに

ヨーロッパ大陸

アメリカ大陸および
オーストラリア大陸

おいては、エジプト、リビア、チュニジア、アルジェリア、モロッコ、エリトリア、ソマリランド、エチオピア、その他の諸地を加え、なおヨーロッパにおいては、ロシア、バルカンの諸地、たとえばユーゴスラビア、ブルガリア、アルバニア、その他を添えている。この実情から、回教圏は乾燥地帯的風土を展開する部分のアジアおよびアフリカを背景として、ヨーロッパにまで膨張しているわけである。しかも、その余勢《よせい》はアメリカやオーストラリアなどにまで広がっている。それで、回教圏は一つの世界的宗教圏であるといえる。

回教徒の総数
キリスト教徒の総数
仏教徒の総数
大陸別回教徒数

（五）回教徒の総数

地球の諸大陸にまたがる巨大な回教圏は、約三億万人に達する回教信奉者を抱いている。この人口概数からみれば、世界の回教徒は約七億万人のキリスト教徒の半数に近く、約四億万人の仏教徒と肩をならべているのである。これは回教の世界性を裏書《うらがき》するであろう。さて、これほど多数の回教徒の総数を大陸別に分けて調べれば、それは

アジア州　二一三、六〇〇、〇〇〇人
アフリカ州　八〇、〇〇〇、〇〇〇人
ヨーロッパ州　六、〇〇〇、〇〇〇人
アメリカ州　二〇〇、〇〇〇人
オーストラリア州　二〇〇、〇〇〇人

となる。また、それを種族別に分類すると、

インド族	七八、〇〇〇、〇〇〇人
マレー族	六〇、〇〇〇、〇〇〇人
トルコ族	五〇、〇〇〇、〇〇〇人
アラビア族	四〇、〇〇〇、〇〇〇人
ネグロ族	四〇、〇〇〇、〇〇〇人
漢族	三〇、〇〇〇、〇〇〇人
イラン族	二五、〇〇〇、〇〇〇人
その他	

という人口概数が現れる。

（六） 諸地方の回教徒数

世界の全回教徒を地方別に分析すれば、それは回教国ないし回教地方として（＊印は回教地方であり、独立国ではない）、

トルコ	一七、五〇〇、〇〇〇人
エジプト	一四、〇〇〇、〇〇〇人
イラン	一一、〇〇〇、〇〇〇人
アフガニスタン	一〇、〇〇〇、〇〇〇人
サウジアラビア	四、〇〇〇、〇〇〇人
イエメン	三、〇〇〇、〇〇〇人
イラク	三、〇〇〇、〇〇〇人
シリア	二、〇〇〇、〇〇〇人
＊アルジェリア	五、六〇〇、〇〇〇人
＊モロッコ	六、〇〇〇、〇〇〇人

*チュニジア　二、四〇〇、〇〇〇人
*リビア　六三〇、〇〇〇人
その他

また、半回教国ないし半回教地方として（*印は回教徒を包含する非独立国である）、

中国　三六、〇〇〇、〇〇〇人
ソビエト・ロシア　二〇、〇〇〇、〇〇〇人
ユーゴスラビア　一、六〇〇、〇〇〇人
ブルガリア　八二〇、〇〇〇人
タイ　五〇〇、〇〇〇人
満州　三〇〇、〇〇〇人
*インド（イギリス領）七八、〇〇〇、〇〇〇人
*インドネシア（オランダ領）六〇、〇〇〇、〇〇〇人
*エチオピア（イタリア領）一、〇〇〇、〇〇〇人

＊アルバニア（イタリア領）　七六〇、〇〇〇人
＊エリトリア（イタリア領）　五〇〇、〇〇〇人
　＊フィリピン　五〇〇、〇〇〇人
　　その他

という人口計数《けいすう》が数えられる。

（七）中国の回教徒数

とくに、いわゆる中国の回教帰依者の概数三千六百万名を諸地方別によって分類すれば、それは

雲南　四、〇〇〇、〇〇〇人
河北　三、〇〇〇、〇〇〇人
河南　三、〇〇〇、〇〇〇人
山東　三、〇〇〇、〇〇〇人
四川　三、〇〇〇、〇〇〇人
陝西　二、七〇〇、〇〇〇人
甘粛　二、五〇〇、〇〇〇人
新疆　二、四〇〇、〇〇〇人
安徽　二、〇〇〇、〇〇〇人

江蘇　二、〇〇〇、〇〇〇人
山西　一、八〇〇、〇〇〇人
青海　一、二〇〇、〇〇〇人
湖北　一、〇〇〇、〇〇〇人
湖南　一、〇〇〇、〇〇〇人
寧夏　八〇〇、〇〇〇人
広東　六〇〇、〇〇〇人
貴州　五〇〇、〇〇〇人
福建　五〇〇、〇〇〇人
浙江　三〇〇、〇〇〇人
江西　二〇〇、〇〇〇人
広西　二〇〇、〇〇〇人
蒙疆　一五〇、〇〇〇人

となる。いずれにしても、回教圏が巨大であるように、中国の回教徒数も膨大である。

回教徒の集住性
回教徒の善隣性
回教徒のアジア性
アジアの諸主要回教国

（八）回教徒の地域性

回教徒はキリスト教徒もしくは仏教徒よりも、はるかに求心的集中性を表示している。まことに、回教の発祥地としてのアラビアを円心とする回教圏は、東西に向かって対蹠的《たいしょてき》に弧《こ》の重続《じゅうぞく》図、いいかえれば聖標としての新月（ヒラール）の連続的配列を展開しているのである。回教徒の善隣性や国際性や団結性や抱擁性なども、あきらかに、こうした回教圏の密住《みつじゅう》的世界性に関係しているであろう。しかしながら、回教圏をよく見つめるとき、われわれは回教徒の主力がアジアに置かれている事実に想いいたるにちがいない。それはアジアの回教徒数から考えても、たやすく察《さっ》せられるはずである。事実、アジアは回教徒の総数の約八十パーセントを抱擁している。そうして、インドなどは回教信奉者の最大集住地である。また、さらにいくつかの重要な回教国の大部分、たとえばトルコ共和国にしても、イラン王国にしても、アフガニスタン王国にしても、サウジアラビア王国にしても、さてはイエメン王国、イラク王国、シリア共和国などにしても、すべてアジアのうちに位《くらい》している。その意味において、回教はアジア的宗教としてとり扱われてよい。ただし、この際、回教徒のアジア的集中は回教帰依《きえ》者のアジア的偏在であると解釈されるべきではない。かえって、われわれは回教徒がアジアを中核として世界的に分布しているという現実を認識しなければならない。けだし、回教がアジアから産まれた以上、回教圏のアジア的姿勢は当然である。

（九）回教圏の主体

回教圏を宗教的角度から眺めるならば、それはどのような結論をあたえるであろうか。すなわち、世界の回教徒が宗派別に配当されるとき、それは

スンナ教派（スンニーヤ）　二七二、〇〇〇、〇〇〇人
シーア教派（シーヤ）　二五、〇〇〇、〇〇〇人
ワッハーブ教派（ワッハービーヤ）、その他　三、〇〇〇、〇〇〇人

となるのである。したがって、正統派のスンナ教派数は回教徒の約九十一パーセントにあたる。これに対して、異説派のシーア教派数はわずかに回教徒の約八パーセントにすぎない。まして、復古《ふっこ》派のワッハーブ教派数はきわめて少ないのである。こうした実情からいえば、回教徒の主体はスンナ教派によって構成されてい

宗派別回教徒数
スンナ教派
シーア教派
ワッハーブ教派

るわけである。実際、シーア教派、その他の少数者的宗派は、いわばスンナ教派の間隙《かんげき》を縫《ぬ》って存在している程度であるといえる。要するに、宗派の立場から考察したときでさえも、回教圏の一元性、さらに回教徒の親近性は明瞭となるにちがいない。これは回教圏の顕著《けんちょ》な特相である

（一〇）回教圏の時代性

回教圏の歴史はかならずしも古くはない。世界のいわゆる三大宗教のうちで、仏教がもっとも早く唱えられ、その開教も紀元前第六世紀の昔にまで遡《さかのぼ》られる。それから約六百年の後になって、はじめてキリスト教が興り、さらに約六百年を経て、ついに、回教があらわれたのである。そこで、回教はもっとも新しい世界宗教であるわけになる。けっきょく、回教圏の歴程《れきてい》はいまだ一千三百数十年以上を経過していない。それにもかかわらず、回教徒は世界史の軌道を一変し、巨大な回教圏を実現したのである。世界史をひもとけば、そこには昔日《せきじつ》の回教徒の絢爛《けんらん》な絵巻が繰りひろげられている。そうして、回教文化の業績は世界的名声をあたえられているのである。疑いもなく、回教圏の歴史的意義はきわめて大きい。

回教の歴史
仏教の歴史
キリスト教の歴史
回教圏の歴史的意義

（一一）回教圏の現段階

植民地ないし半植民地の回教徒数

不運にも、現代の回教圏の大部分は、幸福な独立的状態に恵まれていないのである。なんとなれば、植民地ないし半植民地に屯居《とんきょ》している回教徒の概数は、

イギリス領	一〇〇、〇〇〇、〇〇〇人
オランダ領	六〇、〇〇〇、〇〇〇人
フランス領	三〇、〇〇〇、〇〇〇人
イタリア領	七、八〇〇、〇〇〇人
その他	

アジアの場合

である。いうまでもなく、これらの人口数のうち、アジアにおけるものは、他の諸大陸におけるものよりも、圧倒的に多数である。しかも、有力な国家的権威を

誇りつつ、アジアとヨーロッパとの間に位《くらい》するトルコ共和国以外の回教独立国の多くは、いかに自主的気勢に燃えているにせよ、それぞれの国力において強固性に乏しく、未完成の姿相《しそう》を呈している。したがって、現段階における回教徒はともすればヨーロッパ人への屈辱的奉仕《ほうし》を要求されている貌《かたち》である。はたして、これは正しいか。回教徒はみずから輝やかしい信仰の威力と限りない潜勢力《せんせいりょく》といまも失ってはいないのである。

Muhammad

第二章

マホメットの登場

古代のアラビア――メッカの繁栄――アラビア国有の宗教――若い時代――求道の朝夕――回教の宣言――法難――聖遷――法城の基礎工作――神聖な方位――聖戦――メッカの征服――入滅の日

無明時代のアラビア

未開状態

氏族制

結盟の傾向

（一）古代のアラビア

回教の発祥以前のアラビアは、「無明《むみょう》（ジャーヒリーヤ）」と呼ばれる。このアラビアはセム族の故郷であると考えられている。アラビア族もまたセム族の一派である。そのころのアラビア族は、近隣のバビロニアやアッシリアやイランやフェニキアやヘブライなどの文化諸族とほとんど交渉していない。早くから海外通商に従っていたイエメンをのぞけば、アラビア沙漠はいまだ未開地域であった。その住民は山と沙漠との接壌地《せつじょうち》や、海に面した平地や、諸地のオアシスなどで、主として遊牧生活を追求し、氏族的集団を構成しつつ、ここかしこに分散していた。こうした氏族制時代のアラビア族は、ヒムヤル族、カラム族、ラビーア族、ムツァル族の四種族を根幹とし、大氏族および小氏族に分裂し、つねに闘争していた。しかるに、無明時代の末期にいたって、諸種族間にはさまざまな同盟が結成され、それらの政治的地盤はしだいに拡大されつつあった。そうして、かような諸結盟のなかから、マァアーンとか、サバァとか、ラフムとか、ガッサーンとかなどの種族国家が出現した。それにもかかわらず、これらの諸国もまもなく没落し、アラビアの諸種族は、だいたい、南北の二つの種族連盟に集結することとなった。それで、分裂と割拠《かっきょ》と格争とに日を送っていたアラビア人も、ようやく種族的統一による国家生活への志望を示し、世界的飛躍の基礎を築いてきたわけである。

（二）メッカの繁栄

たまたま、無明時代の閉幕ころに、アラビアはいくたびか干ばつに襲われた。かような天災の頻発《ひんぱつ》は農耕地を荒廃に帰せしめた。このために、アラビアの遊牧

移住計画

アラビア商人の活躍

メッカの発展と市民生活の退廃

民はしばしばエジプトやイラクなどの豊饒地《ほうじょうち》へ向かって移住を試みている。しかし、彼らはその当時、なお近東《きんとう》の強大国として存立していたササン帝国（中世イラン帝国）（二二六―六五一存続）あるいは東ローマ帝国（ビザンティン帝国）（三九五―一四五三存続）の辺境軍によって妨げられ、失敗の苦痛をあたえられた。しかも、ササン帝国と東ローマ帝国との間の戦乱は、西アジアの商業を阻害した。それゆえに、アラビア人は東西貿易のうちに彼らの生命線を模索し、彼らの窮境《きゅうきょう》を打開しなければならなかった。その結果、かえってアラビアの陸上交通は急速に発達し、仲継貿易《ちゅうけいぼうえき》は繁栄した。この商業交易に携わっていた商人隊の宿駅であるメッカも、ヒジャーズの中心都府として、その恩恵に浴《よく》しつつ、隆昌《りゅうしょう》の日を迎えた。しかるに、メッカの商人群はその都市生活の発展とともに、しだいに暴威を振い、奢侈《しゃし》と逸楽《いつらく》とにふけった。すでに、偶像崇拝の弊害《へいがい》を表していたメッカの市民生活が、退廃的傾向に走ったのは、けだし、自然であろう。

固有の信仰
巌石崇拝
カアバの原型
キリスト教と
ユダヤ教との浸潤
一神教への準備

（三）アラビア固有の宗教

往昔《おうせき》から、メッカは宗教的焦点であった。もともと、アラビア固有の宗教は種族神や星辰神《せいしんしん》などの偶像、もしくは巌石を礼拝していた。メッカのカアバ（الكعبة）はこの原始宗教の心臓にほかならなかった。そこで、カアバにはメッカの支配権を掌握していたクライシュ族の氏神であるフバルのほかに、三百六十余体の偶像が祀られていた。そうして、その崇拝はともすれば形式主義に陥り、儀式と祭礼とを通じて、人々の奉納《ほうのう》を強《し》いた。しかしながら、アラビアにも、早くヤコブ派の東方教会がシリアから、またコプト派のエチオピア（アビシニア）教会がイエメンから、それぞれキリスト教を伝え、さらに故郷を奪われた「離散のユダヤ人」がユダヤ教を広めていた。それで、アラビア人の間にも原始宗教から一神教への脱換《だっかん》が用意されていたわけである。しかも、新しい宗教への探究は、すでにザイド・

ハニーフ派

ビン・アムルやワラカなどが、従来の堕落した信仰に懐疑《かいぎ》を抱き、一種の唯一神教を唱えて起こしたハニーフ派の運動として、萌芽《ほうが》を現していた。実に、回教はかような背景のうちに、真正な信仰教理と生活原理とを希求して、必然的に要請《ようせい》された宗教である。

（四）若い時代

マホメットの降誕

象の年

父母

無明《むみょう》時代のアラビア社会のあらゆる汚濁《おだく》を浄掃《じょうそう》し、アラビア族の運命に光明を持来した偉大な預言者マホメットは、「象の年（サナトゥル・フィール）」すなわち五七〇年にメッカに降誕した。彼の生家はクライシュ族の名門ハーシム家に属し、彼の父の名はアブドゥルラー、彼の母の名をアーミナと呼んだ。しかし、彼

孤児としての境涯

ハディージャ

ユダヤ教徒とキリスト教徒との接触

家庭生活

の父はすでに彼の出生前に他界し、彼の母も数年後には彼を残して逝世《せいせい》している。そこで、マホメットは早くから哀れな孤児として運命づけられた。しかも、彼の遺産は乏しかった。そのために、マホメットはしばらく祖父アブドゥル・ムッタリブのもとに養われたが、彼の死後は叔父アブー・ターリブの手によって赤貧《せきひん》のうちに育てられた。彼は二十五歳のとき、富裕な寡婦《かふ》ハディージャに雇われたが、「律義者《りちぎもの》（アル・アミーン）」として、才幹《さいかん》を認められた。そのころ、彼は彼女の命令を受けてシリアへ行商した。この商業旅行は彼にユダヤ教徒もしくはキリスト教徒と接触する機会をあたえ、彼の心に新鮮な宗教的意識を植えつけた。しかし、マホメットは帰郷後、年長の女主人と結婚し、「妻は夫の衣なり、夫は妻の衣なり」（コーラン、第二章・第一八七節）という数年間の幸福な家庭生活を実現している。

宗教的発心

マホメットの慷慨と真理への追求

ヒラーの籠居

（五）求道の朝夕

マホメットは静穏《せいおん》な日常生活の間にも、いつか彼の魂の奥底《おくそこ》に強い苦悩を感じはじめた。それは彼が「火坑《かきょう》の縁に立てる」（コーラン、第三章・第一〇二節）メッカの衆生の退廃生活を黙視《もくし》するわけにはゆかなかったからである。事実、この当時、メッカの商人層は邪教の盲信《もうしん》と背徳の行為とのなかに、嬌奢《きょうしゃ》の酒盃《さかずき》を傾けて信望を失い、悲惨な孤児や零落《れいらく》の貧民などは巷に溢《あふ》れ、人々は迷信に溺《おぼ》れていた。メッカの市民は宗教的危機と道徳的破産とに臨んでいた。この現実的退廃に対する彼の懊悩《おうのう》は、しだいに反抗の悲憤に変じ、悲痛は慈悲に高まり、崩れゆく社会を救済すべき決意をうながした。そこで、彼は俗事《ぞくじ》を妻に委ね、新しい宗教的更生の原理を求めて、夜ごとメッカ近郊のヒラーの洞窟に籠《こも》り、深い瞑想と修業とに沈みつつ、決起を命ずるアッラーの厳かな言葉を待っていたのである。

天啓の接受

最初の回教徒

アブー・スファヤーン
迫害

（六）回教の宣言

ついに、マホメットの悟道《ごどう》のときは訪れた。六一〇年ころに、マホメットはヒラーの山窟《さんくつ》において、「立ちて警告せよ」（コーラン、第七四章・第二節）というアッラーの啓示を受け、「退廃は陸と海とに現れたり」（コーラン、第三〇章・第四一節）という警告を発しつつ、神の預言者（ナビー・ウル・ラー）として、回教の開基《かいき》を告げたのである。その後、約十年の間に、彼は偶像礼拝の代表者であり、頑迷《がんめい》不信の支配者であるクライシュ族の反省を求め、アッラーの福音を説き、回教の弘道《ぐどう》に身をささげた。しかし、最初に彼の教に帰依《きえ》したものは、わずかに彼の妻、少数の親族、アブー・バクル、その他の数人の僚友《りょうゆう》にすぎなかった。そうして、メッカの市民はこぞって彼に反対し、彼を迫害した。とりわけ、アブー・スファヤーン（六五二没）を首領として貴族的地位を占め、メッカの実権を操っていたクラ

真摯な教友群

イシュ族は、この新興の宗教によって、彼ら自身の特権と勢力とを失う心痛《しんつう》のために、あらゆる手段を尽くして、彼を苦しめた。それにもかかわらず、マホメットの熱心な伝道によって、回教の信奉者の数は、しだいに増加した。しかも、ここに成立した少数の信徒団体は、対立感情を排撃《はいげき》し、平等思想を強調し、同胞関係を確立したところの強固な統一的教友《きょうゆう》群であったのである。

（七）法難

受難

マホメットの受難《じゅなん》は、決して緩和《かんわ》されなかった。メッカの貴族層の彼に対する弾劾《だんがい》は、日を逐《お》って激化した。それゆえに、マホメットも回教の信仰を守るために、

エチオピアへの亡命

六一五年に一百名に近い回教徒を、対岸のエチオピアへ避難せしめる必要を感じ

遊説の失敗

哀しみの年

移動の準備

た。このとき以後、再度にわたって、回教徒の亡命が行なはれたのは、そのためである。しかし、法難はこれによって消え去らなかった。メッカに踏み留まったマホメットは、彼の教僚《きょうりょう》とともに、市外に追放されたのであった。しかも、この機会に、近隣諸地の人々に遊説《ゆうぜい》を試みようとしたマホメットも、いたずらに悪罵《あくば》を浴び、失望を繰り返した。さらに、六一九年には彼は愛妻ハディージャおよび叔父アブー・タリブを相《あい》ついで失った。悲嘆《ひたん》の底に陥《おちい》ったマホメットは、この年を「哀しみの年（アーム・ウル・フズン）」と呼んでいる。それで、クライシュ族が彼の迫害を積極化し、彼の暗殺をさえも計画するにおよんで、彼はこうした窮境《きゅうきょう》を脱却するために、他郷人からの援助を期待しないわけにはゆかなかった。その結果、彼はヤスリブ（メディナ）への移住を決心し、その準備に専念したのである。

移住計画とヤスリブの市民
聖遷の経過
ヒジュラの日

(八) 聖遷

マホメットの移動計画は、はじめタイフに向かって企《くわだ》てられたが、実行を許されなかった。しかし、ついに、彼の希望は達成され、回教徒の難局は収拾《しゅうしゅう》された。なんとなれば、六二〇年ころに、カアバ巡礼のとき、マホメットの使命を認識したヤスリブの市民の一部は、アッラーの信仰に改宗し、回教徒に安住地を提供することを約束したからであった。そこで、まず、エチオピアからの帰国者を含む約一百五十名の回教徒は、ヤスリブに転住し、ついでマホメットは教僚《きょうりょう》アブー・バクル、女婿《じょせい》アリー、その他の同志とともに、メッカを出発し、六二二年九月二〇日にヤスリブの都門《ともん》に到着したのである。これがいわゆるヒジュラすなわち聖遷《せいせん》にほかならない。したがって、この有名なマホメットの移転は、メッカの市民の興奮的妨害を慮《おもんぱか》り、暗夜《あんや》にまぎれて行なわれたが、なんら偶発《ぐうはつ》思案の遁走《とんそう》

ヒジュラの意味

ではなく、ヒジュラというアラビア語が意味するように、熟考断行《じゅくりょだんこう》の移住であった。この意味から、それは聖遷《せいせん》でなければならない。

回教暦

回教徒がこのときをもって、ヒジュラ暦すなわち回暦（回教暦）の紀元元年とするのも、まさに、当然であろう。なお、回暦は六二二年七月一六日から起算《きさん》される。

（九）法城の基礎工作

ヤスリブの位置

メッカに対抗して立っていたヤスリブは、シリアに通ずる隊商路の一つの駅站《えきたん》であった。しかし、この市府においては、そのころ、アウス族とハズラジ族とが支配権をめぐって、流血の争闘《そうとう》情景を繰りひろげていた。

マホメットの立場

そこで、マホメットはただに平和な説教者であるのみでなく、なおまた強力な政治家であることを要求された。そうして、彼はアウス族とハズラジ族とをして、彼らの握手によって、メッカからの移住者（ムハージル）を援助せしめることに成功した。かようなヤスリブの助勢者（アンサール）の支持のもとに、マホメットはしだいに彼の地歩を固めた。しかし、ヤスリブにおける彼の生活は平穏であるよりも、むしろ多忙であった。たとえば、マホメットは質素と謙譲《けんじょう》との美徳によって、回教徒に模範を垂示《すいし》すると同時に、彼らのために礼拝の場所を設備し、回教の信仰を強化した。また、彼は政治家の態度をもって、回教帝国、いいかえればサラセン帝国の礎石《そせき》を定立した。いわゆる「ヤスリブ（メディナ）聖約」はこのために発表されたのである。それは回教徒の権利義務に関する教令であったが、けっきょく、回教国家という法城《ほうじょう》の指導原理として役立っている。その重要な訓令《くんれい》は「汝《なんじ》ら（回教徒）はすべての他の人々（異教徒）をのぞきて、ただ一つの共同体を構成するものなり」という一節である。この根本思想は他の一節において、「汝らはすべて他の人々に対して相互に保護すべし」と強調されている。まことに、マホメットは回教徒に対して、彼らの安全を約束し、また彼らの強固な団結を主張したのである。さらに、彼は別の一節において、「汝らは神の教のための戦において血を流したるものの死に復讐すべし」と命じ、回教信仰団体の確立と拡大とを計った。したがって、「ヤスリブ聖約」は、直接にはあらゆる弾圧から回教徒を庇護《ひご》し、また間接にはメッカの邪教徒を攻撃しようとするマホメットの真摯な意図を反映している。いずれにしても、かような間に、ヤスリブにおけるマホメットの地位は安定化され、アッラーの聖旗のもとに、メッカに復讐する戦備は、具体化されていったのである。

（一〇）神聖な方位

もちろん、メッカを別離しなければならなかった回教徒は、全身的怨恨《えんこん》と懐郷《かいきょう》

キブラの決定

ジハード

的感情を忘れていなかった。しかも、ただいま、マホメットは回教徒に向かって、「まことに、人々のために建てられし最初の聖宇《せいう》はバッカ（メッカの別名）のそれなり」（コーラン、第三章・第九五節）というアッラーの啓示を伝えた。ここに、回教徒はこの天啓によって、カアバこそアッラーの最古の霊場として、回教の宗教制度を樹立すべき聖地であるという強烈な信念を植えつけられるにいたった。また、マホメットは「汝らはいずれの地にいたるとも、汝らの面を聖宇に向けよ、そは汝らの上帝の誠なればなり（コーラン、第二章・第一四八節）」という他の天啓を啓示するとともに、これまで回教徒がエルサレムの方向に祈祷《きとう》していたのを停止し、この後はメッカの方位に礼拝すべきことを厳命した。このキブラ（القبلة）すなわち礼拝の方角の決定によって、回教は異教主義を清算し、その信仰の焦点をメッカのカアバにおいて永遠に固定した。そこで、悖徳《はいとく》の都メッカは回教の聖地として、回教徒によって奪還されなければならない。それはジハードすなわち聖戦として遂行《すいこう》される。

バドルの戦役

預言者の都

メディナの由来

ウフドの会戦

（一一）聖戦

最初の聖戦はまずメッカの隊商に対する襲撃として展開された。次の聖戦の計画はメッカの市民によって探知され、回教徒軍はメッカの異教徒軍と対戦せしめられた。しかし、六三二年のバドルの会戦における大勝は、マホメットに回教徒のアラビア征服の第一歩をあたえたのである。さらに、その戦勝は彼にヤスリブの完全な支配権をもたらした。ヤスリブが「預言者の都（マディーナト・ウン・ナビー）」すなわちメディナと改称されたのは、その結果である。しかも、いまだ改宗を躊躇《ちゅうちょ》していた多数のアラビア人も、ぞくぞくと彼の傘下に蝟集《いしゅう》した。ここに、いよいよ、マホメットはアラビアにおける回教的覇権の獲得に向かって積極的に前進したのである。あたかも、このとき、マホメットはメッカ軍の来襲に際会《さいかい》し、寡兵《かへい》のために、六二四年にウフドの山麓において不利な戦闘を経験し、

塹壕の戦役

メッカ訪問

回教徒の膨張

彼の大志も挫折《ざせつ》するかに見えた。それにもかかわらず、彼は機敏《きびん》な対策によって従軍者を慰撫《いぶ》し、陰謀者《いんぼうしゃ》を駆逐《くちく》し、弛緩《しかん》した回教徒の士気を作興《さこう》した。しかし、回教徒の再起を恐怖したメッカの市民は、約二年の準備の後に、ほぼ一万名の大軍をもって、六二七年にメディナに向かって殺到《さっとう》した。この狂気の邪教徒軍に対して、マホメットは塹壕《ざんごう》戦術と要塞戦術とを駆使しつつ、約三千名の寡兵《かへい》をもって応戦し、大勝した。これは塹壕（ハンダク）の戦役といわれている。最後の可能な動員に敗退したメッカの有識者は、いまや、マホメットの権威と人格とを承認しないわけにはゆかなかった。こうした事情のもとに、六二九年にマホメットがメッカを訪問したとき、この地の有力者の多数は、たちまち回教へ改宗した。しかも、各方面の遊牧民も踵《きびす》を接して、マホメットの脚下に平伏《へいふく》するにいたった。回教的勢力は急激に増大したのである。

（一二）メッカの征服

メッカ入城

回教徒の勝利

カアバの新生

かねて、邪教の伏魔殿《ふくまでん》メッカを掃蕩《そうとう》し、カアバを浄化しようと念願していたマホメットは、六三〇年に約一万名の軍兵を指揮して、宿望《しゅくぼう》のメッカ征討に進発した。しかし、ほとんどなんらの抵抗も受けることなく、メッカの城門には回教徒の旗旆《きはい》が掲揚《けいよう》されたのであった。そこには財宝の掠奪《りゃくだつ》もなく、権利の侵害もなかった。それはメッカの市民によって回教の権威とマホメットの誠意とが確認されていたためである。いうまでもなく、マホメットは偶像崇拝に対してはきわめて峻厳《しゅんげん》であった。彼はカアバに安置されていた三百六十余柱の奇怪な偶像、その他の守護神の霊廟、また種族的霊場などをことごとく破壊した。そうして、ここに、カアバは回教の信仰の霊場として更生せしめられたのである。それと同時に、マホメットは貧困者の救済、奴隷の解放、平等権の徹底、嬰児《えいじ》殺害の厳禁、一夫多妻の改良、種族闘争の禁止などを実現し、アラビア社会を改造している。けだし、マホメットは「大慈大悲《だいじだいひ》のアッラーの御名《みな》において」、退廃のアラビア的制度を解消し、新生の回教的社会を具現したのである。

（一三）入滅の日

メッカの征服によって、最後の栄冠を獲得したマホメットの前には、すべての人々が沈黙した。彼の支配領域は膨張した。そこで、このころから、マホメットが回教帝国の拓疆《たくきょう》を計画し、回教の世界的波及を希求《ききゅう》したのも、およそ自然である。それゆえに、六三二年におけるカアバ巡礼、すなわちいわゆる「別離の巡礼」において、マホメットが「ミナーの説教」を通じて、回教の確立を宣布《せんぷ》する天啓

アラビア族の世界征服への進軍

マホメットの病臥入寂

を伝達したときこそ、まさに回教徒は世界史的名誉を予約されている。そうして、回教の制覇とともに、アラビア人は再生の光明に随喜《ずいき》し、躍動しはじめたのである。ここに、「アッラーは唯一なり」（コーラン、第二章・第一六二節）、また「アッラーとその使徒とに従え」（コーラン、第四章・第五節、その他）という聖旨《せいし》のもとに集結せしめられたアラビア族は、アッラーの聖旗のもとに、進軍のラッパを吹き鳴らしつつ、ササン帝国および東ローマ帝国の防壁を突破して、世界征服の壮途《そうと》に登った。それは回教徒の覇権の世界的拡大への前奏曲である。しかし、東ローマ帝国へ向かう遠征軍がすでに出発したとき、不幸にも、この偉大な回教徒の指導者は、突如、病臥《びょうが》した。まもなく、マホメットも彼の死期が迫ったことを感じ、最後の訓示を垂れつつ、ついに、彼の眼を閉じた。それは預言者の静かな入滅である。この日、暦表《れきひょう》は六三二年六月七日を示している。

第二章　マホメットの登場

Rise and fall of the Caliphate

第三章　サラセン帝国の盛衰

正統カリフ時代―大規模な聖戦―政治組織の強化―前ウマイヤ朝の成立―世界的版図の実現―前ウマイヤ朝の統治―アッバース朝の興起―黄金時代の政治機構―経済活動の局面―アッバース朝の分解―ファーティマ朝とアイユーブ朝―後ウマイヤ朝の興隆―スペインにおける回教的勢力の褐色

（一）正統カリフ時代

正統カリフ
アブー・バクル
ウマル
ウスマーン
アリー
世界征服の原因

マホメットの入滅後、回教帝国としてのサラセン帝国の支配権は、選挙制度によって、アブー・バクル（六三二―六三四在位）、ウマル（一世）（六三四―六四四在位）、ウスマーン（六四四―六五六在位）、アリー（六五六―六六一在位）の四代のカリフ（ハリーファ）に相ついで委ねられることとなった。一般に、メディナを首都とし、選挙制的族長支配の政治様式を示すところのこの時代を正統カリフ時代と称する。そうして、正統カリフ時代の歴史は、回教徒の世界征服の豪華な絵図を展開している。すなわち、マホメットの永眠を契機とする反回教的勢力の台頭とその圧服とによる戦禍《せんか》は、農耕地の荒蕪《こうぶ》、家畜群の四散《しさん》、商業の杜絶《とぜつ》などのために、一般の生活的窮迫《きゅうはく》を招いた。その結果、生命線の打開を求めなければならなかった回教徒は、アッラーの加護を信じつつ、不毛なアラビア沙漠を越えたかなたの多産な地方へ民族移動を企《くわだ》てたのである。あたかも、凋落《ちょうらく》の底に沈むササン帝国および東ローマ帝国の悲境は、アラビア族にとって幸いした。しかも、カリフ政府はマホメット以来の軍事組織を充実し、強勢の武力を保持していた。それで、好機に恵まれた回教徒の世界征服事業は、異常な成果を収めつつ、加速度的に進捗《しんちょく》してゆくのである。

（二）大規模な聖戦

六三二年に勇将ハーリド（六四二没）はチグリス、ユーフラテス両河地方に進出を開始した。この東方遠征の成功を知ったカリフ政府は、さらに西方進撃の実行を決意した。まず、西方軍は六三四年にパレスチナに進軍し、ハーリドの援来

アムル

エジプト征服

アビー・ワッカース

イラン征圧

ニハーヴァンドの激戦

ササン帝国の滅亡

を待って、シリアを席捲《せっけん》し、六三六年にはダマスカスを奪取《だっしゅ》した。ついで、別将アムル（六六四没）は東ローマ帝国の混乱を利用して、六三八年にエルサレムを征略し、エジプトへ突進し、各所に転戦した後、六四二年にアレクサンドリアに入城した。ここに、彼は東ローマ帝国に代わってエジプトの支配権を掌握《しょうあく》し、続いて六四四年にリビアの諸地を攻略した。また、西方軍の拓疆《たくきょう》に照応《しょうおう》して、東方軍はアビー・ワッカース（六七四没）の号令のもとに、六三五年にクーファにおいてササン帝国軍を撃破し、六三五年にカーディシーヤの堅塞《けんさい》およびマダーインの都府を占領し、イラクの各地を征服し、なお進んで小アジアとカフカスとを蹂躙《じゅうりん》した。その後、東征軍は六四二年にニハーヴァンドの会戦において、ササン帝国軍の総動員的反撃を沈黙せしめた。ついに、東方軍の諸部隊はホラーサーン、トゥハーリスターン、アゼルバイジャン、アルメニアに侵入した。ここに、イラン的勢力は回教徒の前に屈服し、六五一年におけるヤズデギルド三世（六三二―六五一在位）の刺殺によって、ササン帝国も永久に世界史から消滅したのである。

かくて、わずか二十余年の聖戦によって、回教徒はアム河からリビア沙漠にいたる地域、いいかえれば古代文明の揺籃地《ようらんち》のほとんど全部を征服しえたのである。

（三）政治組織の強化

政治組織の改変

大規模な聖戦の実施によって、アラビア族は一躍して、膨大な領土を所有する世界的帝国の支配者となった。それゆえに、回教国家の政治組織も変化せしめなければならない。英主ウマルが一方には聖戦を敢行《かんこう》しつつ、他方には内政を配慮したのも、このためである。たとえば、多額の戦費を捻出するために、人頭税《じんとうぜい》（ジズヤ）、地租（ハラージュ）、十分の一税（ウシュル）などの租税が徴集《ちょうしゅう》された。また、戦利品税（ガニーマー）や寄捨財《きしゃざい》（ワクフ）の制度なども準備された。直轄領、

税制

ディーワーン

知事と軍監

将士に対する論功行賞《ろんこうこうしょう》、恩給の下付《かふ》、戦利品の割与《かつよ》、土地の分配、その他の諸事項の処置のために、ディーワーンすなわち登録簿が作成された。このディーワーンこそ後に中央政府の機構の役割を演ずるものである。また、重要地方には知事（アーミル）、軍事的要地には軍監（アミール）ならびに常備軍が駐在せしめられた。いまや、メディナ政府は遊牧的集団性を清算《せいさん》し、いわゆる古代国家型のサラセン帝国の威容を整備したのである。

前ウマイヤ朝の台頭
アリーの憤死
ムアーウィヤ一世
カリフ制度の強化
アブドゥル・マリク

（四）前ウマイヤ朝の成立

しかるに、正統カリフ時代の末期は、カリフ政府の内訌《ないこう》のために混乱した。しかも、アリーが凶刃《きょうじん》のもとに憤死したとき、六六一年にアブー・スフヤーンの後裔ムアーウィヤ一世（六六一―六八〇在位）は、財力と武力とを背景としてカリフ権を簒奪《さんだつ》し、ダマスカスにおいてカリフ政府を創設した。彼はカリフ制度を世襲化し、専制主義的権威を確立し、王（マリク）の尊号を採用し、古代的集権主義のサラセン帝国を完成した。実際、彼の集権政治はアブド・ウル・マリク（六八五―七〇五在位）の治世にいたって結実し、カリフの政治的権威はたちまち増張した。しかし、ウマイヤ家のカリフ政府は反動主義の色彩を帯び、そのために多かれ少なかれ回教的宗教性の褪色《たいしょく》を示している。これは前ウマイヤ朝時代が正統カリフ時代と異る点である。

前ウマイヤ朝の戦歴
ハッジャージュ
クタイバ
中央アジア制覇
カーシム

（五）世界的版図の実現

前ウマイヤ朝はその政治的態度において、回教徒としての敬虔性《けいけんせい》を欠いていたにもかかわらず、その征服事業において、メディナ政府以上の戦績を確保している。すなわち、東方征服はムアーウィヤ一世の即位後、まもなく実行され、俊傑《しゅんけつ》ハッジャージュ（七一四没）の指揮のもとに、ニーシャープールやヘラートの支配は補強され、バルフは六六七年に回教軍によって占取《せんしゅ》された。ついで、名将クタイバ（七一六没）は七〇九年にホラーサーンの知事に就任するとともに、ブハラを占領し、ホラズムやサマルカンドを攻撃した後、七一三年にフェルガナを掃蕩《そうとう》し、西トルキスタンに支配力を扶植《ふしょく》した。ここに、サラセン帝国の中央アジア制圧は実現された。サラセン人が中国人によって大食として恐れられたのは、実にこの結果である。さらに、若将カーシム（七一五没）はインドに侵入し、たちまちシ

マスラマ
フバイラ
北アフリカ征服
ヌサイル
ターリク
スペイン侵寇
西ゴート王国の滅亡
グアダレーテの激戦

ンドを攻略し、カリフ権を拡張した。東方制覇の具現とともに、西方経略も実施された。西方遠征軍は勇将マスラマ（七三〇没）の統卒のもとに、まずアルメニアを劫略《ごうりゃく》して後、提督フバイラ（七二四没）と呼応しつつ、海陸両道からコンスタンティノープル（イスタンブール）を攻撃し、たといその陥落を目撃しなかったとはいえ、別軍は北アフリカに進出し、六八七年にカルタゴを占領し、チュニジア一帯を領有するにいたった。しかも、サラセン海軍はたちまち地中海諸島の覇権を獲得している。この戦勝の気運に乗じて、ヌサイル（七一六没）の軍勢はフェズ、タンジェール、その他を占領し、七一〇年にアルヘシラスの攻略に成功した。そこで、七一一年にターリク（七二〇頃没）の軍兵はジブラルタルに上陸し、はじめてアッラーの聖旗《せいき》をヨーロッパの一角にひるがえしたのである。しかも、スペイン侵入軍は沈滞《ちんたい》の西ゴート王国（四一五—七一一存続）の軍隊に対して連戦連勝し、七一一年にロデリック（七一〇頃—七一一在位）の派兵をグアダレーテ河畔に大破し、西ゴート王国を潰滅《かいめつ》した。その後、数年にしてイベリアの回教的

トゥール・ポワティエの戦

支配権は樹立されたのである。それゆえに、七一九年にサラセン軍はピレネー山脈を越えて、フランスに進み、七三〇年にアヴィニョンを陥《おとし》れ、キリスト教徒を脅やかしたが、不幸にも、七三二年にトゥール・ポワティエの会戦において、フランク王国（七五一—九一一存続）の宮宰《きゅうさい》カルル・マルテル（七四一没）の軍兵の前に敗れてから、後退の道をたどらなければならなかった。さらに、七三九年には回教軍はピレネー山脈以南に退却をよぎなくされている。したがって、前ウマイヤ朝の征服範囲もイベリアを限度に終息したわけである。

（六）前ウマイヤ朝の統治

前ウマイヤ朝の立場

政治組織の強化

貨幣制度

ダマスカスの繁栄

はじめ、前ウマイヤ朝の治下には、膨張する領土と反動性の政府とに対応して、宗教的不穏の空気が充満していた。それで、前ウマイヤ朝はその対策として、政治組織を急速に強化した。前代のディーワーンが統治の中枢機関としての内閣の称呼にまで発展せしめられた事実は、これを立証している。しかも、カリフ政庁は掌璽局《しょうじきょく》、文書局、税務局、地租局に分割され、整調された。こうした政治組織のもとに、広大な版図を背景として、灌漑事業の実施、農業の発達、商工業の活動も具体化された。金貨ディーナール（金量四二・五グラム）および銀貨ディルハム（銀量二・九七グラム）が鋳造《ちゅうぞう》されたのも、この時代であった。その結果、このころの首都ダマスカスは約十二万の人口を擁し、殷肆《いんし》と繁栄とを示しているのである。

前ウマイヤ朝の秕政
マウラー
アッバース朝の出現
アッ・サッファーフ

（七）アッバース朝の興起

ダマスカス政府はその強力政治をもって、広大な回教帝国を支配したにもかかわらず、永くその覇権を維持しえなかった。なんとれば、連続的外征のための不法な徴税によって窮乏《きゅうぼう》した人民大衆、とくに「マウラー」としての被征服民の怨嗟《えんさ》は、やがて叛乱行動と解放運動とに進展したからであった。一方には、不信のカリフの資格を吟味し、ウマイヤ家を排斥する宗教運動も、しだいに活発化し、前ウマイヤ朝打倒の陰謀は醗酵《はっこう》してきた。これらの諸条件の熱度は相関連しつつ、爆発点にまで上昇した。ここに、マホメットの伯父アル・アッバース（六五四没）の後裔アッ・サッファーフ（七五〇―七五四在位）は、諸策動分子を操縦しつつ、クーファを地盤として自立し、七五〇年におけるザブ河畔の会戦によって、十四代のカリフを奉戴《ほうたい》した前ウマイヤ朝を圧倒し、アッバース朝を開元した。そうし

アル・マンスール
バグダードの造営
アッバース朝の版図
アル・ラシード

て、アル・マンスール（七五四—七七五在位）のとき、アッバース朝の首都はバグダードに奠都《てんと》された。このバグダードの造営は七六六年に竣工せしめられている。いまや、回教帝国の重心はシリアからイラクへ移行することとなったのである。

（八）黄金時代の政治機構

アッバース朝の版図は東ローマ帝国の辺境の割取《かっしゅ》と、後述のスペインの後ウマイヤ朝の独立とによる変動以外は、おおむね、現状維持的であった。しかし、中央アジアから北アフリカにまたがって号令したアッバース朝は、東カリフ帝国として、アル・マンスールからアル・マフディー（七七五—七八五在位）やアル・

アル・マアムーン 黄金時代

カリフ政治の高揚

行政組織の完成

宰相官房と国庫保管局

ラシード（七八六―八〇九在位）を経て、アル・マアムーン（八一三―八三三在位）におよぶ六代のカリフの治世、すなわち約一世紀の間に、実にサラセン帝国の黄金時代を現出している。この当時のカリフは専制的世襲制度を完成し、回教精神の復興を標榜《ひょうぼう》し、神裁《しんさい》的君主権を増大した。そうして、アッバース朝は王笏《おうしゃく》（カディーブ・ウル・マリク）や玉璽《ぎょくじ》（ハータム）や預言者の外衣《がいい》（ブルダ）などを回教国家の聖器として定めるとともに、専制君主の権威を高めたために、カリフ政治は空前の高調《こうちょう》を示した。その行政組織においては、在来の掌璽局《しょうじきょく》以下の諸局は、それらの機能を複雑化し、とくに税務局は帝室財産管理局と改称した。しかも、前ウマイヤ朝の当時にはいまだ完全な独立機関をもたなかった他の政治分野にも、アッバース朝にいたって、それぞれ監督官庁が現れた。たとえば、新設の諸局のうちには、経理局、会計検査局、登録局、民事調査局、管理局、戦事局、警察局、被征服民奴隷局などが数えられる。さらに、特別な官省として、とりわけ重要な地位を占めた宰相官房と国庫保管局とがそれらに加えられなければならない。そこで、サラセン帝国の政治機構は、このころ、司法機能の向上、軍隊組織の完備、治安警察の充実とあいまって、その極点に達している。それゆえにこそ、アッバース朝はサラセン帝国の権威を代表する資格を獲得し、バグダードは全盛の春を謳歌《おうか》することができたのである。

(九) 経済活動の局面

アッバース朝の繁栄がその経済的発展を基礎としていたのは、もちろんである。しかし、前ウマイヤ朝の時代よりも領土を縮小していたアッバース朝は、必然的に国内経済の集約的展開を追求しなければならなかった。したがって、農産物の増殖のために、灌漑組織や排水設備などが従来よりも大規模に実施され、耕

鉱業

作地が拡大され、イラクや地中海沿岸やイラン西部などを中心として、穀類、果実、椰子実《やしのみ》、甘庶《かんしょ》、棉花、その他が潤沢《じゅんたく》に生産された。また、銀、鉄、鉛、岩塩などの鉱物《こうぶつ》が多量に採取された。

製造工業

しかも、これらの原料資源によって、製造工業も進展せしめられた。たとい製造工程はいまだ単純な協業的組織の手工業であり、おおむね、奢侈品《しゃしひん》を対象としていたとはいえ、金属細工品、硝子《がらす》製品、刺繍品、絨毯《じゅうたん》、諸種の紙などの精巧品《せいこうひん》を提供した。とりわけ、製紙技術は異常に発達していたのである。

商業活動

かような農業および工業の発展は当然商業の膨張を促進し、さらに交易の活況は反射的にそれらの産業の発達を刺激している。

商業路

事実、サラセン商業は貨幣経済と相互作用を行ないつつ、カリフ権によって確保された無数の商業路、たとえば、バグダードを起点として中央アジアに通ずるホラーサーン路、またバスラやシーラーフを始点として東南アジアにいたるインド航路、また地中海および小アジアを横切ってヨーロッパに向かう海路もしくは陸路に沿うて、東西仲継貿易《ちゅうけいぼうえき》を独占し、回教商人の活動を世界化した。その当時、東においては大食商人として、また西においてはサラセン商人として知られていたところの回教商売が、多大の冒険をおかして交易したかずかずの物資は、輸入品においては、香料、薬品、船材、竹材、紫檀《したん》、黒檀《こくたん》、宝玉、砂金、象牙、毛皮、奴隷などであり、また輸出品においては、穀類、砂糖、絹織物、羊毛製品、亜麻織物、絨毯《じゅうたん》、錦襴《きんらん》、緞子《どんす》、繻子《しゅす》、天鵞絨《びろーど》、硝子《がらす》、鉄器、陶磁器、椰子油《やしゆ》、素馨油《そけいゆ》、薔薇水、乳漿《にゅうしょう》、果実汁、石鹸、紙、魚膠《うおにかわ》などであった。しかも、これらの輸出貨は遠く中国あるいはヨーロッパの王侯貴族の館邸《かんてい》に送られている。かような事情のもとにこそ、「東洋の驕奢《きょうしゃ》」を誇ったところのアル・ラシードは、五億数千ディルハムの年収を擁《よう》して、豪奢な宮廷生活と無限の享楽《きょうらく》行事を実現することができたのである。バグダードの名声とサラセン文化の精華とが世界的に認められるにいたったのも、実にその結果である。

（一〇）アッバース朝の分解

アッバース朝の衰兆
サーマッラーの遷都
マムルーク
諸回教王朝の独立
イラン系

東カリフ帝国として世界的に喧伝されたアッバース朝も、約一世紀の全盛期の後に、ようやく分解作用を起こしはじめた。すなわち、早くもきざしつつあった封建化と地方分権化との傾向は、イラン族やトルコ族などの被征服民の反抗的台頭によって露出し、ことにサーマッラーの遷都《せんと》時代（八三六—八八九間）を契機として、「マムルーク」の称呼《しょうこ》によって知られるトルコ奴隷の増長のうちに悪化した。こうした形勢のうちに、カリフ政府からぞくぞくと分離して、覇権を主張した諸回教王朝は、イラン系においては、ホラーサーンに自立したターヒル朝（八二〇—八七三存続）、ファールスに号令したサッファール朝（八六八—九〇二存続）、トルキスタンおよびホラーサーンを支配したサーマーン朝（八七五—九九八存続）、ジュルジャーンに興起したズィヤール朝（九二八—一〇四二存続）、

アラビア系
トルコ系
サーマーン朝
アッバース朝の弱体化
モンゴル軍の強襲

イランを領有したブワイフ朝（九三二―一〇五五存続）などであり、またアラビア系においては、イラクおよびシリアを中心としたハムダーン朝（九二七―一〇〇三存続）、その他であり、さらにトルコ系においては、後述するように、トゥルン朝、アフシット朝、サジュ朝、ガズナ朝、カラハン朝などであった。しかも、それらの諸独立政権のうち、サーマーン朝はアッバース朝の東辺地帯を蚕食《さんしょく》し、一時はサラセン文化の外護者《げごしゃ》として、セルジューク帝国の勃興直前の西アジアの回教的勢力を代表するほど強勢であった。したがって、東方的勢力として立っていたアッバース朝の支配圏は、これらの諸覇者のためにたちまち縮小し、第十世紀以降のカリフはイラク以外の号令権を喪失《そうしつ》している。それのみでなく、アッバース朝の禍根《かこん》はカリフの無力化とともに、国庫の貧困化、叛乱と暴動との頻発《ひんぱつ》、物価の騰貴《とうき》、その他によって混乱せしめられ、またセルジューク帝国、ファーティマ朝、アイユーブ朝などの撹乱《かくらん》ないし圧迫によって深刻化せしめられた。それで、絶望的脈拍《みゃくはく》を打ちつつあったアッバース朝は、一二五八年にモンゴル帝国の軍勢が、フラグの統率のもとに、漠風に乗って進出してきたとき、最後の痙攣《けいれん》を表示し、バグダードは兵火のうちに落城した。アッバース朝は二十五代をもって終結したわけである。

（一一）ファーティマ朝とアイユーブ朝

ファーティマ朝の成立

イドリース朝とアグラブ朝

アブー・ムハンマド

アッバース朝が衰えはじめたころ、九二〇年にエジプトを中心として、ファーティマ朝が興っている。これはシーア教派を率いて、北アフリカのイドリース朝（八五六—八七八存続）やアグラブ朝（八〇〇—九〇九存続）を倒すと同時に、預言者の愛娘《まなむすめ》ファーティマの後裔と称し、カリフの尊位《そんい》に登ったアブー・ムハンマド（九二〇—九三四在位）によって創建された。このファーティマ朝は

カイロの建設
ザイリー朝
ハンマード朝
アル・ハーキム
学問所の設立

アッバース朝に匹敵する行政組織と経済力とをもって、しだいにその地歩《ちほ》を拡張した。すなわち、ファーティマ朝はモロッコを撃ってタンジェールに達し、アフシット朝を攻めてエジプトを領し、さらにシリアやアラビアに進み、ダマスカスを奪った。その結果、ファーティマ朝は九七三年にカイロを造営して遷都《せんと》し、一時はアッバース朝に対立して、カリフ権を誇示するにいたった。その前後から、たといチュニジアのザイリー朝（九七二―一一四八存続）やアルジェリアのハンマード朝（一〇〇七―一一五二存続）の独立を認めなければならなったとはいえ、ファーティマ朝は文化生活の興隆と経済生活の伸張とによって盛運の日を迎えた。アル・ハーキム（九九六―一〇二一存位）が約二万五千ディーナールの維持費を支給する学問所（ダール・ウル・イルム）を建設し、その当時の世界の学徒を吸引したのも、このころのことである。しかし、その後、十四代を重ねたファーティマ朝も内政において腐敗し、セルジューク族やノルマン族の外部的圧迫のために苦悩し、さらに十字軍の出征によって狼狽《ろうばい》し、ついに、一一七一年にクルド系のアイユーブ朝（一一七一―一二五〇存続）を樹立したサラディン（一一七一―一一九三在位）の英雄的行動に、すべてを委任しないわけにはゆかなかったのである。このサラディンこそ、ファーティマ朝の没落後、しばらく回教徒の代表者として地中海を睥睨《へいげい》しつつ、十字軍と対戦し、キリスト教徒を威嚇《いかく》した。しかし、アイユーブ朝も、けっきょく、分解しつつあった回教的勢力の統一を再現することなく、サラディンの他界を動機として、流星のように後退していったのである。

（一二）後ウマイヤ朝の興隆

アッバース朝がダマスカス政府を転覆《てんぷく》したとき、前ウマイヤ朝の遺族のアブドゥル・ラフマーン一世（七五六―七八八在位）はアフリカを経て、スペインに

後ウマイヤ朝の隆盛

アブドゥル・ラフマーン三世

亡命し、その地の知事を威圧し、七五六年にコルドヴァにおいて、ウマイヤ朝を再興し、アミールの称号を採用している。このコルドヴァのウマイヤ朝は前述のダマスカスのそれと区別されるために、後ウマイヤ朝と命名されるべきである。彼はアッバース朝の討伐軍を撃退するとともに、フランク王国（後の西ローマ帝国）（四八六—八四三存続）のカール大帝（七一六—八一四在位）の遠征軍を阻止し、回教的政権の基礎を確立した。その後、数代のアミールは農民の叛乱や酋豪《しゅうごう》の蜂起などを制圧し、さらにノルマン族の侵冠を撃退し、国勢を拡大した。そうして、アブドゥル・ラフマーン三世（九一二—九六一在位）の治世にいたって、ついに、後ウマイヤ朝は黄金時代を現出した。それで、アブドゥル・ラフマーン三世は堂々とカリフの尊称を採用した。しかも、彼はモロッコを攻略し、レオンやカスティラやナヴァルなどの諸キリスト教国を強圧し、スペインを地盤とする後ウマイヤ朝の権威を完成した。後ウマイヤ朝がアッバース朝の東カリフ帝国に対して、西カリフ帝国といわれるのも、このためである。いうまでもなく、コルドヴァ

政治と経済

コルドヴァの繁栄

ヨーロッパ人と回教徒

政府の政治組織もアッバース朝のそれと大同小異であった。その国庫も一時は約二千万ディーナールを蓄積していた。そうして、その巨富は軍事費以外に、公共事業費、商工業奨励金、学芸保護金として使用された。それで、後ウマイヤ朝の政治はその経済的開拓と照応して、おおむね、実績を挙げた。たとえば、灌漑《かんがい》制度の実施によって、農作は一般化され、諸地の鉱山は開発され、製造工業は奨励され、商業は保護された。その結果、極盛期《きょくせいき》のコルドヴァは約五十万名の人口を抱き、約四万戸の商店を集め、約三百戸の公共浴場を設け、数条の大水道を備えていた。しかも、ここは学芸の中心地また商工業の心臓として殷盛《いんせい》の頂点に達し、多数のヨーロッパ人を惹きつけていたのである。コルドヴァの製皮がフランスの市場で重要な商品としてとり扱われたのも、またイベリアの絹織業者がキリスト教会の装飾品を多量に製作する必要に迫られたのも、またヨーロッパの諸学徒が究学の目的をもってスペインに送られたのも、実にこのころの話である。

後ウマイヤ朝の転落
スペインの無府状態
ムラービト朝
ムワッヒド朝

（一三）スペインにおける回教的勢力の褪色

高度に繁栄した後ウマイヤ朝も、ムハンマド二世（一〇〇八―一〇〇九在位）以降、党争と内訌《ないこう》と叛乱とのうちに、衰勢《すいせい》の道をたどり、ついに、十七代の系譜を終わり、諸地に蜂起した各覇王の圧力の前に崩れ去ったのである。ここに、後ウマイヤ朝が消滅してからこのかた、スペインの回教的勢力は無政府状態に陥った。そうして、これは諸キリスト教国に台頭の機会をあたえた。それで、たとい北アフリカに興起したムラービト朝（一〇五六―一一四七存続）やムワッヒド朝（一一二一―一二六九存続）が、回教的威信の擁護を名として、キリスト教徒を攻撃したとはいえ、けっきょく、スペインの統一的支配を再現しえなかった。むしろ、スペインにおける回教徒の地盤は、日を逐《お》ってキリスト教徒のために圧縮された。それのみでなく、グラナダにおいて、回教徒の最後の牙城として存立していたナスル朝（一二三二―一四九二存続）さえも、サラセン文化の末期的閃光《せんこう》をしばらく放射して後、新興王国スペインの強襲によって、もろくも崩落した。それは一四九二年のことである。それ以来、スペインの回教的余勢《よせい》は、ただ廃墟においてのみ見られるにすぎない。

第四章 サラセン文化の結晶

Greatness of the Islamic culture

サラセン文化の発生―回教文化の波及―神学と法学―哲学―歴史学と地理学―言語学と文学―数学と物理学―天文学と化学―医学と博物学―音楽―美術と工芸―建築―サラセン文化の意義

サラセン文化の成立
回教文化圏
サラセン文化の内容
サラセン文化の発展過程

（一）サラセン文化の発生

「アッラー・アクバル」と口誦《こうしょう》しながら、またたくまに、広大な回教圏を具現した回教徒は、光輝《こうき》ある回教文化を制作している。そこに壮麗な回教文化園が現れたのである。そうして、世界文化史における回教文化の意義はきわめて大きい。いわゆるサラセン文化と呼ばれるこの回教文化はアラビア精神をもって、回教を基礎としつつ、イラン文化とインド文化とヘレニズム文化とを化合《かごう》したところの国際文化である。まことに、それは回教を媒介《ばいかい》とするアジア文化とヨーロッパ文化との交流の所産である。かような回教文化の典型としてのサラセン文化は、回教圏を背景として、中世の世界史を通じて燦然《さんぜん》と放光しているのである。しかし、サラセン文化は前ウマイヤ朝の時代には、いまだ成熟の域に達していなかった。それが世界的名声をもつ回教文化として完成されたのは、実にアッバース朝の成立以後のことに属する。なんとなれば、このころから、たんにアッバース朝のみでなく、なおまた後ウマイヤ朝やファーティマ朝などによって、各方面の文化要素が吸収され、その刺激のもとに、サラセン文化の結晶が促進されたからである。しかも、ひとたび組織されたサラセン文化の大系は、それらの諸王朝が崩壊した後においても、決して衰滅することなく、永く残存したのであった。けだし、これはサラセン帝国の解体以降に登場したところの諸回教王朝が、貴重なサラセン文化の遺業を外護《げご》した結果である。

（二）回教文化の波及

サラセン文化の遺蹟

アッバース朝によってバグダードに建設された大学や科学館や天文台や図書館などの遺跡は、現存していない。また、後ウマイヤ朝もしくはファーティマ朝によって経営された学堂や書庫や天体観測所などの存在も、カイロのアル・アズハル大学（九七二建設）をのぞけば、いまはただ文書に残る伝承にすぎない。しかしながら、サラセン帝国の全盛期においては、バグダードにしても、コルドヴァにしても、カイロにしても、それらの諸市はその当時の文化的中心地として、各地の学究者や商人や旅行者などを招き寄せていたのである。しかも、サラセン帝国はアジアとヨーロッパとの交通の要衝に位《くらい》していた事情から、これらの諸都の市場は各国の商品をもって飾られていた。たとえば、そこには中国の製品やインドの物産が配置され、ここに往来する商人によって、ロシアの貨物が売買された。

世界の文化的焦点

最近、スカンジナビアて発見されたアラビア貨幣は、そのころのサラセン商人がいかに広い範囲にわたって活躍していたかを物語っている。実に、サラセン文化はサラセン商業の波に押されて、世界の各地に伝播されたのである。中国に回教が伝来したのも、あきらかに、この商業的気流に便乗《びんじょう》しているのである。そうして、こうしたサラセン文化の世界的流布は、回教徒の聖語として、回教圏の国際語の役割を演じていたアラビア語の広大な分布を反映しているであろう。

サラセン商業とサラセン文化

アラビア語

（三）神学と法学

神学

サラセン文化の根幹は回教の経典としてのコーランである。

コーランの結集

コーランはマホメットの入滅後、まもなく、結集されたのであるが、ウスマーンの命令によって、

経典の解釈学
法学
ハニーファ
マーリク
アッ・シャーフィー
ハンバル
正統四学派
聖諭学

六五一年に第二回の集成が決行されている。この欽定《きんてい》聖典の結集とともに、回教精神の支柱が確立されたわけである。しかるに、回教圏の膨張に照応《しょうおう》しつつ、コーランならびにマホメットの遺訓《いくん》に対する解釈と研究とが開始された。まず、コーランの内容に関する註釈学《ちゅうしゃくがく》（タフシール）は、おのずから回教神学の発達をうながした。また、それに関連しつつ、マホメットの言行録にあたる聖諭《せいゆ》（ハディース）の検討も行なわれてきた。それをめぐる論議は、神学の体系化に反応すると同時に、回教法学（フィクフ）を成長せしめた。ただし、この場合、神学に対する暗示はヘレニズム精神から吹きこまれ、また法学に対する照明はローマ法によってあたえられている。いずれにしても、かような風潮のうちに、ハニーファ（七六七没）、マーリク（七九五没）、アッ・シャーフィー（八一九没）、イブン・ハンバル（八五五没）などの回教学者が輩出し、それぞれ学派（マズハブ）を開基するにいたった。彼らによって結成されたハニーファ派、マーリク派、シャーフィー派、ハンバル派が、いわゆる正統四学派と呼ばれているものである。また、聖諭の集

哲学

アリストテレスの影響

哲学者

成者としてはアル・ブハーリー（八七〇没）が出現している。しかしながら、コーランを基礎とする回教教理の大成者の名誉は、後述のアル・ガザーリーという回教碩学《せきがく》に賦与《ふよ》されなければならない。

（四）哲学

コーランの解析は回教哲学を誕生せしめる基礎であった。両者の関係はあたかもバイブルがスコラ哲学に対してもっているものと似ている。ただし、回教哲学の道標はアリストテレス（前三二二没）をはじめ、他のギリシャ系の諸哲学者によって暗示されたのである。とりわけ、アリストテレスの著作のほとんど全部は、アラビア語に翻訳されている。かような思想的素地のうえにこそ、アル・キン

アル・キンディー
アル・ファーラービー
イブン・シーナー
イブン・ルシュド

歴史学
アル・マスウーディー
アッ・タバリー

ディー（八七〇没）、アル・ファーラービー（九五〇没）、イブン・シーナー（一〇三七没）、イブン・ルシュド（一一九八没）などの回教哲学者が出場したわけであった。ことに、イブン・シーナーとイブン・ルシュドとは、ヨーロッパ人によって、それぞれアヴィケンナおよびアヴェロエスの名によって知られていたほど著名である。また、ムータジラ派の思想なども、その結果として起こっている。

（五）歴史学と地理学

コーランの研究からマホメットの伝記に対する関心が育成されたのは、当然であろう。それは預言者の聖戦史に関する追求心を深め、ついに修史学《しゅうしがく》の道を開いた。アル・マスウーディー（九五六没）、アッ・タバリー（九二三没）、イブン・ウル・

イブン・ウル・アシール
イブン・ハルドゥーン

地理学

イブン・フルダーズベ
アル・イドリーシー
ヤークート
アブドゥル・フィダーア
イブン・バットゥータ

アシール（一二三四没）、イブン・ハルドゥーン（一四〇六没）などの歴史学者の系譜は、実にサラセン史学史のもっとも華やかな数節を飾っているのである。なかんずく、イブン・ハルドゥーンは偉大な歴史哲学者として、彼の名著「序論（アル・ムカッダム）」とともに、世界的に喧伝《けんでん》されている。なお、歴史学に関係して、地理学の進歩も認められる。すなわち、アラビア語の普及は回教圏の旅行を容易化し、政治的支配と商業的活動との必要に照応《しょうおう》して、ギリシャの地理書の暗示のもとに、地理学の発展を具体化したのである。それは星学的研究の発達とあいまって、幾多の特異な学術的作品と地理的探険家とを産み出している。たとえば、イブン・フルダーズベ（八五〇頃没）、アル・マクッダシー（九四六没）、アル・イドリーシー（一一六四没）、ヤークート（一二二九没）、アブドゥル・フィダーア（一三三一没）、イブン・バットゥータ（一三七七没）などが、有名な地理学者ないし旅行家として、彼らの諸著作とともに知られている。

言語学
クーファ学派と
バスラ学派
アッ・シーバワイヒ
文学
アブー・ヌワース
アブー・ウル・
アターヒヤ
アル・ムット・
アン・ナビー
アル・ジャーヒズ

（六） 言語学と文学

コーランの用語であるアラビア語は、聖語的資格をあたえられていた事情から、その究明も決しておろそかにはされなかった。アラビア語の言語学的研究のためには、クーファ学派やバスラ学派などの諸文法学派さえも結成されている。また、アラビア語の文法学者としては、アッ・シーバワイヒ（七九三没）の名が想起される。しかも、ほんらい、アラビア人は詩歌の天才であり、すでに回教の発生以前から、アラビア語の自由な駆使によって、頌歌《しょうか》（カシーダ）、その他の様式において、かずかずの立派な詩篇を遺している。それゆえに、アブー・ヌワース（八一〇没）、アブー・ウル・アターヒヤ（八二八没）やアル・ムット・アン・ナビー（九六五没）などの偉才的詩人が出生したのも、決して偶然ではない。詩人についで、散文家もまた現れている。この種の文人の代表者はアル・ジャーヒズ（八六九

イブン・クタイバ
アル・ハリーリー
千一夜物語

没）やイブン・クタイバ（八八九没）などである。さらに、特殊な随筆文学であるマカーマ文学の大家として、アル・ハリーリー（一一二二没）の名も記憶されるべきである。しかしながら、サラセン文学における散文の名作は、いうまでもなく、世界の奇書といわれる「千一夜物語（アルフ・ライラ・ワ・ライラ）」である。これは回教圏に移植された各方面の諸説話を集成したものである。その大成はだいたい第十三世紀前後であるという。その作者は不明であるが、その文学的価値は巨大である。世界の知識人でこの「千一夜物語」の一節を読まないものは、絶無であろう。

（七）数学と物理学

数学
アブー・ウル・ワファー
アル・フワーリズミー
光学
イブン・ウル・ハイサム

サラセン文化における自然科学的分野の開拓は、精神科学的部門よりもなおいっそう活発である。たとえば、数学はギリシャないしインドから幾多の知識を吸入し、算術や代数や幾何の諸学において、アラビア数字の考案、零《ぜろ》の記号の使用、高次方程式の解釈、三角法の理論の案出、その他の誇るべき功績を残している。アブー・ウル・ワファー（九九八没）とともに、アラビア数学の代表者であるアル・フワーリズミー（八四四没）の代数教程などは、第十六世紀までヨーロッパの数学者の手引書として役立っていたのである。さらに、数学とならんで、光学理論の討究も進められ、ついにイブン・ウル・ハイサム（一〇三八没）によって、球面鏡《きゅうめんきょう》の焦点の発見、投影の識別、暗箱《あんばこ》の応用、その他が企《くわだ》てられるにいたった。しかも、比重の測定や槓杆《こうかん》の理論なども研究されている。

（八）天文学と化学

数学や光学などについで、天文学も異常に発展せしめられた。回教圏の諸地に建設された天体観測所の多くの報告は、さまざまな新発見を物語っている。たとえば、アラビア人によって、はじめてプトレマイオス（前第二世紀）の天体表は修正され、黄道の傾斜、太陽や月や諸遊星の軌道も測定された。測天儀《そくてんぎ》（アストゥループ）の発達とともに、地球の周辺もしくは位置なども決定された。また、天文学者によって、子午線度長の計算や地球球形説の先駆が提起されている事実も意義深い。アル・ファルガーニー（八七〇頃没）やアル・バッターニー（九二九没）などの天文学者の著作ないし思想が、たんにその当時の回教圏のみでなく、なおまたキリスト教圏の教師として、アルフラガヌスやアルバテニウスなどの名とともに尊重され、さらにモンゴル帝国を通じて中国に移植されているのも、まさに

化学
占星術
錬金術

このためである。なお、回教圏においては、天文学の進化のそびらに、占星術の成長が随伴《ずいはん》していた。そうして、占星術は錬金術を誘致している。もとより、占星術にしても、また錬金術にしても、たといそれらは迷信的傾向を包含していたとはいえ、多かれ少なかれ科学的進歩へ貢献したのである。なんとなれば、錬金術の操作過程において、溶解法、蒸溜《じょうりゅう》、濾過《ろか》、結晶、昇華、その他の化学的実験知識が獲得されているからである。

（九）医学と博物学

回教徒による化学的実験の研究の効果は、医学の方面にも影響している。不幸にも、回教的信仰の立場から、解剖学が禁止されていたために、医学者は他の方面を開発しなければならなかった。しかし、眼球の構造、病理学、看護術、食餌《しょくじ》療法などに関する諸攷究《こうきゅう》は、すぐれた結論を提供した。また、臨床医学の大家として知られていたアル・ラージー（九二五没）の「医薬大典（カヌーン）」は、前述のイブン・シーナーの医書とともに、アラビア医学の名著であった。なお、医学のほかに、回教徒の科学的探究心は博物学に向けられている。ただし、動物学においてはあまり顕著《けんちょ》な実績が示されなかったにもかかわらず、植物学および鉱物学においては新生面が開かれている。それはこれらの諸学が医学の発達と無関係ではなかったためである。

医学
アル・ラージー
博物学

（一〇）音楽

音楽

音階と楽器

アル・イスファハーニー

もとより、回教の戒律は音楽に対して好意的ではない。しかるに、音楽は回教的信仰を離れて、俗楽的に成長し、理論にしても、また演奏にしても、独自の境地を発見している。たといそれは和声を尊重しなかったとはいえ、旋律《せんりつ》の意義を強調し、数学的計算による音階を考案し、特異な楽器を工夫しているのである。音楽理論もインドやイランやギリシャなどの楽理《がくり》を巧妙に摂取《せっしゅ》し、音程の測定を中心とする音響学的原理を定立している。前述の哲学者のアル・ファーラービーの音楽理論やアル・イスファハーニー（九六七没）の歌曲書などの音楽的著作は、その好例であろう。

美術
彫刻
絵画
工芸

（一一）美術と工芸

回教美術はアジア芸術の奇観であるといわれる。しかし、回教徒は回教の教理の立場から、偶像否定の精神を堅持し、人間像、その他の彫刻芸術に対して冷淡である。それゆえに、サラセン美術のうちには、ほんらいの立体彫刻はほとんど見られない。ただ、そこには工芸品の図案的浮彫が拾いあげられるのみである。さらに、絵画にしても、影および遠近を無視したために、充分な発達を示していない。それはわずかに繊細な密画として表現されたにすぎない。むしろ、絵画の片鱗《へんりん》は絨毯《じゅうたん》の模様のうちに表わされている程度である。それにもかかわらず、密画芸術は色と線との巧妙な配置によって、その頂点に達している。しかるに、工芸品にあっては、優秀な芸術的技巧が認められる。いうまでもなく、それは図案の精妙《せいみょう》をもって特色づけられている。とくに、工芸的逸品は金属細工と陶磁器とによって代表される。たとえば、銅鉄の透彫や金銀の象嵌《ぞうがん》や釉色《ゆうしょく》の瓦片《かわらへん》などにおいては、名作品が少なくない。また、玻璃工《はりこう》、牙工、角工、革工、その他の妙技は熟練の極致を表現している。なお、染織《せんしょく》や刺繍などの手法は回教工芸の特産として注目されるべきである。なかんずく、絨毯《じゅうたん》の製作は回教徒の誇るべき技能であったのである。

（一二）建築

サラセン美術およびサラセン工芸も、サラセン建築の前には減光《げんこう》するにちがいない。なんとなれば、回教芸術の絶頂は建築に置かれているからである。そもそも、サラセン建築の特殊性は、その構成の妙想《みょうそう》、輪奐《りんかん》の奇矯《ききょう》、装飾の驚異などに

アラベスク

回教寺院、その他の建築

回教建築の標本

サラセン帝国解体後の場合

よって表示されている。とりわけ、幾何的紋様を描出する回教徒の怪技は絶対である。いわゆるアラベスク的模様こそ、世界の紋様の王であろう。その題材、構図、描線《びょうせん》、その他の意匠は、まさに奇巧の最高調であるといえる。この異色ある建築の標本は、疑いもなく、回教寺院（マスジッド＝モスク）にほかならない。高身の光塔（マナーラ＝ミナレット）と半球体の円蓋《えんがい》（クッバ＝ドーム）と尖拱《せんきょう》の開孔とアラビア文字の図案とを配する回教寺院の姿容は、世界建築史における異彩であり、また怪美《かいび》である。なお、回教建築の逸作は宮殿や学堂などの建造物においても見出されるのである。いずれにしても、たとえば、エルサレムのウマル寺院（六三七建立）、ダマスカスのウマイヤ寺院（七〇五建立）、カイロのトゥールーン寺院（六四〇建立）またハサン寺院（一三五九建立）またカイト・ベイ廟（一四九六建立）、コルドヴァのアル・カビール寺院（七八五建立）、セヴィリアのアル・カザル寺院（一三五〇建立）、グラナダのアルハムブラ（アル・ハムラァ）宮殿（一二三二造営）、その他は回教建築の精華《せいか》である。それゆえに、サラセン帝国の解体後において、イスファハンのシャー寺院（一六二六建立）、アグラのタージ・マハル廟（一六三一年造営）、デリーのジャーマー寺院（一六四八建立）またハース殿（一六三七造営）、サマルカンドのウルグ・ベク学堂（一四四九建築）、イスタンブールのスレイマニエ寺院（一五五五建立）およびアフメット寺院（一六〇八年建立）などの壮麗な回教建築の傑作が出現したのも、決して偶然ではないのである。

（一三）サラセン文化の意義

アジアとアフリカとヨーロッパとを連鎖したサラセン帝国は、回教徒の仲継商業的行動のゆえに、なによりもまず、東西両文化の融合の使命を果たしている。

アジア文化の宣揚
ギリシャ・ローマ古典文化の保存
サラセン文化とヨーロッパ文化との関係
サラセン文化とルネサンス
アラビア語の遺産

もちろん、サラセン文化は時代と地域との文化的媒介の役割を演じた。そうして、この文化の発現によって、アジア文化はかつてよりもいっそう華やかに宣揚《せんよう》せしめられた。しかも、それはヨーロッパ文化の古代と中世と近世との橋渡しとして役立った。たとえば、ギリシャやローマなどの古典文化精神は、アラビア語的表装を施《ほどこ》されることによって、はじめてヨーロッパ人の手に伝えられた。なんとなれば、古代の西洋文化は、ゲルマン族の跳梁《ちょうりょう》の舞台と化した中世のヨーロッパから、一時サラセン帝国に避難し、みずからの保全を期待しないわけにはゆかなかったからであった。幸いにも、回教徒はこれを養育し、幾多のアジア的文化要素を加味して、ふたたびヨーロッパ人に返却した。ヨーロッパ文化はすこぶる迂遠《うえん》な経路によって、古代から近世へと伝達されたわけである。ギリシャやローマの古典文化の教導のもとに放たれたルネサンスの光りは、かような経緯のうちにあたえられたサラセン文化の刺激を受けている。この意味において、近代のヨーロッパ文化の黎明《れいめい》に対する回教文化の歴史的意義は、決して小さくない。さらに、今日、一般に用いられているヨーロッパ語、たとえば、代数を表わすアルジェブラ（アル・ジャブル）、加理を表わすアルカリ（アル・カリー）、酒精《しゅせい》を表わすアルコール（アル・クゥフル）、砂糖を表わすシュガー（スッカル）、天頂点を表わすゼニス（サムト）、兵器廠《へいきしょう》を表わすアースナル（ダール・ウル・サナーア）、関税を表わすタリフ（タァリーファ）、倉庫を表わすマガジン（マフジン）、錦襴《きんらん》を表わすバルダキン（バグダード）、モスリンを表わすムスリン（マウシル）、その他の諸語が、サラセン文化の言語的標識としてのアラビア語に由来しているのは、いったい、なにを物語っているであろうか。それのみでなく、サラセン商業を背景としたサラセン文化圏を通じてこそ、あらゆる文化生活にとって不可欠であるところの紙とか、砂糖とかなどは、はじめて世界的に伝播されたのである。かような事情から、サラセン文化はその中世的性格にもかかわらず、現代においても、なおその余光《よこう》をここかしこに残しているといえる。けだし、そこに、われわれはたやすくサラセン文化の本質とその意義とを認めることができる。

第二篇

Islamic history

History of the Islam in China

第五章 回教の中国伝来過程

サラセン帝国と中国―唐帝国の支配―唐文化と外来文化―東西交通路―回教文化の東漸―宋朝の成立と回教徒―宋朝時代の南海貿易―回教徒の居留地―回教徒の来航の影響

サラセン帝国と唐帝国との対峙

アジア東西勢力の接触線

回教の東漸

（一）サラセン帝国と中国

サラセン帝国がアジア、アフリカ、ヨーロッパにまたがる巨大な回教圏を建設したころ、東アジアの大部分に対して号令権を誇示していた唐帝国もまた、すこぶる強大であった。そうして、唐帝国はサラセン帝国、すなわち中国人のいう大食に比較して、優《まさ》るとも劣らないほどの国勢を示していた。したがって、第七世紀前後から、アジアは二つの豪華な勢力によって両分されていたわけである。こうした東西の二大覇権は、だいたい、中央アジアのアム河を境界線として、たがいに接攘《せつじょう》していた。したがって、両帝国の政治的、外交的、経済的、文化的交渉も、はなはだ重要な意義をもっている。サラセン帝国の指導精神としての回教が、中央アジアないしインド洋方面を経由して、はじめて中国に伝来したのも、まさにこの時代のことに属する。

（二）唐帝国の支配

太古の中国に居住した漢族は、競争攻伐《こうばつ》のうちに、中国文化を開拓した。そうして、この闘争を圧服した最初の強力な王朝は周朝（前一一二二—前二五六存続）にほかならなかった。しかし、周朝の覇権は春秋および戦国の両時代の経過とともに衰沈し、秦帝国（前二二一—前二〇六存続）が中国の統一者の権威を獲得した。それ以来、漢族に対する支配権は、前漢朝（西漢朝）（前二〇二—八存続）、後漢朝（東漢朝）（二五—二二〇存続）、西晋朝（六五—三一六存続）、東晋朝（三一七—四二〇存続）を経て、南北朝の対立時代を過ぎ、ついに隋帝国（五八九—六一八存続）に移った。実に、隋帝国は中国の真の平定者であり、漢文化の真の大成者であった。かような諸王朝の系譜の後に、唐帝国が中国を支配していたのは、第七世紀の初頭から第十世紀の初頭におよぶ約三百年である。しかし、

唐帝国の時代

唐帝国の版図

唐帝国の衰微期

六一八年に出現した唐朝の主権が強大な威力を発揮し、名実ともに中国社会の推進力として作用していた時代は、その前期すなわち玄宗《げんそう》（七一二―七五五在位）の開元、天宝年間を分水嶺とする第八世紀の中葉までのことであった。その版図からいっても、太宗（六二六―六四九在位）と高宗（六四九―六八三在位）との世代には、東は朝鮮に達し、北は外モンゴリアに延び、西はトルキスタンを含み、南はインドシナに広がる膨大な勢力圏も、この時期以後にはしだいに縮少しはじめている。しかも、やがてトルキスタンいいかえれば中国人のいう西域を通過する東西貿易の大動脈も、トルコ系やチベット系などの諸族の圧迫を蒙《こうむ》って、事実上、完全に閉塞《へいそく》されたのである。それゆえに、西方諸国との重要な接触面の一つを切断されて以降の唐帝国は、急速に変質していった。そうして、唐朝の衰微《すいび》期と、次の五代（九〇七―九五九間）、すなわち後梁朝、後唐朝、後晋朝、後漢朝、後周朝による交立期とを目撃した第十世紀の中葉には、市民的国家として中国史のうえに特異な相貌《そうぼう》を示す宋朝の主権の成立が実現されている。

（三）唐文化と外来文化

唐文化の本質

極盛を誇っていた前期における唐帝国の文化は、さきに統一的政権としての東西両漢朝のもとに開花した漢文化の精華が、その後、モンゴル系やチベット系や満州系などの諸族の新鮮な血液を受けて、りっぱに結実したところの東アジア精神の集大成の表現である。実際、中国の辺疆《へんきょう》を囲繞《いじょう》した諸種族は、しばしば国境を越えて、中国の内地に侵入し、黄河と揚子江（長江）とを中心とする南北文化の交流を促進するとともに、混血による人口の膨張を招来した。唐朝の前駆《ぜんく》的役割を演出した隋朝の統一主権こそは、こうして内部に蓄積された種族的精力の総合体にほかならなかったのである。

文化の交流と種族の混血

しかし、ここに、注意しなければならない点は、たといその当時、文化の交流と種族の混血とがいかに活発に行なわれたとはいえ、

漢文化の保持

その主体をなしたものが、あくまで漢族自身の固有の文化であったという事実で

ある。いいかえれば、それは外来の諸種族が血液的に新たな要素を漢族の間に注入しながらも、文化的にはまったく後者によって同化せしめられ、また服属せしめられたということである。しかるに、回教徒の場合はこれと反対である。すなわち、唐朝の黄金時代にはじめて中国に伝播した回教文化は、決してそれと同じ運命に置かれなかった。なんとなれば、回教徒によって高度に発展せしめられたサラセン文化が中国にあたえた影響力は、意外にも、深刻であり、また強烈であるからである。

(四) 東西交通路

東西の交通

陸路としての西域道

天山北路

天山南路

アジアの東西を連ねる交通線は、早くから開拓されている。それは唐朝の時代においても変化していない。それゆえに、唐帝国とサラセン帝国とを結ぶ重要な交通路の一つは、西域を通ずる陸路、すなわち西域道である。いま、中国からこれをたどれば、まず唐の首都の長安を起点とし、甘粛省の西部諸地を縫《ぬ》って敦煌にいたり、タリム盆地の各オアシス都市を抜けてパミール嶺を越え、西トルキスタンからサラセン帝国のイランやアラビアやトルコなどの方面へ進むものであった。敦煌を過ぎ、パミール嶺に差しかかるまでに西域道は二路に岐《わか》れる。一路はタリム盆地の北辺に沿ってハミ、カラシャール、クチャ、アクス、カシュガルを経由する天山北路であり、他路は崑崙山脈《こんろんさんみゃく》の北麓を進んでホータン、ヤルカンドを通ずる天山南路である。かような陸上の通廊は、サラセン帝国と唐帝国との政

陸上交通状態と諸都の繁栄

アジア北路

海路としての南海路

海陸両道の利用

沿上や経済上の心臓部をほぼ一直線に貫通していた事情から、後者の威勢が西域全土を強圧していた当時には、使節の交換はいうまでもなく、商人の往来のためにも利用された。その結果、この沿道にはタシュケント、サマルカンド、ブハラなどの諸都が栄えていた。さらに、この陸路はトルキスタンにおいて、アラル海やカスピ海の北辺を走る通路を控えていたために、その重要性を高めていたのである。これに対して、他の一方の主要な東西交通線は南海路である。それは西方から出発すれば、イラン湾頭を出帆《しゅっぱん》し、インド沿岸を航行して、マラッカ海峡を通過し、ジャワを経由し、インドシナ東岸を沿上して、広州に到達する海路であった。現に、唐朝の興隆期、いいかえればサラセン帝国が急速に東方拓疆《たくきょう》を遂行《すいこう》し、イランを席捲《せっけん》したとき、既述のササン帝国のヤズデギルド三世はかの陸上通路を逃れて、中国人に救援を求めたのである。しかしながら、サラセン帝国がササン帝国の滅亡にさきだち、はじめて公式の使節を唐帝国に派遣したのは、実にこの海上通路を活用しているのである。いったい、この航路は最初はもっぱらアラビア商賈《しょうこ》の横行に委ねられていたのであるが、後期にはしだいに中国商人自身の船舶の航行に用いられるようになった。ことに、唐朝の中期以後には、その勢力の減退のために、陸上交通線がほとんど遮断《しゃだん》された関係から、この海上通商線は唯一の正常な東西交通路として、きわめて重大な役割を果たしていたのである。かように、海陸の二つの交通路によって、国交上また、通商上の交渉が頻繁となるにつれて、文化における相互的影響が東西両洋の諸族の間に、ようやく顕著な作用を示してきたのも、決してあやしむにはあたらない。

(五) 回教文化の東漸

もともと、隋朝の造営にかかる長安はその規模においてすこぶる大きく、唐朝の首都となって真にふさわしい結構《けっこう》を具《そな》えるにいたったが、徳宗（七七九—八〇四在位）の治世に、この都府に居留する外国人の数は、ついに四千余家に達したという。他方に、南海に臨む随一の要港であった広州にあっては、第九世紀の後半における黄巣《こうそう》の叛徒《はんと》が、この市府を陥《おとしい》れ、異教徒の殺戮《さつりく》を行なったとき、被害者は約十二万を越えたとさえも伝えられている。したがって、唐朝の約三百年を通じて、西方人が中国に渡来した人数は、まことに、夥《おびただ》しかったであろう。

西方人の種類

しかも、こうした西方人の大部分は、いうまでもなく、アラビア人やイラン人やトルコ人によって占められていたのである。彼らはおおむね回教信奉者であった。それで、彼らの信仰が滔々《とうとう》として中国に伝入したのも、自然の勢いであったと考えられなければならない。

唐朝と回教徒

この趨勢《すうせい》に加えて、唐帝国の朝廷でも、太宗の治世以来、通商的利害や軍事的必要などを慮《おもんぱか》り、回教の布教に対しては、はなはだ寛大な態度をもって臨んでいたのである。

懐聖寺

広州の懐聖寺《かいせいじ》が中国における最初の清真寺すなわち回教寺院として、すでに太宗の時代に建立されたのも、その結果であった。

とりわけ、この懐聖寺《かいせいじ》は中国においてまれに見る光塔《ミナレット》を配しているために著名である。そのほか、アラビア人やイラン人やトルコ人の集団的居留地には、随処《ずいしょ》に回教寺院が設けられ、その布教も広範囲に行なわれたのである。そこで、この当時から、回教は中国人の独創にかかる儒教や道教、また古くインドから西域を通じて伝来した仏教、さらに同じくこのころ新たに東伝したマニ教（摩尼教）やゾロアスター教（祆教《けんきょう》）やネストリウス派のキリスト教（景教《けいきょう》）などに伍《ご》して、広く中国人の間に流布しはじめたわけである。そこに、回教文化東漸《とうぜん》の波が起こる。そうして、東西交通に伴う主要な副産物として、漢族の間に昔から発達していた貴重な製紙法が回教徒によって採用された代わりに、アラビア人の優秀な航海術が中国人によって修得されている。前者がサラセン文化、ひいてはヨーロッパ文化の発展に対して重要な使命を果たし、また後者が商業国家としての宋朝の生命線を護る有効な武器の役割を演じたのは、けだし、興味深い歴史的対照といわなければならないであろう。

（六）宋朝の成立と回教徒

唐帝国の衰退

宋朝の成立

宋朝の立場

唐朝の中央集権は、西北角および西南疆における諸族の興起、西域交通路の完全な遮断《しゃだん》、地方的勢力の強大化などによって、第八世紀の後半以後に急速に衰弱することとなった。しかも、サラセン帝国の繁栄もまた、第八世紀の後半を絶頂として、やがて凋落《ちょうらく》してきた。しかし、唐帝国やサラセン帝国のような強力国家の治下に培養《ばいよう》された伝統的精力《せいりょく》は、決して一朝一夕《いっちょういっせき》にして減却《げんきゃく》するものではない。九〇七年における朱全忠《しゅぜんちゅう》（九〇七―九一二在位）の台頭によってはじまる五代の紛乱期《ふんらんき》の後を承けて、九六〇年に趙匡胤《ちょうきょういん》すなわち太祖（九六〇―九七九在位）の指揮のもとに成立した宋朝が、遼（契丹）朝（九一六―一一二五存続）、また夏（西夏）朝（一〇三六―一二〇九存続）、また金朝（一一一五―一二三四存続）などの強圧《きょうあつ》に直面し、一方では、つねに軍事上の弱体性を露呈《ろてい》したにもかかわらず、

広州、明州、杭州
市舶司
市舶、互市舶

他方では、商業国家のはつらつ性を発揮しえたのも、実にその基底にかような原動力が秘められていた結果である。それゆえに、宋帝国の支配下において、中国の南海貿易はますます隆昌《りゅうしょう》し、アラビア商人の往来や居留はいよいよ流行し、それを背景として回教の伝播も進捗《しんちょく》したしだいである。

（七）宋朝時代の南海貿易

汴京《べんけい》（河南）を首都とした宋朝は、はじめ広州や明州や杭州を外国貿易港に指定し、ここに市舶司という役所を設置し、関税徴収、その他、外国貿易に関する諸事務を委任した。市舶司とは、そのころ、中国で外国の貿易船を市舶とか、互市舶とか呼んでいたために起こった名称である。かような事情から、宋朝の前期

泉州

南渡後の宋朝と外国貿易

海上貿易

主要交易品

においては、唐朝の場合と同様に、全関税の約九十パーセントは広州によって占められていた。しかし、第十一世紀の末期から第十二世紀の初期にかけて、泉州はしだいに広州の繁栄を奪いはじめた。泉州に市舶司《しはくし》が設けられたのは、哲宗《てっそう》（一〇八五―一一〇〇在位）の時代のことである。しかるに、泉州の開港後、ほぼ四十年を経て、高宗（一一二七―一一六二在位）のとき、一一二九年に宋朝は金朝の攻勢のために南渡し、臨安《りんあん》（杭州）に遷都《せんと》しなければならなかった。その結果、一般に、宋朝はそれ以前を北宋といわれ、それ以後を南宋と呼ばれる。もちろん、南渡以降の宋朝も国庫の増収を考慮し、熱心に外国貿易を奨励《しょうれい》した事情から、泉州は年々発展し、その経済力はついに広州を凌駕《りょうが》するにいたった。その当時の貿易船は四、五月ころ南西から吹く季節風と、十、十一月ころ東北から吹く季節風とを利用し、約二箇年の歳月を費して、イラン、中国間を往復した。それらの商船はことごとく泉州に輻輳《ふくそう》したのであった。そうして、イラン系やアラビア系の商人の手によって西方から中国へもたらされた商品の主なものは、香料、象牙、琉璃《るり》などであり、また中国から西方へ運ばれた貨物の多くは、金、銀、銅、銀、絹、磁器などであった。それらの商貨の交易のために、海岸の貿易港からさらに内地に進出して、新しい市場を開拓しようとする西方商人の数も、決して少なくなかった。彼らのあるものは、広州から北上の陸路をたどって、洪州（南昌）に進み、また彼らのあるものは、揚子江《ようすこう》下流の重鎮である揚州に集った。したがって、洪州と揚州とを結ぶ江上の水路や、江辺の陸路などは、比較的に早くから西方商賈《しょうこ》によって利用されていたのである。ことに、揚州はすでに唐朝の時代から、西方商人の代表者である回教徒の密集地として有名であった。また、北宋朝の時代に、中国政府は西北角の各地に特別の役所を設けて、チベット族やウイグル族やモンゴル族などから、軍馬を購入し、中国側から銅銭や絹や茶などを提供していた。西方もしくは北方の諸種族とあまり平和的交渉を重ねなかった宋朝としては、この事実はとくに注目に価する。

（八）回教徒の居留地

南海航行状況

回教徒居留地

蕃坊

帆《ほ》と風とを頼りにするその当時の貿易船が、遠い南洋を航海するために、幾多の困難に耐え、長い日数を忍《しの》ばなければならなかったのは、いうまでもない。そこで、中国の沿岸の各開港場がもっとも賑《にぎ》やかな商況《しょうきょう》を示したのは、自然、初夏の季節風が吹きやみ、初冬の季節風が吹きはじめるまで、すなわち五月から十月へかけての半年間であった。そうして、西方商人、とりわけ回教徒の多くは、冬がくれば、いったん帰国したが、そのまま滞留《たいりゅう》するものも少なくなかった。広州や泉州などでは、それらの外国人が城内に構居《こうきょ》し、中国人と雑居していた実例もあったのである。しかし、原則として、彼らは各埠頭《ふとう》にあたえられた一定の街区のうちに居住していた。この居留地を漢人は蕃坊《ばんぼう》と呼んでいたのである。蕃坊の雑務を管理するために、回教徒の居留民の間から一人のもっとも徳望《とくぼう》のある人物が選出され、蕃長《ばんちょう》として中国政府から任命されたが、彼が各居留地ごとにもれなく設けられていた回教寺院の教長であったのは、もちろんである。しかも、蕃坊《ばんぼう》の内部では、教長の統制のもとに、一種の完全な自治が認められていた。すでに、唐朝の時代から、回教徒の外国人の間に起こった犯罪は、彼らの国有の法律すなわち聖法としての回教法によって判決されていたが、宋朝の時代にいたっていっそうこの適用範囲は拡大され、居留民と中国人との間に起こった犯罪でさえも、よほどの重大事件でなければ、それによって処分されることとなった。この意味において、蕃坊とは中国における回教的特別区にほかならなかったのである。

（九）回教徒来航の影響

回教徒商人の待遇

回教徒商賈の蓄財

宋朝が南遷してから一二七九年に解体するまで、東西両洋の海上交通はすこぶる旺盛《おうせい》であった。事実、宋朝政府は貿易の利益を重んじ、外国商人を厚くもてなした。こうして、あらゆる条件に恵まれたアラビアやイランなどの回教徒商人は、東アジアの別天地において信教の自由を享受《きょうじゅ》し、商業取引によって巨万の財産を蓄積《ちくせき》することができた。彼らのうちには五年ないし十年の長い間、本国に帰還することなく、ついには蕃坊《ばんぼう》に永住するものもあった。すでに、北宋朝の徽宗《きそう》（一一〇〇―一一二五在位）の治世には、諸外国人のうちで五世にわたって中国に居住したものの遺産処分法が制定されているほどである。したがって、そのころ、子々孫々と引き続いて永住した西方商人が存在したことも知られる。また、南宋朝の寧宗《ねいそう》（一一九四―一二二四在位）の世代に、泉州の長官がその都府在住のアラビア系の商賈《しょうこ》の出資によって泉州城を修理したという伝聞から見れば、その当時に彼らの蓄財がいかに巨大であったか、容易に想像される。それゆえに、

清浄寺

アラビア文字で書かれた石碑を配しているために有名な泉州の清浄寺《せいじょうじ》が、北宋朝の真宗《しんそう》（九九七―一〇三〇年在位）の時代に建立されているのも、決してふしぎではない。それのみでなく、他方に、

回教徒と中国人との接近

蕃坊《ばんぼう》居留の回教徒であって、中国婦人を迎えて妻とするものさえもあった。この場合、彼らは結婚に関する回教の戒律を揚棄《ようき》している。また、彼らのうちからは進んで儒学を修め、科挙の試験に応ずるものさえ現れたのである。かような過程において、言語や風俗や習慣を通じて、回教徒と中国人との間にはしだいに同化作用が行なわれはじめたのである。

纏足の廃棄

泉州の婦人が古くから纏足《てんそく》の悪習を棄て、天足と強健《きょうけん》とを誇っているのも、まことに、このころの東西交渉の副次的貢献《こうけん》にほかならなかったのである。

第五章　回教の中国伝来過程

Seljuk Empire

第六章 セルジューク帝国の前後

回教徒化以前のトルコ族—回教改宗の場合—トゥルン朝とアフシット朝—サジュ朝とハザル朝とブルガル朝—カラハン朝の運命—ガズナ朝の台頭—セルジューク帝国の発展—極盛期の政治と文化—セルジューク帝国の分解—十字軍の意義—ホラズム・シャー朝の興廃

アルタイ語族

玁狁、葷粥、月氏、烏孫、丁零、高車、鉄勒、勅勒

突厥帝国

後唐、後晋、後漢の諸国

（一）回教徒化以前のトルコ族

トルコ族はアジア北族に属する。言語学的にいえば、彼らはアルタイ語族の分派である。彼らの故郷は中央アジアであるが、彼らの活動舞台は世界的である。しかも、彼らは世界最古の種族の一つであり、早く世界史に出現している。まず、東アジアを見れば、周朝の時代の玁狁《けんいん》や葷粥《くんいく》など、前漢朝の時代の月氏《げっし》や烏孫《うそん》など、後漢朝から南北朝へかけての時代における丁零《ていれい》や高車《こうしゃ》や鉄勒《てつろく》や勅勒《ちょくろく》などの諸族は、有力なトルコ族である。その後、隋帝国の世代には、突厥《とっけつ》として知られるトルコ族が出場し、モンゴル族から独立し、突厥帝国（五四六—五八二存続）を建設した。彼らが漠北の梟雄《きょうゆう》となったのは、第六世紀の後半であった。しかし、まもなく、彼らは東西両帝国に分裂し、ついに、唐帝国の支配を甘受しなければならなかった。しかるに、唐朝の解体に続く五代の紛乱《ふんらん》期に、彼らは後唐、後晋、

ウイグル族
ハザル族
ブルガル族

後漢などの三王朝を開設し、短期の復活を実現した。また、第八世紀の中葉に唐帝国と交通し、安史の乱の鎮定《ちんてい》に参与したウイグル族も、別派のトルコ族であり、一時は同系のキルギス族の圧迫のために苦悶《くもん》したが、やがてトルキスタン、いいかえれば西域を占領し、彼らの勢力を確立している。また、第七世紀の初葉にヴォルガ河とドニエストル河との中間地に転住し、ハザル朝を建立したハザル族も、トルコ系であった。さらに、ハザル族の羈絆《きはん》から離脱して、ヴォルガ河畔に独立し、ブルガル朝を創始したブルガル族も、トルコ族の一派にほかならない。要するに、かようなトルコ族は回教を知らない以前から、おおむね、仏教徒として活躍している。そうして、彼らは仏教徒から回教徒へ転向してゆくのである。

（二）回教改宗の場合

回教とトルコ族

ウイグル族の回教徒化

回教に帰依してから後のトルコ族の立場は、それ以前と異なった新しい意味をもっている。すなわち、第八世紀の初葉に回教徒の侵入を蒙《こうむ》ったトルキスタンは、当然、回教の洗礼を受けた。その地方のトルコ諸族もサラセン族の攻勢的態度の前に、いつか守勢的立場をとることをよぎなくされた。そうして、彼らも回教徒との接触の間に、回教によって染色された。事実、第十世紀の半ばころから、彼らはしだいに仏教を放棄し、回教に改宗した。西域に屯居《とんきょ》し、仏教文化を捧持《ほうじ》していたウイグル族も、実にこの前後において回教を信奉しはじめた。しかも、ウイグル族はかような新しい信仰の鼓舞のもとに、回教徒として復興の機会をあたえられているのである。しかし、これに反して、堂々と回教徒として進出し、サラセン帝国の地盤を攪拌《かくはん》したトルコ系の先駆的代表者は、トルキスタンにおいて

トゥルン朝の興起

トルコ族の潜入とアッバース朝の対策

トゥルン朝の権勢

ではなく、遠くアフリカにおいて出場している。

（三）トゥルン朝とアフシット朝

もっとも早く雄飛したトルコ系の回教王朝は、エジプトを背景として興起したトゥルン（トゥールーン）朝にほかならない。いったい、アッバース朝は第八世紀の末葉に、エジプトに頻発する叛乱を鎮圧する目的をもって、そのころ、サラセン帝国に潜入《せんにゅう》していたところのトルコ族を利用した。その結果、トルコ族は秩序の回復に対する功績を口実として、エジプトの実権を掌握するにいたった。この事情のうちに、アフメット・ビン・トゥルン（八六八―八八四在位）は独立運動を開始し、カリフ庁への朝貢《ちょうこう》を拒絶した。八六八年に彼はトゥルン朝を創立し、エジプトまたシリアを領有するにいたった。そうして、彼は産業を振興し、工芸を奨励《しょうれい》し、国勢を強化した。しかし、彼の暗殺後、国内は乱れ、九〇五年にエジプトはふたたびアッバース朝の支配下に立った。しかるに、微力化していたアッバース朝は、こうした混乱を収拾《しゅうしゅう》しえなかった。それゆえに、九三五年にカリフはメフメット・ビン・トゥガッチ（九三五―九四六在位）を始祖とするアフシット（イフシード）朝の建国を承認しなければならなかった。このアフシット朝は多数の精兵《せいへい》を擁《よう》して国威を示し、エジプトおよびシリアを舞台として、約十年間の泰平の時代を継続した。しかも、彼の二子の治世はなお善政と平和とを享受したが、アフシット朝もまもなく衰退し、九六九年にはファーティマ朝の攻撃のために滅亡したのである。

アフシット朝の盛運と衰滅

ハザル朝の出現
ハザル朝の悲境
ブルガル朝の自立

（四）サジュ朝とハザル朝とブルガル朝

八七九年にアッバース朝の衰弱に乗じて、アゼルバイジャンに独立したサジュ（サージュ）朝は、北方のトルコ系の回教王朝としての率先的《そっせんてき》役割を演じている。ただし、サジュ朝は八三〇年に消失している。しかるに、ヴォルガ河およびドニエストル河方面を占有したハザル族は、第八世紀の初頭に、アラビア人の攻撃を受けて後退したが、このころから、キリスト教徒であった彼らも、しだいに回教に転心し、回教王朝として躍動しはじめている。しかしながら、ハザル朝も一〇一六年に解消した。なんとなれば、ハザル朝はそれに隷属《れいぞく》していたブルガル族の独立的気勢を抑制することができなかったからであった。すなわち、ブルガル族は第八世紀にヴォルガ河流域のブルガルを中心として彼らの自主的地位を実現し、九二一年にアッバース朝のカリフに使節を派遣するとともに、その翌年に回教を国教として制定し、ヨーロッパにおける最初の回教国家の名誉を獲得した。しかも、ブルガル朝はハザル朝の衰運と異なって、第十一世紀以降、その国威は神長し、しばらくロシア族を威圧していたが、モンゴル族の侵入のために、一二三六年に崩壊している。しかし、このブルガル族は平和主義者であり、学者を輩出し、商業を追求し、美術工芸を保護し、東ヨーロッパにおける回教文化圏の基石を設置したのである。

ブルガル朝の瓦解

ブルガル文化

（五）カラハン朝の運命

カラハン朝の成立

回教の名称と回鶻族との関係

イリクハン・ナスル

回教徒としてのトルコ族が建設した最初の強力な独立王朝は、ウイグル系のカラハン（カラー・ハーン）朝である。カラハン朝は別にイリクハン（イーラク・ハーン）朝ともいわれている。まさに、この回教王朝の成立は、回教徒化したウイグル族の再生的努力の結晶である。すなわち、カシュガリアのウイグル族は九三一年ころに、バラーサーグーンを中心として団結し、サーマーン朝の知事と内通して、中央アジアを撹乱《かくらん》し、回教徒と交渉している間に、九六〇年前後に、回教に改宗したと伝えられている。実に、これは回教の名称の起源と回鶻族という問題に関係しているのである。いずれにしても、伝説的にサトゥク・ブグラハンを始祖とするカラハン朝が、国家体制を確立したのは、イリクハン・ナスル（九九九頃―一〇一二在位）のときであった。すなわち、彼は九九九年ころ、サーマーン

ユスフ・カドィルハン

東西分裂

東カラハン朝

西カラハン朝

クダトク・ビリク

朝を転覆して覇権を公称した。その後、この回教王朝はブハラを首都としてちゃくちゃく発展し、その勢力圏はカスピ海から中国辺境にまで膨張し、各地のトルコ諸族を威圧した。しかも、ホータンを征服したというユスフ・カドィルハン（一〇二〇―一〇三二在位）、その他の後継者が君臨し、軍国主義的支配を強行したにもかかわらず、カラハン朝は遊牧的性格の克服また種族的闘争の排除において失敗し、けっきょく、一〇四七年にパミール嶺を境として、東西に分裂した。しかるに、はじめバラーサーグーン、後にカシュガルを中心とした東カラハン朝は、一一三二年に遼朝の後身である西遼《せいりょう》朝（一一三二―一二一八存続）すなわち黒契丹（カラ・キタイ）朝の進撃のために潰滅《かいめつ》し、またサマルカンドを核心とした西カラハン朝は、一二一二年に後述のホラズム・シャー朝の強襲のために瓦解《がかい》した。なお、有名な「クダトク・ビリク（幸福をあたうる知識）」いう著作は、実に東カラハン朝の支配者の一人に奉献された列王史伝にほかならない。

ガズナ朝の独立
アルプ・テギン
マフムード
号令権の拡大
マフムードの開明主義

（六）ガズナ朝の台頭

カラハン朝と対峙し、中央アジアの支配権をめぐって角逐《かくちく》した回教王朝は、トルコ系のガズナ（ガズネ）朝である。このガズナ朝の創立者は、サーマーン朝の治下において知事を奉職《ほうしょく》していた「奴隷（マムルーク）」出身のアルプ・テギン（九六二―九六三在位）であり、九六二年にガズニを根拠地として独立した。しかし、ガズナ朝の覇権が東方のトルコ系の回教的勢力を代表するにいたったのは、マフムード（九九八―一〇三〇在位）の治世においてであった。なんとなれば、マフムードは回教徒の偉大な選手として、アッバース朝のカリフ政府に中央アジアの統治権の承認を要求し、インド遠征を敢行《かんこう》し、ヒンドゥスタンの回教化を誘導し、イランの各地を蹂躙《じゅうりん》し、ついにアム河からカールーン河にいたる地域を領有することに成功したからである。しかも、強力政策を追求した彼は、寺院、学林、その他の諸建築物を造営し、「シャー・ナーメ」の作者フェルドウシー（一〇二〇没）や歴史家アル・ビールーニー（一〇四八没）などの文人学者を保護し、開明主義を披瀝《ひれき》している。しかし、一時は巨大な威力として成長したガズナ朝も、マフムードの死去とともに、たちまちその強圧政治の矛盾を曝露《ばくろ》し、地方的豪族の離反、簒奪者《さんだつしゃ》の出現、外敵の侵入などによって衰退し、後述するように、オグズ族の全国的跳梁《ちょうりょう》に続くアフガン系のゴール朝の台頭のために、滅亡しなければならなかった。そうして、カラハン朝の分裂とガズナ朝の後退とのうちに、いま、セルジューク帝国が結成されてゆく。

ガズナ朝の衰運

ゴール朝の台頭

セルジューク帝国の出現

セルジューク族の祖先

セルジューク帝国の拓疆

トゥグリル・ベグ

(七) セルジューク帝国の発展

アラビア族に代わるトルコ族の回教的覇権の成立、いいかえれば分散化した回教圏の統一的再生は、セルジューク(セルチュック)帝国の勃興によって、はじめて実現されている。がんらい、セルジューク族はトルコ系のオグズ族の分派である。彼らの祖先は「鉄弓」というあだ名をもったセルジュークであり、彼らの故郷は中央アジアのクヌクであったと伝えられている。セルジューク族はまず遊牧民として登場し、九八五年前後に回教に帰依《きえ》したという。そうして、彼らはサーマーン朝の衰退に乗じて、ブハラ付近に移動し、カラハン朝、ガズナ朝、その他の諸勢力の競立の間隙《かんげき》を抜けて、ホラーサーンに進出し、一〇三七年にセルジュークの孫トゥグリル・ベグ(一〇三七―一〇六三在位)のもとに、メルブを中心としてセルジューク帝国の礎石《そせき》を定立《ていりつ》した。トゥグリル・ベグは一〇四〇年以降、各方面に遠征し、たちまち中央アジアから西アジアにいたる広大な地域を攻略し、ついで一〇五五年にバグダードに入城し、アッバース朝のカリフ政府の承認をえて、東方の回教徒の代表者として、スルタンの尊号を公称することとなった。彼の後継者アルプ・アスラン（一〇六三―一〇七二在位）はさらにアルメニア、シリア、パレスチナ、小アジアを荒掠し、ファーティマ朝を脅嚇《きょうかく》するとともに、東ローマ帝国を威圧した。しかも、アルプ・アスランの中央アジア征略の遺業は、彼の子マリク・シャー（一〇七二―一〇九二在位）によって遂行された。かくて、マリク・シャーの治世において、ハマダーンを首都とするセルジューク帝国は、宋朝の辺境から東ローマ帝国およびファーティマ朝の国境に達する大版図を領有し、セルジューク族の全盛時代を現出することができたのである。

アルプ・アスラン

マリク・シャー

セルジューク帝国の黄金時代

（八）極盛期の政治と文化

回教圏の蘇生

ニザームルムルクの功績

文化

アル・ガザーリー

ウマル・ハイヤーム

アッバース朝の弱体化のために、久しく分裂と沈滞とのうちに昏迷《こんめい》していた回教圏は、セルジューク族の統一的世界帝国の形成によって、蘇生の活力を回復した。このセルジューク帝国の国家体制の完成に対する功労者は、賢明な宰相ニザームルムルク（ハサン・アリー）（一〇九二没）にほかならなかった。彼はセルジューク朝に強力な政治組織と有益な文化機構とをあたえた。実際、このころのセルジューク帝国はもはや素朴な遊牧国家ではなかった。そこには遊牧民の定農化が実現され、農耕地が開墾された。また、各地に学校や図書館や施食所《せじきしょ》や病院や旅舎などが建設された。それゆえに、「回教の真諦《しんたい》（フッジャ・ウル・イスラーム）」の著者である偉大な回教神学者アル・ガザーリー（一一一一没）や、「ルバイヤート」の詩人として有名である天文学者ウマル・ハイヤーム（一一三二没）などの諸天才が出現しているのも、決して偶然ではない。しかし、もともと、軍国主義を基調としていたセルジューク帝国は、とりわけ、軍備に対して周到な配慮を怠らなかった。たとえば、ファーティマ朝の後援のもとに策動《さくどう》したハサン・サッバーフ（一一二四没）の教党であるイスマイール教派、その他の不穏分子《ふおんぶんし》ないし反抗者を抑制するために、セルジューク政府は約四十万名の常備軍を設置しているのである。それにもかかわらず、セルジューク帝国の黄金時代は、かならずしも永続しなかった。なんとなれば、かような国家的威容《いよう》を整備するために尽瘁《じんすい》したニザームルムルクも、ついにイスマイール教派の狂信団、すなわち教匪《きょうひ》（ムラーヒド）によって暗殺され、彼の死去に続いて、英明《えいめい》なマリク・シャーもまた他界したからである。

内訌的争覇

サンジャル

セルジューク帝国の衰勢

（九）セルジューク帝国の分解

マリク・シャーの離世とともに、セルジューク帝国は急角度をもって衰弱した。すなわち、このとき以来、セルジューク帝国の内訌《ないこう》的抗争および地方的割拠は激化した。とくにマリク・シャーの四子による骨肉的争覇は、国内的動揺を深刻化し、加《くわ》うるに、西方の国境に迫進してきたキリスト教徒の連合軍、いいかえれば後述の十字軍のために、対外関係はいよいよ多事《たじ》となった。そこで、マリク・シャーの第三子サンジャル（一一一七―一一五七在位）は、たといホラーサーン以東を根拠地として威力の挽回《ばんかい》に狂奔《きょうほん》し、セルジューク帝国の再興を期待したとはいえ、ついに彼もケルマーンを中心とするケルマーン・セルジューク朝（一〇四一―一一八六存続）、またアナドル（アナトリア）を舞台とするルーム・セルジューク朝（一〇七七―一二九九存続）、またシリアを本拠とするシリア・セルジュー

ルーム・セルジューク朝

セルジューク帝国の衰亡

カトワーンの会戦

ク朝（一〇七八―一一一七存続）、またイラクを本部とするイラク・セルジューク朝（一一一七―一一九四存続）、その他の藩王の独立ないし離反《りはん》を目撃しなければならなかった。とりわけ、ルーム・セルジューク朝は、第十二世紀からこのかた、一時は十字軍を撃退するほど有力化し、文芸の興隆と経済の発展とによって、小アジアの回教化を促進した。近代の回教圏の指導者として雄飛《ゆうひ》したオスマン帝国も、実にこのルーム・セルジューク朝の地盤のうえに、その分身的侯国《こうこく》の一つとして台頭しているのである。かような事情のもとに、過去の栄誉を復活しようとしたサンジャルの必死の努力も、ホラズム・シャー朝の乖離《かいり》、西遼朝の西侵、またゴール朝、その他の覇王の暗躍などのために、まったく無視されている。それで、一一四一年にセルジューク軍がカトワーンの草地において、西遼軍の襲撃の前に敗北して以来、サンジャルの権威は急激に下降し、ついに一一五七年にいたって、皮肉にも、セルジューク帝国は同系のオグズ族の潜行《せんこう》的動乱を背景として滅却《めっきゃく》したのである。

回教徒とエルサレム
十字軍の派遣
ウルバヌス二世
十字軍の目的

（十）十字軍の意義

サラセン帝国の出現とともに、キリストの墳墓を横たえていたエルサレムは、たちまち回教徒の手によって占領されている。したがって、それ以後、この聖地としてのエルサレムを奪還しようとする念願が、キリスト教徒の脳裏《のうり》から消滅しなかったのも、当然であろう。しかも、とくに、セルジューク帝国の興起によって、昔時《せきじ》の勢力を失っていた東ローマ帝国は圧迫を蒙《こうむ》り、またキリスト教徒はエルサレムへの巡礼に不安を感じはじめた。その結果、かような気運に乗じて、聖地回復と東ローマ帝国救援との美名のもとに、ローマ法王ウルバヌス二世（一〇八八―一〇九九在位）を首唱者とする回教徒討伐軍が派遣されることとなった。これが一〇九六年から一二七二年にかけて行なわれたいわゆる十字軍である。しかし、この事変はただ回教徒から霊場の奪回を企図したキリスト教徒の聖戦としてのみ

十字軍の経過

エルサレム王国

考えられてはならない。なんとなれば、エルサレムはたんにキリスト教徒のみでなく、なおまたユダヤ教徒および回教徒にとっても、ひとしく共同の聖地であったからである。しかも、むしろ、十字軍はセルジューク帝国と東ローマ帝国との近東争覇戦であり、また回教徒の突進に対するヨーロッパ人の阻止行動であるとともに、コンスタンティノープル教会を圧服しようとするローマ教会の積極工作であり、またキリスト教国における政教の紛乱《ふんらん》の外部的波及《はきゅう》であり、またヨーロッパの東方的経済進出の企画であった。したがって、十字の布片《ふへん》を着用するキリスト教徒によって遂行《すいこう》された十字軍も、時代の経過とともに、その目標を変化してきた。すなわち、第一回十字軍（一〇九六―一〇九九間）において、戦勝のうちに、聖地の保護を目的として、エルサレム王国を建設するほど熱狂したキリスト教徒も、その後の遠征の多くにおいて失敗している。とくに、第三回十字軍（一一八九―一一九二間）にあっては、キリスト教徒軍は前記の回教徒の英傑《えいけつ》サラディンのために、エルサレムを奪取《だっしゅ》されたのである。また、第四回十字軍（一二〇四）はエルサレムに進軍することなく、コンスタンティノープルを攻撃するような醜態《しゅうたい》を曝露した。ここにいたって、十字軍の本来の意義はまったく失われた。けっきょく、十字軍は軍隊の不統一と後方連絡の不充分と連合君侯《くんこう》の利害の不一致とによって、回教徒の逆襲的姿勢のために、その目的を達成しなかった。それはまさにキリスト教徒の悲劇である。しかし、十字軍の発動の結果、東西世界の接触は促進され、回教文化の影響のもとに、ヨーロッパの新生への道が準備されたのは、疑いない。回教徒によって嘲笑《ちょうしょう》された十字軍が、キリスト教徒に対してもつ意義は、けだし、ここにある。

ホラズム・シャー朝の創立
アヌーシュ・テギーン
クトゥブッディーン
アトスズ
アラーウッディン
勢力圏の拡大

（十一）ホラズム・シャー朝の興廃

セルジューク帝国の崩壊の後、中央アジアの回教的勢力の残光《ざんこう》を守護したものは、トルコ系のホラズム・シャー（フワーリズム・シャー）朝である。この回教王朝の原型はセルジューク帝国の部将アヌーシュ・テギーン（一〇七七―一〇九七在位）の独立によって現れている。しかし、その事実上の自立的地位は、次代のクトゥブッディーン（一〇九七―一一二七在位）がセルジューク朝の内紛と衰運とに乗じて、ホラズム・シャー（フワーリズム・シャー）の尊称を採用するにおよんで確保された。そうして、ホラズム・シャー朝はアトスズ（一一二七―一一五六在位）およびアラーウッディン（一一九九―一二二〇在位）の治世に、セルジューク帝国の解体を背景として、しだいにその勢力範囲を拡大し、一二一二年に西カラハン朝を潰滅《かいめつ》し、ついで一二一五年にゴール朝を打倒し、さ

国勢の内容

モンゴル軍の来襲

ホラズム・シャー朝の解消

回教圏の受難

らに西遼朝を撃攘《げきじょう》しつつ、たちまち中央アジアおよびイランに号令する覇権を獲得し、東方の回教的梟雄《きょうゆう》として君臨するにいたった。しかし、ウルゲンチ（グルガーンジュ）に代わってサマルカンドを首都としたホラズム・シャー朝は、そのころなお余噬《よぜい》を保っていたアッバース朝から好意を向けられなかった。しかも、それはその国家機構や軍隊組織などを充実していなかった。かつ、その領内の諸族はたえず叛乱した。それゆえに、ホラズム・シャー朝はまもなく、一二一八年のオトラルにおけるモンゴル人の隊商の虐殺《ぎゃくさつ》を口実としつつ、西征してきたモンゴル軍の襲撃の前に狼狽《ろうばい》し、ジェラールッディン（一二二〇—一二三一在位）を最後の支配者として、一二三一年に没落している。実に、ホラズム・シャー朝による回教的勢力の復興も、いわば徒花《あだばな》に終わったのである。したがって、アラビア族やイラン族やトルコ族などによって、さまざまの角度から支持されてきた回教的覇権も、たとい各地にその多彩な文化的足跡を残したとはいえ、いちおう、破局の運命に立ったわけである。なんとなれば、北方から驀進《ばくしん》してきたモンゴル帝国の軍兵は、流血と火炎とのうちに、回教圏を蹂躙《じゅうりん》したからである。そこに、回教徒の殉教《じゅんきょう》的悲劇が展開する。回教徒もしばらく沈滞《ちんたい》の朝夕《あさゆう》を送らなければならない。

Mongol Empire and the Islamic culture

第七章

モンゴル帝国と回教文化

モンゴル帝国の出現―元朝の文化史的意義―四汗国の競立―四汗国の運命―東西世界の接触―元朝の中国統治と回教徒―宗教政策―回教徒の地位―モンゴル帝国の解体

(一) モンゴル帝国の出現

唐朝の勃興《ぼっこう》期から宋朝の没落期にいたるおよそ六百年の間に、いいかえれば第七世紀から第十三世紀にかけての時代に、回教は宮廷方面の庇護《ひご》と一般社会の好感とに迎えられて、きわめて順調な発展を遂げたのである。つまり、この時期はアジアの二つの文化主流、すなわち漢文化と回教文化との意義深い共存共栄時代として特徴づけることができる。しかし、この平穏な文化交歓《こうかん》時代は、いつまでも単調な展開を許されなかった。漠北《ばくほく》の一隅《いちぐう》に発生していた旋風《せんぷう》が、やがて未曾有《みぞう》の台風として成長し、サラセン文化と中国文化とをまたたくまに併呑《へいどん》し、回教圏を廃墟《はいきょ》化しつつ、遠く西ヨーロッパの文明諸国をさえも震撼《しんかん》するにいたった。いうまでもなく、この巨大な「アジアの嵐」は、一二〇六年におけるモンゴル族、すなわち蒙古族の決起にほかならない。しかも、それはモンゴル帝国の建設を持来《じらい》したのである。このモンゴル帝国は一二六四年にその都を燕京《えんきょう》（北京）に遷して以来、その国号としての中国名を元朝と呼ぶ。モンゴル帝国が元朝もしくは元帝国といわれるのも、この根拠にもとづく。まことに、この元朝こそ、サラセン帝国やオスマン帝国とならんで、アジア人が世界史のうえに威容《いよう》を誇示した記念すべき王朝である。

（二）元朝の文化史的意義

チンギス・ハーン（成吉思汗）（一二〇六―一二二八在位）すなはち太祖から、フビライ・ハーン（忽必烈汗）（一二六〇―一二九四在位）すなわち世祖《せいそ》にいたるまでの四代の主権者の継承的拓疆《たくきょう》によって実現されたモンゴル帝国の版図は、

日本と元朝

モンゴル帝国と東西交通

モンゴル帝国と東アジア文化

西はモスクワやキエフを繋ぐヴォルガ河流域から、カスピ海を越えて、小アジアやシリアにいたる範域《はんいき》を加え、南北は極寒のシベリア中部以北の諸地と酷熱《こくねつ》のアラビアやインドやマレーの各地とをのぞく全アジアを含んでいた。慓悍《ひょうかん》なモンゴル兵が進軍して、征服に成功しなかったところは、わずかに日本のみであった。たしかに、モンゴル帝国の約一世紀間の戦績はあまりにも華々しい。ことに、モンゴル帝国がその膨大な領土内に回教諸国および中国という高度に発達した二つの文化圏を抱擁《ほうよう》し、諸族の割拠と格争とによる東西交通の障害を一掃《いっそう》し、サラセン帝国の商業的勢力を奪取《だっしゅ》した結果は、これまで回教徒と宗教上や軍事上において、尖鋭な対立関係を表示していたキリスト教徒をして、東アジアに対する関心を深化せしめた。事実、故土《ふるさと》を失った回教徒の東方移住とともに、東ローマ帝国の派遣僧の往復もしくは旅行家の来訪なども、しだいに頻繁《ひんぱん》となった。それらの事情は、元朝の時代の中国があたかも交流する東西文化のるつぼの観を呈した理由である。まことに、悠久《ゆうきゅう》な東アジアの歴史のうえに、元朝の時代のような意義深い文化的混血期を挿入しえたことは、かつてない。しかも、この国際文化の実現は武力をもって世界を制圧したモンゴル族が夢想しなかった歴史的偉業でなければならない。モンゴル帝国の建設の使命はこれによって達成せられたといっても、決して過言ではない。したがって、たとい連鎖国家の配置を企《くわだ》てたとはいえ、大版図の維持の破綻《はたん》が早くはじまり、大帝国の統治が短く終わったのも、むしろ、ある意味において、必然の帰結《きけつ》であったと考えられる。

（三）四汗国の競立

モンゴル帝国の西方の版図を形成するアルタイ山脈以西の地域は、東から地理的にいえば、オゴタイ（窩闊台）、チャガタイ（察合台）、イル（伊児）、キプチャ

クリルタイ
大汗と汗国との関係
オゴタイ汗国
チャガタイ汗国
キプチャク汗国

ク（欽察）の四つの汗（ハーン）国に分封《ぶんぽう》された。いったい、元朝はクリルタイ（聚会）の承認による王統の継承者を大汗《だいハーン》（ハーハーン）と称え、その領域を直轄地と見なした。これに対して、大汗が彼自身の近親者に大領土の一部を封じた場合、その分治国家を汗国《ハーンこく》と呼んだのである。いわば、汗国はモンゴル帝国の連鎖的分身国家にほかならない。これらの四汗国のうち、第一のオゴデイ汗国は、チンギス・ハーンの第三子オゴタイ・ハーン（一二二九―一二三三年在位）が大汗として即位する以前に封《ほう》ぜられていたところであり、バルハシ湖付近の要地を占め、東国の領土にもっとも近く接していた。その首都はエミルであった。第二のチャガタイ汗国は、チンギス・ハーンの第二子チャガタイ・ハーン（一二二九―一二四二在位）がはじめてあたえられたところであり、だいたい、東トルキスタンに位《くらい》し、アルマリクに都した。第三のキプチャク汗国は、チンギス・ハーンの長子ジュチ（一二二四没）が封ぜられた土地に、彼の第二子バトゥ（一二四三―一二五六在位）が一二四三年に南ロシア一帯の地を加えて建設した汗国であり、その首府はサライであった。第四のイル汗国《ハーンこく》は、フビライ・ハーンの弟フラグ（一二六〇―一二六五在位）が彼の西征《せいせい》によって割取した回教圏の東半部を土台として、一二六〇年に開設した汗国であり、タブリーズをその首都としている。そうして、かような四汗国は、それぞれほとんど独立にひとしい主権を認められていた。しかし、東部モンゴリアの本国と四汗国相互との関係が決して平和なものでなかったのは、いうまでもない。

（四）四汗国の運命

オゴタイ汗国とチャガタイ汗国とは、その地理的事情によって、もっとも多く東部モンゴリアの本国から内政的影響を受けた。もちろん、オゴタイ汗国は永く

チャガタイ汗国の命脈

元朝の支配者と反目していた。しかるに、それは一三一〇年にチャガタイ汗国によって併合《へいごう》された。それにもかかわらず、これによって一時は強勢《きょうせい》化するように見えたチャガタイ汗国も、いつか内紛のために腐蝕《ふしょく》し、後述するように、回教徒の英雄として登場したティムールの圧迫によって、一三二一年に東西に分裂した。これに反して、西方のイル汗国とキプチャク汗国とは、東部モンゴリアの本国との関係において、およそ疎遠《そえん》であった。しかも、両汗国は西方諸国に接近していた事情から、対外関係において複雑であった。

イル汗国の歴程

イル汗国ははじめキリスト教に好意をもち、諸回教王朝と争い、東ローマ帝国と王室的婚姻《こんいん》を結び、ローマ法王やヨーロッパ諸国などとも好誼《こうぎ》を修めた。しかしながら、それはとくに回教圏内に位置していたために、政権を安定する必要から、回教的勢力を無視するわけにはゆかなかった。

ガザン・ハーン

その結果、イル汗国はガザン・ハーン（一二九五—一三〇四在位）の治世にいたって回教を国教化し、回教徒の風俗を採用した。けだし、イル汗国はモンゴル族の回教徒化の好例である。かつ、ガザン・ハーンは領土を拡

キプチャク汗国の履歴

ウズベグ・ハーン

四汗国の運命

大し、内政を整備し、財政を補強し、文化を作興《さっこう》し、イル汗国の極盛期《きょくせいき》を実現した。しかるに、不運にも、その後のイル汗国の権勢はしだいに衰弱しはじめたのである。また、キプチャク汗国はキプチャク族やカンクリ族などの遊牧民を主体とし、ロシアの諸侯を従属していた。ただし、このキプチャク汗国の多くの住民は、はじめから回教を信奉《しんぽう》していた。しかるに、この汗国はその反面ではイル汗国と同様に、東ローマ帝国とも通婚し、ヨーロッパ諸国とも盛んに使節を交換し、ギリシャ正教を公認し、多角的政策を実行したが、ウズベグ・ハーン（一三一二―一三四〇在位）およびジャニベク・ハン（一三四〇―一三五〇在位）のとき、国勢を発揚した。しかるに、一三五九年からこのかた、その国内は汗位《ハーンい》争奪の暗闘を起こし、諸分身汗国の乱立を招き、やがてイル汗国とともに、ティムールの干渉を受けることとなったのである。けっきょく、武力的には征服者であった各汗国も、それぞれ君臨すること約一世紀の後に、文化的には、かえってみずから被征服者としての運命を甘受しなければならなかったわけである。まさに、それは少数のモンゴル人が多数のトルコ人やイラン人やロシア人を被征服民としていた結果にほかならない。

（五）東西世界の接触

アジアとヨーロッパとの連絡

モンゴル帝国の配慮

たといモンゴル帝国の藩屏《はんぺい》として、西方に配列された連鎖国家であるオゴタイ、チャガタイ、イル、キプチャクの四汗国は、事実的には独立国家ともいうべき勢力を享受《きょうじゅ》していたとしても、ヨーロッパ、アジアの両大陸にまたがる広大な地域が、モンゴル帝国の主権のもとに屈服していた結果として、それまで未知であった東西世界の事情は相互に明白となった。しかも、モンゴル帝国は各地に官道《かんどう》を開き、駅站《えきたん》を設け、守備兵を置くことに意を用いた関係から、唐朝の末期以来廃《すた》

東西交通の緒線

海上通商線

マルコ・ポーロの印象

インドネシアへの移民

れていた東西陸路の交通は、ふたたび活況を呈《てい》してきた。漠北《ばくほく》のカラコルムから、チャガタイ汗国の都アルマリクを過ぎて、西トルキスタンに達する線、西トルキスタンからアラル海の北を抜けて、キプチャク汗国の都サライにいたる線、また燕京《えんきょう》から東西両トルキスタンのオアシスを経て、ホラーサーンを走り、ここからイル汗国の都タブリーズやアッバース朝の旧都バグダードに向かう線などは、その当時の東西交通の幹線にほかならなかった。海上交易も前代に引き続いて繁栄し、広州、泉州、慶元（寧波）、杭州、その他の七箇所の貿易港には、市舶司《しはくし》が設置され、そこでは海関税が徴収《ちょうしゅう》されていた。このころ、陸路によって中国を訪れたマルコ・ポーロ（一三二三没）も、泉州の殷賑《いんしん》に眼をみはり、その港市を世界に一二を争う大貿易港であるとさえも語っている。また、中国人で西方に赴《おもむ》くものも少なくなかったが、彼らのインドネシアへの移住も、実にこの時代からはじまっている。

モンゴル帝国の施政方針

外来者の重用

色目人の役割

（六）元朝の中国統治と回教徒

漢文化と回教文化とキリスト教文化とに比較して、劣勢な文化階梯《かいてい》に立つモンゴル族が、中国支配の現実に即応して、どのような統治方法を採用したであろうか。いうまでもなく、それは外来文化人の重用という遊牧民の常套《じょうとう》手段において求められた。すなわち、往昔《おうせき》から遊牧民として生活してきたために、行政的手腕に自信を欠き、社会的施設に未経験であるモンゴル人は、西方諸国からの移住者もしくは来訪者を厚遇《こうぐう》し、彼らに枢要《すうよう》な地位を提供し、中国統治の責任を委託《いたく》したのである。この有識の外来者こそ、いわゆる「色目人《しきもくじん》」にほかならない。そこで、征服者としてのモンゴル人と加担者としての「色目人」と完全な被征服者としての中国人との間には、截然《せつぜん》と二つの階序的区分が置かれた。また中国人でも、早く宋朝の治下を離れた北方人と、永く宋室の配下に留まっていた南方人との間

回教徒の優遇

有能な回教徒

サイイド・アジャッル

アラーウッディーン

イブン・バットゥータ

には、待遇上の差別が設けられた。しかし、この場合、元朝によって登用された西方人、とりわけ、回教徒が技術者として、彼らの才能を高く評価された点は、注目すべきである。そうして、かようなモンゴル帝国の支配機構のうちに、西方文化は東方文化に対置されつつ、ぞくぞくと中国の本土に移植されるにいたった。なんらかの技術もしくは才能を携《たずさ》えて元朝を訪れた西方人は、きわめて多数であった。しかも、中国文化の発展に寄与するところが多く、中国史のうえに不朽の名声を残した西方人は、だいたい、回教徒であったということができる。また、これらの回教徒の間には、天文や暦法や算数や医術や建築などの各部門にわたるそれぞれの優秀な事門家が含まれていたのである。たとえば、フビライ・ハーンの治世に雲南方面の経営を担当して非凡な手腕を発揮した政治家サイイド・アジャッル（一二七九没）、同じくそのころ元室の招聘《しょうへい》に応じて来朝した造砲《ぞうほう》技師アラーウッディーン（一三〇〇頃没）、第十四世紀の半ばころ来航した前述の地理学者イブン・バットゥータ、宋朝の遺臣で元朝の南中国統一を援助した泉州の貿易長官（提挙市舶《ていきょしはく》）蒲寿庚《ほじゅこう》（一二八五頃没）などは、いずれも中国の回教発展史において忘却することができない回教徒である。

（七）宗教政策

一般に、中世社会の文化はその背景に強烈な宗教的色彩を配している。すなわち、その文化は宗教を母胎として誕生し、教理に準拠して成長し、逆に信仰の弘通《ぐづう》は文運の展開のもとに、はじめて進行する。モンゴル帝国の支配者によって重視された西方文化の性格もまた、決してその例外ではなかったのである。チンギス・ハーンならびにフビライ・ハーンの両元首が、篤《あつ》くラマ（喇嘛）教に帰依《きえ》したのは、よく知られている。これによって、後世までラマ教は元朝の観念的支柱の役割を演じている。しかし、モンゴル帝国の建設の大業《たいぎょう》がようやく緒《しょ》についた初期のころ、すでに発祥地としてのカラコルムに、回教徒街が形成され、りっぱな回教寺院が建立されている現実も、忘れられてはならない。また、やがて、元朝が中国を采領《さいりょう》するにいたって、その首都をカラコルムから燕京《えんきょう》に移転して後、まもなく、そこにはキリスト教（天主教）会堂も出現している。元帝国の支配者は回教やキリスト教などの教義に対しても、まったく門戸解放の態度をとったのである。これは有名なチンギス・ハーンのヤサ（札撤）の一条に「あらゆる宗教を無差別に尊崇《そんすう》すべし」と明言されている事実によっても、たやすく察知される。しかも、この遺訓は彼の後継者の指導精神として永く遵守《じゅんしゅ》されたのである。まことに、遊牧民は宗教に対していたずらに厳格ではないのである。ただし、元朝およびその後の王朝の歴史において、キリスト教については、行政上の問題を惹起《じゃっき》している話が知られていないのに反して、回教に関しては、しばしばたんに対策上の論議を誘発した噂のみでなく、おりにふれて回教徒に対する忌避《きひ》や圧迫の声が聞かれる。このような現象は、前代の唐、宋両朝の時代にはかつて見られなかったところである。

（八）回教徒の地位

元帝国における西方の回教徒の多数の移住と分布とは、およそ次の諸方面を示している。まず、第一の方面は、チンギス・ハーンの手兵として彼の創業を援《たす》けたいわゆる「回回兵《かいかいへい》」（回鶻族《かいこつぞく》）の大量的移住と彼らの土着とにもとづく分布である。けだし、回教を奉ずるトルコ系の諸族が東西両トルキスタンの地、すなわちその当時のチャガタイ汗国の領土に定住し、そこを彼らの第二の郷土として強固な勢力を培養《ばいよう》するにいたったのも、この時期からはじまる。しかも、彼らの定着によってはじめて甘粛省《かんしゅくしょう》や陝西省《せんせいしょう》などの諸地に、回教徒の堅牢《けんろう》な地盤が築きあげられているのである。また、第二の方面は、回教知識人の来訪と転住とに由来する屯居である。かような回教徒が元室の施政《しせい》に参画し、文化の移植と開発とのために尽力《じんりょく》した功績は絶大である。経世家《けいせいか》として活躍した人々は、前述のサイイド・アジャッルのほかに、ナスル・ウッディーン（一二九一没）、アブドゥル・ラフマン（一二四六没）、アフマッド（一二八二没）、スンガ（一二九一没）などと数えてくれば、枚挙《まいきょ》にいとまもない。しかも、おりおり地方の長官に転出した彼らが、中国の辺土にまでアッラーの信仰を鼓吹《こすい》し、回教の雰囲気を醸成《じょうせい》したのは、もちろんである。さらに、第三の方面は、江南地方における回教的勢力の問題に関連する。いったい、唐帝国およびサラセン帝国の興隆期に開始された南海貿易は、宋朝、とくに南宋朝の時代において盛大の極点に上昇し、夥多《かた》のアラビア人やイラン人が中国に来航し、南海の諸港市に寄留《きりゅう》した。たといこの傾向は、時間的にまた場所的に、多かれ少かれ変動したとはいえ、元朝の時代にあっても、

著名な経世家としての回教徒

貿易業者としての来住

富裕な回教商人

回教徒の移住の諸相

元朝の回教徒対策の必要

それほど変化しなかった。いな、彼らが中国の内地にあたえた影響力は、前代に比較して、むしろ、いっそう熾烈《しれつか》化の方向をたどっている。すでに巨万の富財を擁していた回教徒の商賈《しょうこ》が、旧来の地盤と天賦《てんぷ》の商才とを利用し、現在の境遇に照応しつつ、しだいに金利階級化していったのも、決してふしぎではない。なお、かような実情のほかに、南征軍に参加して、各地に転戦した回教徒が、定住と混血とによって、回教の伝播をひとしほ促進している。また、回教徒の優秀な地方長官のもとに、地方土民の改宗も行なわれたのである。それゆえに、元朝の治下の百余年間に回教の流布は進捗《しんちょく》し、回教徒の社会的勢力も増大したわけである。元帝国の当事者によって、回教徒対策が慎重に考慮されたのは、特異な習俗上の問題とは別個に、こうした情勢への省察《せいさつ》があったためである。

元帝国の統治の欠点

元帝国の瓦解

（九）モンゴル帝国の解体

元帝国の中国統治は、遊牧民の出身であるモンゴル人と、東方の風土に順応しない新来の西方人との寄合《よりあい》世帯的支配のうちに、為政者《いせいしゃ》が漢人独特の土地利用法について必要な予備知識を欠如し、さらに種族を異にする征服者と被征服者との間に融和を保持しえなかったことなどを原因として、わずかに十代をもって、一三六八年にあえなく崩壊するにいたった。いわば、ひたすら漢人を服属せしめることにのみ砕心《さいしん》したモンゴル人は、前者に一定の社会的活動舞台を提供することを拒絶し、天分に応じて才能を発揮せしめるというような適宜《てきぎ》の処置を考慮しなかったために、けっきょく、失脚したわけである。かくて、漢族の復活を標榜《ひょうぼう》する群雄が、元朝の打倒のために決起したとき、モンゴル人はただ退却し、彼らを代表する明帝国に譲席《じょうせき》する以外に道もなかったのである。そうして、漠北《ばくほく》の強風は去って、明朝の指揮のもとに、中国にはふたたび漢族の復興の日が黎明《れいめい》してゆく。

Timurid Empire and Muslims of Ming dynasty

第八章

ティムール帝国と明帝国の回教徒

ティムールの決起―ティムール帝国の建設―中央アジアの回教文化―ティムール帝国の衰退と中央アジアの形勢―明帝国と回教徒の役割―明帝国における回教の名声―中国の対外関係の変異―ヨーロッパ文化の東漸と回教文化の変色―回教徒の同化と回民の概念の形成

モンゴル禍と
回教圏の窮境

ティムールの出現

ティムールの系譜

（一）ティムールの決起

モンゴル帝国の興隆とともに、回教圏はしばらく窒息《ちっそく》状態に置かれた。たといモンゴル族は「色目人」の代表者としての回教徒を要路に採用したとはいえ、回教徒の疆域《きょういき》はモンゴル禍《か》を甘受《かんじゅ》し、馬蹄《ばてい》と兵塵《へいじん》とのために苦唸した。しかし、こうした回教圏の悲境《ひきょう》は、ただいま、救われることとなった。それはティムール（ティームール）帝国を開設すべきティムール（一三三六—一四〇四在位）が、彗星《すいせい》のように出場したからである。ティムールはあたかも東方において元帝国が窮状《きゅうじょう》を示し、また西方においてモンゴル系の諸汗国が紛糾《ふんきゅう》を重ねていたところ、とくに東西に分裂したチャガタイ汗国が、王位継承の内訌《ないこう》と酋豪《しゅうごう》の叛乱とによって苦しんでいたとき、その当時、西チャガタイ汗国に所属していたキッシュ（シャフリ・サブズ）に孤々《ここ》の声をあげた。彼の曽祖父《そうそふ》はチンギス・ハーンの疎族《そぞく》であり、チャガタイ汗国の高官であったといわれているが、彼の父はただ微力《びりょく》なトルコ系の貴族にすぎなかった。したがって、彼はトルコ人であり、決してモンゴル人ではないのである。彼がみずからチンギス・ハーンの後裔と公称したのは、彼の政治的作意《さくい》に起因するものであり、彼の血統的系譜《けいふ》に由来するものではない。なお、ティムールは少壮《しょうそう》のころ負傷し、レンク（跛者）というあだ名をあたえられたために、ティムール・レンク（タメルラン）として知られている。

ティムール・レンク

ティムールの征服地域

（二）ティムール帝国の建設

成年期に達したティムールは、一三六〇年に西チャガタイ汗国が東チャガタイ汗国によって併呑《へいどん》されるような昏迷《こんめい》状態を目撃し、乱離《らり》の回教圏の救世主として、一三六三年にバルフにおいて挙兵した。その後、彼は一三六九年にサマルカンドを占領するとともに、一三八〇年に東西両チァガタイ汗国を平定し、みずからアミールとして、中央アジアの覇者の地位を獲得した。さらに、彼は一三八八年にイル汗国を征服し、ついで一三九五年にキプチャク汗国を圧服し、なお一三九八年にインドに遠征し、パンジャーブを劫略《ごうりゃく》した。それで、彼の帝国はたちまち中央アジアから西アジアにまで拡大し、一三七〇年以来、スルタンの尊号をさえも自称し、いわゆるティムール帝国の威容を完成した。しかるに、この当時、西アジアにおいては、後述するように、すでにオスマン帝国が強力化し、諸地の攻略に着手していた。そこで、西進しつつあったティムール帝国と膨張しつつあったオスマン帝国とは、それらの同時的発展の結論として、ついに衝突するにいたった。すなわち、たまたま惹起《じゃっき》した両国の国境事件の解決を口実として、東ローマ帝国の救援の要請のままに、ティムールは西征《せいせい》を開始し、一四〇二年にアンカラにおいてオスマン帝国の大軍を撃破し、アナドルを蹂躙《じゅうりん》した。その結果、アジア

ティムール帝国の成立

ティムール帝国とオスマン帝国の衝突

アンカラの会戦

の半身を併合したティムールに遣された事業は、元帝国に代わった明帝国の地盤を攪乱《かくらん》し、東アジア方面の経略によって、回教的勢力を拡張することでなければならなかった。しかし、一三九五年からこのかた、朝貢《ちょうこう》の礼に応接しなかった明帝国は、ティムールの野心を看破《かんぱ》し、国防を強化した。ここに、ティムールは東アジア征討を計企し、一四〇三年にサマルカンドを進発したが、不幸にも、その翌年に征途《せいと》において病没した。それは明朝にとって国難の消滅を意味していたのである。なんとなれば、明帝国は彼の急死によって、東はパミール嶺から、西はタウルス山脈に達し、北はシル河から、南はインド洋にいたる地域を領有したところの巨大なティムール帝国の圧力を免《まぬが》れることができたからである。

ティムールの行動

ティムールの文治工作

学者文人の輩出

（三）中央アジアの回教文化

チンギス・ハーンの世界征服を理想に描きつつ、大規模な征討《せいとう》工作を行なったティムールは、いうまでもなく、好戦主義者であり、いたるところで破壊的行動を企《くわだ》てた。しかし、彼もチンギス・ハーンのように、文化事業に対してかならずしも冷淡《れいたん》ではなかった。すなわち、ティムールは前代以来、混沌のうちに沈湎《ちんめん》していた中央アジアの回教文化の復活を企図《きと》し、イラン的精神や中国的技法などを利用しつつ、トルコ主義の文明を強調した。実に、彼によってチャガタイ文化はトルコ・イラン的衣裳《いしょう》のもとに、特異な回教文明として開花せしめられたのである。この前後の時代に、天文学者として著名なスルタン、ウルグ・ベク（一四四八―一九四四在位）が出現しているほかに、詩人サアディー（一二九二没）とともに並称される詩聖ハーフィズ（一三八九没）、文学者また思想家であるタフタ―

ティムール文化の特相

サマルカンドの繁昌

経済状態

ザーニ（一三八九没）、文芸家であるジャーミー（一四九二没）およびミール・アリー・シール（一五〇一没）、歴史家ミール・ハーワンド（一四九八没）、さらに幾何学者、音楽家、建築家などが輩出《はいしゅつ》しているのも、けだし、ティムールによる文化的開拓の結果にほかならない。それゆえに、ウルグ・ベクによって驚異すべき天体観測所が設立され、中国の塔とモンゴリアの天幕との影響を受けた特殊な回教寺廟が建立され、中国美術の手法を巧妙《こうみょう》にとり容《い》れた回教書画の名品が作成されたのも、決してふしぎではない。おそらく、文人碩学《せきがく》を集め、学芸の淵叢《えんそう》として立っていたサマルカンドを中心とする中央アジアの回教文化は、このとき、文学、科学、美術において未曾有《みぞう》の光輝《こうき》を放っていたであろう。それのみでなく、ティムール帝国においては、陸上交通が復興され、商業貿易が保証され、製造工業が促進され、サラセン帝国の時代の生活が再生されている。サマルカンドがたんに政治的中心地ないし文化的心臓としてのみでなく、なおまた諸地の物産を集散する国際市場の核心として繁栄を再現していたのも、必然の帰趨《きすう》であろう。

ティムール帝国の混乱
シャー・ルフ
ウズベク族の跳梁
アフメット
ティムール帝国の消失

（四）ティムール帝国の衰退と中央アジアの形勢

ティムールの他界後、文化的には発展を継続しえたティムール帝国も、政治的には決して幸運を維持しえなかった。それはティムールの後裔が政争を反覆《はんぷく》し、国力の減殺《げんさい》を反省しなかったからである。その結果、シャー・ルフ（一四〇四—一四四八在位）の治世の末期から、北方の剛健な遊牧種族が中央アジアに進出し、ティムール帝国を脅迫しはじめた。また、文化主義者として活躍した前述のウルグ・ベクは、キプチャク汗国に帰属していたウズベク族によって、サマルカンドを攻撃されている。しかも、彼の死去を契機として、サマルカンドはティムールの子孫の悲惨な政権争奪のるつぼと化し、比較的に平穏であったアフメット（一四六九—一四九三在位）の世代を過ぎてからは、中央アジアはまったく暗闘と争乱と掠奪《りゃくだつ》との不安状態に陥《おちい》った。この混乱のうちに、ティムール帝国の覇

ブハラ汗国
アストラハン朝
マンギット朝
ヒヴァ汗国

権は第十五世紀以降、ウズベク族の手に移行した。実際、ウズベク族の撹拌《かくはん》工作は一五〇〇年にシェイバニ（シャイバーニー）朝として結晶している。したがって、ティムールの曾孫バーブルは、後述するように、サマルカンドの奪回を断念し、ついにインドに彼の活動舞台を転換するにいたったのである。シェイバニ朝がブハラを中心として西トルキスタンに号令し、いわゆるブハラ（ブハーラー）汗国の通称において、アブドゥッラー二世（一五八三―一五九八在位）のとき、全盛期を実現したのも、バーブルの離郷《りきょう》後のことであった。しかし、ついに、このシェイバニ朝も動乱の続発のために、落日の影を深めた中央アジアの回教文化を回復するわけにはゆかなかった。そうして、西トルキスタンは一五九九年にアストラハン（ジャン）朝（一五九九―一七八五存続）の東転的進出のために、ふたたび昏迷《こんめい》し、なおマンギット朝（一七八五―一八六八存続）の成立によってさえも安定しなかった。なんとなれば、中央アジアには、かような回教王朝のほかに、ホラズムを基地とするヒヴァ（ヒヴェ）朝、すなはちヒヴァ汗国が一五一五年ころ

から台頭し、またコーカンド（ホカント）朝、すなわちコーカンド汗国がフェルガナを背景として、一七〇〇年ころから興起しているからである。けっきょく、ティムールの健闘によって統一された中央アジアの回教的勢力も、永く保存されなかったわけである。それは分散の虐境《ぎゃくきょう》のうちに、いたずらに後退してゆく。もちろん、こうした中央アジアの悲運は、ティムールの東征の大志を阻止した明帝国の存在と無関係に展開しているのではない。むしろ、この当時のトルキスタンは明朝の勢力範囲と接攘《せつじょう》していた関係から、独自の立場を許されていないのである。

(五) 明帝国と回教徒の役割

明朝の興起

興漢運動

回教徒の不遇

いったい、ティムール帝国の東侵的触手《しょくしゅ》から東アジアを防衛した明帝国の存在は、中国の再起的努力の具体化を意味する。なんとなれば、一三六八年における明帝国の成立は、モンゴル族、その他の異種族の羈絆《きはん》のもとに逼息《ひっそく》していた漢族の反動によって実現されたからである。それは興漢運動《こうかんうんどう》にほかならない。したがって、その際、漢族の反発心の対象が、たんにモンゴル人のみでなく、なおまた一般の異種族、とくに「色目人《しきもくじん》」と称えられた人民群に向けられたのは、けだし、当然の趨勢《すうせい》であった。それゆえに、この当時の記録によれば、かように突変した情勢のために、中国に安居する場所を喪失《そうしつ》しなければならなかった西方系の回教徒は多数であったらしい。彼らはすでに東方の風土にも馴染《なじ》み、多年の間、商利によって巨大な財産を貯え、かたわら信教の自由を楽しんでいた事情から、彼ら

幸運な回教徒の存在

回教徒の社会的実力

常遇春と湯和

の運命はまことに悲惨であった。しかし、中国に移住していたすべての回教徒が、ことごとくそういう不幸な境遇に逐《お》いこまれたというわけではない。いな、むしろ、回教徒のあるものは、進んで元朝覆滅《ふくめつ》の運動に参加した。また、そこには、回教徒であって、新政権の成立後、とくに活動部署をあたえられて、朝廷の厚遇《こうぐう》に恵まれたものもある。事実、明朝草創の功臣の間には、多数の回教徒が含まれている。常遇春《じょうぐうしゅん》（一三六九没）、湯和《とうわ》（一三九五没）などは彼らの代表者であろう。

かように、元朝の末葉の興漢運動《こうかんうんどう》は、一方には、「漢族による漢土の支配」という旗幟《きし》を高掲し、異種族の排撃を呼号《こごう》しつつも、他方には、「色目人《しきもくじん》」の一部の人々による援助のもとに、はじめて成功しているのである。この事実こそ、元朝の時代における回教徒の社会的潜勢力《せんせいりょく》を立証するものでなければならない。いいかえれば、彼らが彼ら自身の高度の文化を保持し、社会の重要な構成分子であったために、漢族は不可避的に彼らの支援を期待しないわけにはゆかなかった。さらに、王朝の更迭《こうてつ》によって、漢族がみずからの故郷を支配するにいたった後においても、内政の円満な運用を予期するためには、彼らの協力の必要が痛感されたのである。この点に明帝国における回教徒の立場の特色が認められる。

（六）明帝国における回教の名声

明朝が胡風《こふう》排斥と漢俗《かんぞく》復興とを主張したにもかかわらず、その初期から中期にかけて、中国の回教徒の一部は、ある程度まで幸福な社会的条件のもとに生活した。実力のある回教徒が洪武帝《こうぶてい》（一三六八―一三九八在位）による新しい王朝の建設のために努めた結果、明朝の宮廷と彼らとの間には不可分の関係が現れた。たとえば、洪武帝は創業にあたって、一座の礼拝寺を金陵《きんりょう》（南京）に勅建《ちょくけん》し、また永楽帝（一四〇二―一四二四在位）も即位後五年に、とくに回教を尊重する旨の勅令を発布している。いずれにしても、両者の上諭《じょうゆ》はともに回教に対する理解と好意とに充ちている。しかも、明朝の成立期に相ついで廟堂《びょうどう》に重用された回教徒の数は、十指《じっし》にもあまるが、なかんずく、永楽帝の信任を受けた鄭和《ていわ》（一四三五頃没）は、中国史のうえに偉大な足跡を残した一人であった。鄭和は雲南省出身の回教徒であったが、永楽帝および宣徳帝《せんとくてい》（一四二五―一四三五在位）の命を奉じて、前後七回二十五年間にわたって、六十二艘の大艦隊を引率し、南海の諸地を遍歴《へんれき》し、遠くアフリカにいたる多くの回国を招撫《しょうぶ》し、大いに国威を発揚したのである。かように、政治の分野において有為な回教徒が登用されると同時に、思想の方面においても、回教の教理はその優れた特質を認識されるにいたった。元朝の初葉《しょよう》に流行しはじめたキリスト教は、元室の後退とともに、しだいに衰微し、明朝にいたって、宮廷の徹底的排撃方針に直面し、まったく褪色《たいしょく》している。また、元帝国の時代を通じて思想界の唯一の権威的支柱であった南宋派の道学も、明帝国の初期以後は、学者の腐敗と堕落とのために、急速にその勢力を失墜した。そ

回教の名声

の間にあって、ひとり回教のみは、伝統の輝きを増し、知識人の心を捉えはじめたのである。とりわけ、正徳帝《せいとくてい》（一五〇五―一五二一在位）などは明帝国の中期に出現した英明な君主の一人であったが、かつて国内の各教理について独自の所感を発表し、儒、仏二教にはそれぞれ一長一短があると批評したのに反して、真に不偏の正理にもとづく宗教はただ「清真認主」の教、すなわち回教のみであると断定している。こうした事実こそ、その当時における回教の名声を証明するものでなければならない。そのほか、この時代に書き残された二三の随筆風の文献に徴《ちょう》しても、回教が一般の社会人から好感をもって迎えられていた事情は、充分に察せられる。まことに、明帝国の前半期は、帝室にとっては順調な上昇期であり、中国の回教徒にとっては、とくに政変期の不遇者の場合をのぞけば、多幸な発展期であったといえる。

明帝国の歴史的意義

中国の受動的態度の前定

ヨーロッパ人のアジア進出

（七）中国の対外関係の変異

約三世紀にわたって存続した明朝の歴程《れきてい》は、中国史のうえで、きわめて重要な意義を有する。すなわち、明帝国はその後に展開されるべき中国の変遷に対して、一つの特徴的性格を賦与した時期である。ただし、それは明朝の支配的政権また主導的精神についていわれてはならない。むしろ、反対に、それは明朝の時代の政治もしくは文化に関係することなく、けっきょく、中国がその成長過程において、受動的姿勢を採択しなければならなかった前定への反省である。くわしくいえば、この貴重な三百年の間に、ヨーロッパは画期的変革の途上を進行し、世界史は変貌《へんぼう》しつつあった。ヨーロッパ人は古びた中世の衣服を脱《ぬ》ぎ棄《す》て、全世界に向かって飛躍を試みようとしていた。彼らは宗教の代わりに科学を、原始農具の代わりに工業機械を、帆船《はんせん》の代わりに汽船を採用しようと、忙しく準備しはじめ

南海貿易の新局面と中国人の退却

南洋移住の不振

明朝の不運

ていたのである。しかるに、アジアの諸国は、世界史が海外飛躍の頁を繰りひろげつつあるこの時期に、かえって門戸閉鎖の方針を考えていたのである。明朝の時代が終結を告げる第十七世紀ころには、唐、宋、元の三王朝を通じて隆昌《りゅうしょう》した南海貿易の通商路も、いまや、中国人やアラビア人やイラン人の船舶によって航行される代わりに、ポルトガル人やスペイン人やオランダ人、ついでイギリス人の商船によって独占されるにいたった。元朝の時代から明朝のそれにかけて、めざましく敢行《かんこう》された中国人の南洋移住も、その重大性が確認されない間に、ヨーロッパ諸国の強力な植民政策の前に無意義化された。その意味において、貿易路の開拓に異常な収穫を示した鄭和《ていわ》の大遠征が、適当な後継者もなく、中絶したのは、すこぶる遺感である。しかも、オスマン帝国の関心がたといそのとき多かれ少なかれ東方に導かれたとはいえ、主として西方に向けられた事情は、南海貿易の再興を意図した明帝国の計画を頓挫《とんざ》せしめ、逆に、アジア貿易に乗り出そうとするヨーロッパ諸国家の新航路発見の欲望を均熱せしめている。それのみでなく、中国人の海外発展はその萌芽《ほうが》を摘みとられたが、陸上における彼らの膨張計画も、ついにその結実の機会をあたえられていない。いな、陸上の方面に関しては、海上におけるそれ以上に、明帝国の方策は退嬰《たいえい》主義に終始した。すでに、初期のころ、明朝はハミの放棄を決定したほか、日本と朝鮮との問題についても、攻撃的態勢に転向しなかった。けっきょく、中央アジアを舞台としたティムール帝国の東征を防止した明帝国も、世界史の軌道から遊離して跳躍《ちょうやく》することを許されなかったのである。

インド航路の開拓

キリスト教の伝道とヨーロッパ文化の東漸

キリスト教文化の影響

（八）ヨーロッパ文化の東漸と回教文化の褪色

第十五世紀の末葉において、南アフリカの迂回《うかい》航路がまず切り開かれると、それに続いてアジアにおけるヨーロッパ文化の移植がはじまる。その文化の伝来過程はしばしばイエズス会の東方伝道という貌《かたち》をもって現れている。キリスト教の伝道の初期に中国に渡来した宣教師のうち、マテオ・リッチ（一六一〇没）の名は、もっともよく知られている。彼は万暦帝《ばんれきてい》（一五七二―一六一九在位）の内帑金《ないどきん》を賜わり、北京にキリスト教会堂を建て、わずかの間に二百余人の信者を誘ったといわれている。その後、宣教師はぞくぞくと中国に派遣された。彼らはいずれも高い学識を具有《ぐゆう》した人々であった関係から、中国の学術界に対する彼らの貢献は、まことに、注目に値する。たとえば、それは暦法をはじめ、機械や砲術や地理学や医学や薬学などのあらゆる分野にわたっていた。しかも、かような文化はこれまで中国人によって知られていた知識や技術とは比較にならない優秀性をもっていた。それのみでなく、キリスト教の宣教師は彼らの伝道の手段として、教育施設と慈善事業とを重視したために、新文化の伝播力は中国社会のすべての階層を通じて、強く浸透したのである。これはかつて回教文化がはじめて中国に伝来した場合と酷似《こくじ》しているといわなければならない。しかし、そこには時代の差異がある。いまや、新米のキリスト教文化は、中国において、回教文化の位置を奪取《だっしゅ》し、その使命を無用化し、その影響力を駆逐《くちく》しようとする。事実、この時期以後、回教文化はいちじるしく退化しはじめた。回教文化の担い手である回教徒は、かつての恵まれた地位を失った。明朝の末期から、中国の回教徒の社会的勢力が急激に凋落《ちょうらく》してゆく現実の裏面《りめん》には、こうした状態の推移《すいい》があることを見逃してはならない。

東西交通路の杜絶と回教徒の運命

回教徒の新生活路

人口移動政策と回教徒の分布

(九) 回教徒の同化と回民の概念の形成

元帝国の末葉《まつよう》から、中国と西アジアとの交通が杜絶《とぜつ》し、やがて明帝国の中期以後に、それが完全に停止した事実は、いうまでもなく、中国の回教徒の境遇に大きな変化を持来している。なんとなれば、中国の回教徒にとって、西方の回教圏はたんに彼らの精神的故郷であったのみでなく、通商関係を通じて、彼らの生活手段を獲得していた物質的拠点であったからである。しかるに、東西貿易の断絶は、彼らをして新しい生活設計を内地において追求せしめた。いいかえれば、彼らは対外貿易と無関係に、経済的独立を実現しなければならなかった。こういう事情が明朝の時代に回教徒の内地分布を普遍化した基本的条件であったのである。さらに、明帝国の初期には、いくたびか強制転住的人口移動の政策が実施された。たとえば、洪武帝と永楽帝との治世には、江北地方や淮水《わいすい》ないし泗水《しすい》一帯

回教徒の商業生活と商路

の住民が内地の各省に移住せしめられている。また、永楽帝が北京に宮室を造営した際には、江南地方の富戸《ふこ》を帝都に転住せしめたこともある。江北地方や准水《わいすい》もしくは泗水《しすい》などの沿岸は、すでに唐朝もしくは宋朝の時代から、回教徒の来住地として知られていた地域であった。また、江南地方の資産家には、その当時、アラビア系やイラン系の帰化人が多かったために、かような場合における回教徒の内地移転は、とくに促進されたであろう。なお、南海貿易の閉止《へいし》によって、中国の政治や経済の中心が、北京に単一化されるとともに、行商や運漕《うんそう》業に従事していた回教徒は、あるいは大運河を遡《さかのぼ》り、あるいは長江や漢水の流れに従い、北京に向かって新しい商業活動の道を開いた。また、河北方面に移住した回教徒は、なお万里の長城を越えて、満州の熱河省や蒙疆に赴き、商路の開拓に努めた。いずれにしても、明朝の時代を通じて行なわれた内地分布は、きわめて広範囲のものであり、かつ大規模なものであったらしい。それはこの世代に内地の各処《かくしょ》に多数の回教寺院が建立されている事実によって、たやすく推定されるにちがいない。その結果、回教徒と異教徒としての漢族との間に、たんに地域的雑居が行なわれたのみでなく、なおまた種々な習俗的同化が見られたのは、もちろんである。しかも、回教思想と中国思想との意識的和合さえも試みられた点は、このころの顕著《けんちょ》な特色である。明朝の末期における王岱輿《おうたいよ》(一四五〇没)の「清真正教真詮《しんせん》」は、この融和過程の意義深い収穫の一つである。なんとなれば、回教を理解しようとする中国人は、この書によってはじめて絶好の手引きをあたえられたからである。かように、一方には、東西貿易の中絶によって起こされた回教徒人口の内地分布と、他方には、新来のキリスト教文化の優勢によって強いられた回教文化の保守化と、それに伴う習俗上や思想上の同化ないし融合の道程を経て、ここにはじめて回民の概念が形づくられたのである。いいかえれば、中国特有の回民とは、相互に歩みよった回教徒の中国人化もしくは中国民衆の回教徒化の所産にほかならない。そうして、回民は彼らの社会的条件に照応《しょうおう》しつつ、回教圏における特異な存在として発展してゆくのである。けだし、回回の概念もまた、これと同様に構成されている。しかしながら、明帝国も北虜南倭《ほくりょなんわ》やヨーロッパ人の進出などによる外的圧迫と、宦官や流賊や匪徒《ひと》などの跳梁《ちょうりょう》による内的禍根《かこん》とのために、政治的にまた経済的にまた社会的に苦悩し、一六四四年に新興の満州族が決起するにおよんで、滅亡の悲運に際会《さいかい》している。その結果、中国の回教徒も新来の支配者のもとに、明朝の場合とは相異《そうい》した社会的地位に導かれてゆくのである。

第三篇

Islamic history

Muslim dynasties of India and Iran

第九章 インドおよびイランの回教王朝

インドの回教化―奴隷王朝の勃興―諸回教王朝の興廃―ムガル帝国の成立―アクバルの治世―ムガル帝国の全盛時代―ムガル帝国の没落―サファヴィー朝の立場―カージャール朝の運命

回教徒のインド侵入
ハルシャ王朝
アラビア人の反覆的攻勢

(一) インドの回教化

古来の文化国インドの回教化の端緒《たんしょ》が開かれたのは、すこぶる早い時代のことに属する。それはインド・アーリア系のハルシャ王朝(六〇六—六四七存続)の衰退に続くインドの混乱状態のうちに遂行されている。すなわち、七一二年に勇将カーシムに率いられたサラセン帝国の軍兵は、カイバル峠を越えて、怒涛のように、インダス河畔に迫った。その翌年にカーシムはグジャラートおよびマールワにまで進出し、頑強《がんきょう》なヒンドゥー教徒の抵抗を排撃しつつ、たちまちシンド方面に回教的勢力を扶植《ふしょく》した。それ以降、アラビア人のインド征討は、しばしば反覆された。しかし、サラセン帝国の征服的野心は、ただ回教的戦塵《せんじん》を捲《ま》き起こした程度に留まり、充分に報いられなかったのである。それで、インドへの回教色の浸潤《しんじゅん》は、アラビア人以外の努力に委託されたわけであった。すなわち、約二

ガズナ朝の進出
パンジャーブの回教化
ゴール朝の興起
ムイッズ・ウッディーン
インド征討

世紀の後に、前述のトルコ系のガズナ朝は、アラビア人の遺業を継承し、あらたにインド征略を企図《きと》し、九八六年から十数年間にわたって、ヒンドゥスタンに侵入し、一〇一九年には長躯《ちょうく》してカナウジを占領した。それにもかかわらず、けっきょく、ガズナ朝の政治的支配権はラホールやムルターンなどを中心とするパンジャーブに局限されていた。しかも、ガズナ朝は一時その首都をラホールに遷したのであるが、ついに、既述のアフガン系のゴール朝の台頭によって、その覇権を失った。そのために、インドの回教的紛装《ふんそう》の任務は、ゴール朝の手によって追求されなければならなかった。事実、一一四八年にガズナ朝から分離したゴール朝は、ムイッズ・ウッディーン（一一七三—一二〇六在位）すなわちムハンマド・ゴーリーの登場とともに、独立的地歩を確立し、一一八六年におけるガズナ朝の打倒とともに、急速に躍進し、ホラーサーンおよびヒンドゥスタンを征服した。遠く、ベナレスやビハールにおいて、回教の聖旗《せいき》が掲げられるにいたったのも、すでにこのころのことである。そうして、ゴール朝の号令権はしばらくの間、べ

号令権の限界

ンガル、マールワ、グジャラートなどをのぞくインド北部の諸地にまで拡大されている。それゆえに、ゴール朝はある程度までインドの回教的政権を強化しているのである。

（二）奴隷王朝の勃興

ゴール朝の断絶

インドの回教化を準備したムイッズ・ウッディーンは、不幸にも、輝やかしい戦歴のうちに暗殺された。その結果、ゴール朝はたといホラズム・シャー朝の脅迫を防止しつつ、一二一五年まで存続したとはいえ、ここに、事実的に終結したのである。

マムルーク朝の出現

そのゴール朝の地盤を蚕食《さんしょく》し、真の意味において、インドの回教的覇権を実現したものは、一二〇六年に成立したトルコ系の奴隷王朝《どれいおうちょう》にほかなら

アイバク

支配圏の拡大

イルトゥミシュ

なかった。この奴隷王朝の始祖はムイッズ・ウッディーンの弑《しい》殺後に起こった王位争奪の紛乱に乗じて、衆望のもとに、王位に即いたアイバク（一二〇六―一二一〇在位）であった。彼は若年のころ、トルキスタンからインドに伴われてきたトルコ奴隷であり、高い教養と優れた射技《しゃぎ》とを所有した軍人であった。したがって、彼はムイッズ・ウッディーンに仕えて、インド統治の任命を受けていた。かような事情から、彼はインドにおける最初の回教王朝を創始することとなったしだいである。彼はデリーを首都とし、インドの回教徒の地位を高めた。そのために、奴隷王朝はイルトゥミシュ（一二一一―一二三六在位）の治世にいたって、ようやく強大化し、その支配者はスルタンの尊称のもとに、東はブラマプトラ河、西はインダス河、北はヒマラヤ山派、南はヴィンディヤ山脈を限境とする広大な領域の回教的政権を定立した。その当時には、すでに回教的貨幣さえも制定されている。また、インドの回教建築もこのころから萌芽《ほうが》しているのである。しかも、イルトゥミシュはチンギス・ハーンの侵寇の嵐からインドを守護し、回教的立場の固守のために健闘した。そうして、奴隷王朝はバルバン（一二六六―一二八六在位）の時代にいたるまで繁栄し、情報機関を完備し、匪賊《ひぞく》を掃蕩《そうとう》し、交通を安定し、土着豪族の争闘を控制《こうせい》し、平和の維持と国勢の補強とを具体化している。

衰弱の形勢

奴隷王朝の解体

しかるに、インドの回教化を促進した奴隷王朝も、バルバンが「奴隷（マムルーク）」出身の貴族を冷遇したために、かえって衰弱の禍根《かこん》を育成し、たちまち没落への危機を持来した。なんとなれば、この回教王朝はバルバンを継承したカイ・クバード（一二八六―一二八七在位）の即位とともに、政治的紊乱《びんらん》を招致し、同族の内紛のうちに、一二八七年をもって断絶することとなったからである。

インドとトルコ族

ハルジー朝

フィールーズ・シャー二世

ムハンマド・シャー一世

（三）諸回教王朝の興廃

インドの回教化の拡延《かくえん》過程において、トルコ族がもっとも重大な役割を演じたのは、いうまでもない。それはガズナ朝の進出からこのかた、第十六世紀の初葉にいたるまでの間に、インドに占拠した主要な諸回教王朝のうち、過半数のものがトルコ系に属している事実によって、たやすく察知されるであろう。すなわち、一二九〇年に奴隷王朝の権威を継承したハルジー朝の開祖であるフィールーズ・シャー二世（一二九〇―一二九六在位）もまた、たといアフガニスタンに永住していたために、インドに先着したトルコ族から歓迎されなかった結果、一般にアフガン系として待遇されているとはいえ、もともとトルコ人であった。このハルジー朝はムハンマド・シャー一世（一二九五―一三一六在位）の世代に、仏教的伝統を破壊し、回教的勢力を拡張した。とくに、これまでインド・アーリア族と

デカンの征服
回教徒とヒンドゥー教徒との同化
ハルジー朝の滅亡
トゥグルク朝の興起
トゥグルク・シャー一世
トゥグルク朝の瓦解

ドラヴィダ族との抗争の舞台であったデカンも、このとき回教化された。そうして、まもなく、インドはわずかの部分をのぞけば、回教徒によって征服された。そのために、回教徒とヒンドゥー教徒との同化作用が行なわれた。そこには改宗者の続出、相互の婚姻、風俗の交換なども見られた。インドの回教調も急に濃化《のうか》された。また、インドの回教的統一とともに、ウルドゥー語すなわちヒンドゥスタン語が商業上の共通語として普遍化されたのも、まさにこの前後のことであった。しかしながら、ハルジー朝もムハンマド・シャー一世の没後、宮廷の内訌《ないこう》、虐政《ぎゃくせい》の施行、不敬の暴挙、その他の原因から、ついに、パンジャーブの総督の決起によって、一三二〇年に崩落《ほうらく》したのである。このパンジャーブの総督こそ、その年にトゥグルク朝を創建したトゥグルク・シャー一世（一三二〇―一三三四在位）にほかならない。トゥグルク朝の初期は、トゥグルク・シャー一世およびフィールーズ・シャー三世（一三五一―一三八八在位）の支配のもとに、富国強兵の実績を挙げ、文化生活ならびに経済生活の刷新《さっしん》を計り、慈善事業を行なったが、そ

サイイド朝

ローディー朝

諸回教的覇者

の後期は衰退の歴史をたどり、とりわけ一三九八年におけるティムールの侵入のために国勢を弱め、一四一三年にいたって、瓦解の日を迎えたのである。ついで、トゥグルク朝に代わって自立した回教王朝は、アラビア系を自称したサイイド朝（一四一四―一四五一存続）であった。したがって、サイイド朝に続く時代のインドは、しばらくトルコ系以外の回教王朝によって支配されなければならなかった。すなわち、デリーを都とするサイイド朝と交替したラホールのローディー朝（一四五一―一五二六存続）は、アフガン系であった。また、ローディー朝の衰退に乗じて、アフガン的勢力であるスール朝（一五三九―一五五四存続）なども跳梁《ちょうりょう》した。しかし、かような回教的勢力はともすればヒンドゥー教徒の反撃を受け、各方面の叛乱を招き、たちまち後退の方向をたどった。この事情のもとに、諸地に回教的覇者が台頭した。実に、この前後の世代の回教的諸侯は、ベンガル、ジャウンプール、マールワ、グジャラート、カシミール、ハーンディーシュ、グルバルガ、ビラール、アフマッドナガル、ビーダル、ビジャープール、ゴールコンダなどにおいて、それぞれ自己の独立権を主張して、競立《きょうりつ》したのであった。しかるに、こうした回教的権威の分散状態は、ついにトルコ族によって解消せしめられた。けっきょく、インドの回教的支配の完成者の地位は、トルコ族にあたえられている。なんとなれば、インドの回教化を完遂したところの最大の回教王朝であるムガル帝国は、一般に想定されているように、モンゴル系ではなく、あきらかにトルコ系であるからである。

ムガル帝国の準備

バーブル

ローディー朝の滅亡

ムガル帝国の発祥

（四）ムガル帝国の成立

ローディー朝の衰沈とその後の割拠状態とは、そのころ、西トルキスタンにおいて苦盃《くはい》をなめていたバーブル（一五二六―一五三〇在位）をインドへ誘った。そうして、ムガル帝国の基石を設定した特勲者こそ、このバーブルであった。すなわち、サマルカンドを逃れたバーブルは、一五〇四年にカブールに根拠を占め、かねて、アフガニスタンからインドへの進出の機会を狙っていた。それで、彼はパンジャーブの知事の慫慂《しょうよう》を受けるにおよんで、一五二五年にカイバル峠を越えて、ヒンドゥスタンに進んだのである。ついで、彼は一五二六年にパーニーパットにおいてローディー朝の軍隊を撃破し、デリーおよびアグラに入城し、インドの覇権を確保した。実に、ムガル帝国はこの年に発祥したのである。さらに、バーブルはラーナー・サンガを盟主とする強力なラージプート族の連合軍をファティ

フマーユーン

シェール・シャー

スール朝の潰滅

アクバルの統一事業および征服戦

プールの会戦において圧倒して以来、彼の征服ははじめて成功の運命を開始した。それにもかかわらず、過去のインドにおける回教的政権の所有者であったアフガン族は、強勢のムガル軍に対して執拗《しつよう》な反抗を続けた。その結果、たといバーブルはガンジス河に沿うて東進し、アフガン族の勢力を撃破し、ビハール以西のインド北部の支配を達成したとはいえ、彼の子フマーユーン（一五三〇―一五五六在位）はベンガル征討《せいとう》の間に、アフガン系のスール朝の英主シェール・シャー（一五三九―一五四五在位）のために敗戦し、インドから撤退しなければならなかった。幸いにも、シェール・シャーの不慮《ふりょ》の死去によって、一五五四年にフマーユーンは無力化したスール朝を駆逐《くちく》し、ついにアグラを回復することができた。

かような形勢のうちに、わずか十四歳で即位したアクバル（一五五六―一六〇五在位）は、まったく新しくインドの統一事業に邁進《まいしん》しないわけにはゆかなかった。ただし、バイラム・ハーン（一五六一没）以下の名臣の補佐のもとに、若冠《じゃっかん》のスルタンとしてのアクバルは、一五五六年におけるパーニーパットの戦勝を経て、

アフガン族の圧服

巨大な帝国の完成

一五六〇年までの間に、グワリオール、アジメール、ジャウンプールなどの地域を鎮定し、アフガン族に対する最後の勝利を実現したのであった。稀有の精力と智脳とに恵まれたアクバルは、この前後から、彼自身の企画を縦横に強行し、まず一五六七年にはチトール、ランタンボールの堅城《けんじょう》を奪取し、またラージプート族の根拠地を破砕《はさい》し、一五七二年にはグジャラートを併合し、またシンドを平定し、一五七六年にはベンガルを征服し、たちまちインド北部の統一を具現《ぐげん》した。しかも、彼の成年までには、彼はなおカシミール、オリッサ、ハーンディーシュをさえも入手し、インドからアフガニスタンにまたがる巨大な帝国を完成したのである。

アクバルの治世の意義
政治組織
地方政治
財政政策

（五）アクバルの治世

アクバルの治世はインドにおける回教的勢力および回教文化の最高調を表示し、ムガル帝国に約三世紀間の光輝《こうき》を約束したのである。けだし、インドそれ自体が回教色の感染によって、複雑化され、また豊富化されたのも、まことに、アクバルの融合政策とムガル帝国の長期の存続との結果である。もちろん、急激に結晶した膨大なムガル帝国の支配のために、アクバルはまず政治組織の編成に努力しないわけにはゆかなかった。そこで、彼は彼の領土を十二州（スーバ）（後に十五州）に分かち、各州に県（サルカール）を置き、また前者に州長官（スーバダール）を派し、後者に県令（ファウジュダール）を送った。それは中央集権主義の実施を意味した。さらに、アクバルは度量衡《どりょうこう》の統一を企《くわだ》て、検地を行ない、定額金納の税制を定め、国家財政の基礎を固めた。しかも、彼は諸将な

特異な封建制度

宗教行政

平和な治世

らびに地方酋豪《しゅうごう》の采邑《さいゆう》を制限し、貢租《こうそ》の歳入を増加した。それで、バーブルの治世にはわずかに約一千三百万ルピーにすぎなかった貢納《こうのう》は、アクバルの時代には約一億四千万ルピーにまで高昇《こうしょう》している。それのみでなく、かような施政《しせい》のもとに、これまで群雄割拠の無政府状態に苦悩しつつあったインドは、ここに、はじめて集権主義の官僚機構を樹立し、特異な封建制度の再編成を実現したのであった。しかも、アクバルはヒンドゥー教徒、その他に対しても、理解のある寛容《かんよう》的態度を示し、融和政策をもって臨《のぞ》んだために、インドの回教文化はすこぶる順調な過程を進んでいる。この当時のインド社会がただマウリヤ王朝（前三二〇―前一八四存続）のアショカ（前二七二―前二三二在位）の時代にのみ比肩しうる平和を享楽《きょうらく》したのも、このアクバルの努力によるであろう。事実、インドが文化的所産においていちじるしく多彩性を加え、回教的勢力の意義を高めたのは、アクバルの出現を契機としている。

（六）ムガル帝国の全盛時代

黄金時代
ジャハンギール
シャー・ジャハーン

生産の増進

貿易の隆盛

アクバルからジャハンギール（一六〇五―一六二八在位）を経て、シャー・ジャハーン（一六二八―一六五八在位）にいたる時期こそ、まさに、ムガル帝国の黄金時代であった。そのころ、たといムガル帝国はカンダハールをイラン人によって奪還されているとはいえ、デカンの拓疆《たくきょう》をもって充分にそれを補填《ほてん》されている。それゆえに、この極盛期には、平和の保証によって、ヒンドゥスタンの農業生産は増進し、とりわけ、その前後から来航しはじめたヨーロッパ商人の刺激を受けて、綿織物や絹織物などを主体とするインドの繊維工業は急速に進歩した。その結果、こうした織物品と農産嗜好品《しこうひん》との海外搬出は、膨大な輸出超過を表し、インドの経済力の膨張を導いている。この巨富を背景とするムガル帝国の宮廷および顕官《けんかん》の豪奢《ごうしゃ》な生活が、その当時のヨーロッパ人をして驚倒《きょうとう》せしめ、イ

文化の発達
タージ・マハル廟
アウラングゼーブ
アグラおよびデリーの繁栄

ンドの宝を羨望《せんぼう》せしめたのは、まことに、当然である。それのみでなく、諸支配者の保護によって隆昌《りゅうしょう》したインド・イラン式の密画《みつが》芸術や回教建築や文芸思想などは、ムガル帝国の回教文化の豪華を物語るものである。色彩と装飾と技巧と配置とにおいて最高の諧調、とくに多彩な美の総合として均整の極致を表現するアグラのタージ・マハル廟こそ、かようなムガル文化の輝かしい紀念にほかならない。すなわち、タージ・マハル廟は前述のシャー・ジャハーンが彼の愛妃のために、二十二箇年の歳月と約二万人の労働者とをもって建立した霊廟であり、その名は世界的に知られている。かような驕奢《きょうしゃ》を実現しえたムガル帝国は、さらにアウラングゼーブ（一六五九―一七〇七在位）の時代に、デカン、その他の諸地区の征圧によって、いかに完全ではなかったにしても、ほとんど全インドの支配権を獲得し、回教的制覇の日を謳歌《おうか》することができたのである。それゆえに、このとき、ムガル帝国の国庫が、年額約三億八千万ルピーの富財を吸収していたという事実も、決して奇蹟ではない。それで、アクバルの愛都であり、しばらくムガル帝国の首都であったアグラは、デリーやラホールやカシミールなどとともに、空前の繁栄を示しているのである。

（七）ムガル帝国の没落

衰亡の兆向

デカンの叛乱

地方的勢力の台頭と分解作用

しかしながら、ムガル朝もその極盛《きょくせい》時代において、すでに衰退のきざしをあらわしはじめていた。なんとなれば、デカンに興隆したヒンドゥー教徒のマラータ族は、ムガル朝の種々な弾圧にもかかわらず、しだいに強大となりつつあったからである。しかも、デカン征討はきわめて巨額の戦費を要求して、財政を破壊し、将官また宮臣に対する采封賜《し》与《よ》を急激に増大した。さらに、地方官はしだいに固定化し、彼らはようやくムガル帝国に対する臣服を拒否するにいたった。そこで、アウラングゼーブの他界によって、強大な弾圧力が解消するとともに、たちまち地方的政権を代表しつつ、諸侯が跋扈《ばっこ》した。ハイデラバードやアウドやベンガルやロヒルカンドなどの地方的豪族の支配権が成立したのは、アウラングゼーブの逝世《せいせい》後、十数年を要しなかった。しかるに、ムガル帝国の残骸《ざんがい》のうえに競逐《きょうちく》した諸侯も、このころから、強大な武力的援護のもとに、植民地を模索しはじめ

イギリスの進出

たイギリス人やフランス人などのために圧倒された。すなわち、一六〇〇年に東インド会社を設立したイギリス人は、オランダ人に対抗しつつ、インド経営に集中し、一六〇七年から一六四〇年までの間に、スーラト、マスリパタム、マドラス、ボンベイ、ベンガルなどに商館を分置し、さらに一六六八年以来、土地を

フランスの策動

割取《かっしゅ》して、領土的勢力を獲得した。これに対して、フランス人もまた一六六八年から一六八八年にかけて、スーラト、マドラス、ポンディシェリ、シャンデルナゴルなどに商業的根拠地を配置し、イギリス人と拮抗し、インド制覇戦を展開し

デュプレックス

た。しかし、デュプレックス（一七六三没）がムガル帝国の諸侯の内紛を逆用し

クライブ
イギリスの成功

ヘイスティングス

ムガル帝国の
後退と没落

ようとする計画は、けっきょく、イギリス人の謀略《ぼうりゃく》のために、無効に終わり、インド征圧の成功はクライブ（一七七四没）の手に落ちた。なんとなれば、このクライブは一七五七年のプラッシーの会戦ならびに一七六四年のバクサルの戦役などにおいて勝利を博し、フランス人の植民政策の魔手を追い払い、イギリスのインド支配の基礎を築いたからであった。しかも、一七七三年に初代のインド総督としてヘイスティングス（一八一八没）を派遣したところのイギリスは、早くも一八二〇年代には大部分の諸侯を圧服し、イギリス領インドの統治権を確立している。その結果、ムガル帝国の支配者もいつかイギリスの東インド会社の年金受領者としての地位に下降《かこう》せしめられた。それと同時に、マラータ族は跳梁《ちょうりょう》し、その他の土着人は反抗し、さらにイランも一時的に勢力を回復し、ヒンドゥスタンを荒掠したために、ムガル帝国の権勢はしだいに褪色《たいしょく》した。それのみでなく、イギリス人の暴圧は、皮肉にも、豊かなインドの農民を貧困化してゆく。かような窮境《きゅうきょう》のうちに、ムガル帝国はイギリス帝国主義の犠牲となり、一八五七年のイン

バハドゥール・シャー

イランの受動的悲境

ムガル帝国とイラン

ド傭兵《ようへい》の大叛乱を機会に、バハドゥール・シャー二世（一八三七—一八五七在位）を最後のスルタンとして崩落し、ここに、インドの回教的政権は終息したのである。

（八）サファヴィー朝の立場

ムガル帝国がインドに君臨し、南アジアの回教的政権を代表していたころ、イランはともすれば不遇であった。なんとなれば、イランは回教的覇者の交替のたびに、東西から圧迫され、受態の通廊《つうろう》として利用されたからである。すなわち、サラセン帝国についで、セルジューク帝国、ホラズム・シャー朝、モンゴル帝国、ティムール帝国、その他の回教王朝は、イランを重大な足場として離さなかった。それで、ムガル帝国が一五九三年以降、イランに着眼し、イラン人の

アク・コユンル朝
カラ・コユンル朝
ウズン・ハサン
サファヴィー朝の成立
イスマイール
カラ・コユンル朝の滅亡
シーア主義の強調

隷属を要求したのは、自然である。しかも、ティムール帝国の衰憊《すいはい》に乗じて、トルコマン族はアク・コユンル朝（一三七八—一四六九存続）として、アゼルバイジャンに勃興《ぼっこう》し、イランを撹乱《かくらん》した。ついで、同系のカラ・コユンル朝（一三七八—一五〇二存続）はタブリーズを本拠として、ウズン・ハサン（一四六七—一四七八在位）の治世に、トルコマン政権を代表するほど有力化し、しばらくイランを睥睨《へいげい》するにいたった。しかし、かような変転にもかかわらず、イラン人の潜勢力《せんせいりょく》は決して消失しなかった。ついに、一五〇二年にイスマイール（一五〇二—一五二四在位）はサファヴィー朝を開設し、テヘランを中心とするシーア主義の回教的勢力を復興した。彼はまずカラ・コユンル朝を打倒し、ウズベク族を駆逐《くちく》し、たちまち東はアム河から、西はアルメニアおよびイラクにいたる大版図を領有することとなった。まさに、異説派としてのシーア教派の回教的威力は、彼によってイランを土台として結晶せしめられたわけである。そこで、最初からサファヴィー朝は正統派のスンナ教派を支持したオスマン帝国と対峙すべき運命

アッバース一世

タフマースブ二世

ナーディル・シャー

アフシャール朝の短命

に置かれていた。しかし、サファヴィー朝はあくまでイラン主義を強調し、アッバース一世（一五八七―一六二八在位）の時代に繁栄の頂点に到達し、モンゴル帝国およびオスマン帝国の二大勢力の間に介在しつつ、イラン人の威信を誇示することができた。しかるに、この回教王朝も第十七世紀の中葉《ちゅうよう》以来、内訌《ないこう》のために、しだいに衰微《すいび》し、たといタフマースブ二世（一六六六―一六九四在位）の努力によって、暫時《ざんじ》的に再興したとはいえ、その後の宗教的失政の結果として、叛乱を招致《しょうち》し、国威を減殺《げんさい》した。しかも、このとき、イランの国境はロシアの後援のもとに立つアフガニスタンからの脅威を警戒しなければならなかった。こうした内憂と外患とのうちに、一七三六年にナーディル・シャー（一七三六―一七四七在位）が決起し、内乱を鎮《しず》めて即位し、アフシャール朝（一七三六―一七九六存続）の型において、サファヴィー朝の権威を継承し、アフガニスタンならびにヒンドゥスタンに侵入し、しばらく彼の武威《ぶい》を伸張している。しかるに、ナーディル・シャーの暗殺のために、イランはふたたび混乱に陥《おちい》ったのである。

カージャール朝の開設
アガ・ムハンマド
全盛時代
ロシアおよびイギリスの進出

（九）カージャール朝の運命

ナーディル・シャーの離世後の内紛を収拾《しゅうしゅう》し、イランの統一を再現したものは、一七九四年にカージャール朝を樹立したアガ・ムハンマド（一七九四―一七九七在位）にほかならない。いったい、アガ・ムハンマドの一族はサファヴィー朝が辺境守備のために、アストラバードに定着せしめたトルコマン族の分派であった。しかし、アガ・ムハンマドはテヘランを首都としてイランに号令し、イラン族の再生のために奮闘した。したがって、カージャール朝はファトフ・アリー（一七九七―一八三四在位）およびムハンマド（一八三四―一八四八在位）を経て、ナーシル・ウッディーン（一八四八―一八九六在位）にいたる間に、専制主義的権威を行使し、いちおう全盛時代を現出した。しかるに、第十九世紀におけるイランはつねにロシアの南下的進出によって脅迫を受け、一八二八年にはアラス河以北のグルジアを失った。また、インド経営を追求しつつあったイギリスのために、一八五七年にはアフガニスタンに対するカージャール朝の要求権を放棄せしめられた。その後、ロシアは一八八一年にメルブを割取《かっしゅ》している。ここに、カージャール朝も国政を刷新《さっしん》するとともに、ロシアおよびイギリスの圧迫を拒絶しようと苦心した。

財政難の政弊

しかしながら、カージャール朝も第十九世紀の末葉以来、宿弊《しゅくへい》のために財政難に直面し、教役者の横暴によって極度に紊乱《びんらん》した。この事情から、一九〇六年における憲政樹立の更生《こうせい》工作も、けっきょく、無効に終わり、野望に燃えたロシアもしくはイギリスの帝国主義的潜行《せんこう》を認めなければならなかった。

ムザッファル・ウッディーン

一九〇八年の暴動

しかるに、たとい進歩主義のムザッファル・ウッディーン（一八九六―一九〇七在位）の治世には、憲法が制定され、国会が開催されたとはいえ、一九〇八年のテヘランの暴動を背景として、早くも、国民主義者の活動が開始された。

カージャール朝の終結

こうした経緯のうちに、無力なカージャール朝はいたずらに狼狽《ろうばい》し、ますます衰弱した。しかも、世界大戦において亡国的悲境に陥《おとしい》れられたカージャール朝は、ヨーロッパ列強の翻弄《ほんろう》のうちに、ただ没落への一路をたどるのみであり、ついに、一九二五年に老衰者のように、最後の息を引きとったのである。

The Islamic power of Indonesia

第十章

インドネシアの回教的勢力

インド文化の遺風―回教の浸潤過程―回教的勢力の拡大―回教的政権の迭興―ヨーロッパ人の来航―回教王朝の後退―フィリピンおよびマレーの場合―回教徒の苦境と不満―回教徒の反省的行動

回教伝播以前の文化

シュリーヴィジャヤ王朝

（一）インド文化の遺風

回教の伝播以前におけるインドネシアおよびマレーの歴史は、かならずしも明確ではない。とりわけ、インドネシアの場合はそうである。これは信頼すべき記録が存在しないからである。もちろん、インドネシアは仏教とヒンドゥー教との弘布《ぐぶ》によるインド文化の影響をいちじるしく表している。これは地理的関係また文化的条件から由来した必然的結果である。すなはち、インド人はすでに早く第一世紀ころから、スマトラあるいはジャワに植民し、各地にインド文化を扶植《ふしょく》した。彼らがスマトラに建設したシュリーヴィジャヤ王朝（三〇〇代－一二〇〇代存続）は、実にインドネシアにおけるインド的残栄《ざんえい》の顕著《けんちょ》な実例である。なんとなれば、このインド系の王国は、第八世紀の極盛期《きょくせいき》には、パレンバンを中心として、マレー、タイ、カンボジア、ジャワ中部を包含《ほうがん》する勢力圏を占有していたからである。第五世紀ころから伝来した仏教が、第八世紀にいたって、急速に活気を呈《てい》し、幾多の記念物を残したのも、けだし、シュリーヴィジャヤ王朝の文化的努力を物語っているであろう。そうして、かようなインド精神の伝統は、第十三世紀の終末に、ジャワ東部を地盤として興起し、一時はマレー、スル、ニューギニアなどを支配したマジャパット王朝（一二九四―一五一八存続）の治下において、最後の開花期を現出している。それゆえに、たとい回教の浸潤《しんじゅん》のために、仏教ならびにヒンドゥー教は凋落《ちょうらく》したとはいえ、なお、その後において、インド文化の要素はインドネシアの住民の生活面のうちに反映している。ことに、インド人が久しく支配者として立っていたところのジャワやボルネオなどにおける回教主義の諸藩王の宮廷生活には、現今においても、インド的色彩が濃厚である。さらに、それは今日の文芸および歌舞《かぶ》のうえにも充分に看取《かんしゅ》されるにちがいない。たとえば、有名なインドの二大叙事詩の主要人物なども、いまなお、もろもろの文学的作品において再現されているのである。

回教の伝来路

回教徒の商人の来航

スマトラと回教

（二）回教の漫潤過程

インドネシアに回教が伝えられたのは、仏教またヒンドゥー教と同じく、インドからである。前述のように、インドには早く回教化の波が迫り、回教文化とインド文化との融合が行なわれた。インド系の回教徒はたちまちインドネシアおよびマレーに進出した。それで、彼らとともに、イラン系の回教徒も来航した。これらの回教徒は、多くの場合、絹布、宝石、その他の珍貨《ちんか》を仲継《ちゅうけい》した商賈《しょうこ》であり、まず第十二世紀の末葉に、スマトラに移民したという。もともと、スマトラはインドと中国、もしくはイランないしアラビアと中国との間に行なわれた南アジア貿易の仲介点であり、きわめて古くから回教徒を吸収していた。したがって、スマトラは第八世紀の後半以来、回教徒を目撃していたにちがいない。しかし、回教がその住民の間に浸潤《しんじゅん》するためには、なお多年を経過しなければならなかったらしい。いずれにしても、スマトラは第十二世紀と第十三世紀との交替期に、回教の移植を許しているのである。これと前後して、ジャワにおいてもまた、回教徒が登場している。なかんずく、ジャワの上層階級の人々は、インド系ないしイラン系の回教徒を歓迎した。しかも、第十四世紀ころ、すでに回教化されていたマレーに往来したところのジャワ系の行商人が、回教に帰依し、彼らの帰島後に、アッラーの福音を伝道した結果、ジャワの回教調はようやく熾烈《しれつ》となったのである。

ドゥマック朝の成立
ラデン・パター
バリの立場
インドネシアの回教化の促進

（三）回教的勢力の拡大

回教は諸君侯の政争を背景として、その教勢《きょうせい》を拡充したが、その代表者の地位を獲得したドゥマックの藩王ラデン・パター（一五一七―一五四六在位）は、スルタンを公称しつつ、回教系の諸酋豪《しゅうごう》を糾合《きゅうごう》し、ついに、一五一八年ころにマジャパヒト王朝を転覆《てんぷく》し、ドゥマック朝を創立した。それはジャワにおける回教的政権の確立を意味した。事実、ドゥマック朝はその当時侵入してきたポルトガル人を撃退し、たちまちジャワの覇権を掌握した。ただし、ジャワの東端は第十七世紀までヒンドゥー教の根拠地としてのバリの支持を受けつつ、ドゥマック朝の権威の波及《はきゅう》を妨害し続けている。しかし、ジャワの回教化の進行に照応《しょうおう》して、インドネシアの他の諸地の回教的勢力も、全面的に発展したのである。なんとなれば、第十三世紀の末期において、サムドゥラまたペルラックなどに弘布《ぐぶ》していた回教

セレベス
フィリピン
アラビア人の移住と回教色の強調
インドネシアの回教の特異性

は、しだいに各方面に蔓延《まんえん》し、第十五世紀から第十六世紀にかけて、セレベスやフィリピン、その他の諸島にまで流伝《るでん》しているからである。それのみでなく、第十七世紀以降、アラビアのハドラマウトの回教徒の多数が交易的事情から移住してきたために、インドネシアの回教の地位は、アラビア的精神の刺激によって、新しく強化されている。要するに、インドネシアの回教は、一方には、伝道もしくは行商によって平和的に流布《るふ》し、他方には、政争の間隙《かんげき》に乗じて武力的に伝播したのである。けだし、根強いヒンドゥー教的勢力圏におけるこのめざましい回教徒の成功の要因は、まさに、回教がインドにおいてヒンドゥー教的要素とある程度まで融合作用を完了し、またインドネシアにおいてもヒンドゥー教的伝統に向かって顕著な寛容精神を披瀝《ひれき》したところに存する。これはインドネシアの回教的波長の特殊性でなければならない。

ジャワの回教王朝の変遷
ドゥマック朝の瓦解
パジャン朝の出現
セナパティ
マタラム朝の台頭
チャクラ・クスマ

（四）回教的政権の迭興

ドゥマック朝の出現によって、インドネシアの回教的勢力は、必然的にジャワを中心として放射するにいたったのである。しかし、暫時《ざんじ》は強大化したドゥマック朝も、ラデン・パターが異教徒の討伐の際に戦没したために、王族間の軋轢《あつれき》を惹起《じゃっき》し、ついに、一五四六年に回教的覇権をパジャン朝に譲渡《じょうと》しないわけにはゆかなかった。この後、パジャン朝は各地に諸侯を封じ、ジャワの政権を握り、回教の保護者として立っていた。しかるに、一五八六年にいたって、マタラムの藩王セナパティ（一五八六—一六〇一在位）は叛旗《はんき》をひるがえし、マタラム朝を開いた。もちろん、セナパティの地位は諸侯の内乱的行動のために不安であり、彼の治世は諸戦役の連続であった。それにもかかわらず、第十六世紀の末葉におけるマタラム朝の支配権は、ジャワの大部分に伸びている。したがって、チャ

バンテン朝の独立

ハサヌッディン

ムハンマド

バンテンの繁栄

バンテン朝の文化的努力

クラ・クスマ（一六一八—一六四六在位）のとき、マタラム朝は極盛期に達し、ジャワの回教徒の地位を高めたのであった。しかし、すでに早くドゥマック朝の衰亡の際に、自立の地歩を準備していたバンテンのハサヌッディン（一五五六—一五七〇在位）は、一五五六年に堂々とバンテン朝を開立し、マタラム朝に対抗し、ジャワの覇権を要求した。しかも、バンテン朝はムハンマド（一五八〇—一五九六在位）の世代に、黄金時代を迎えた。実に、この当時バンテンは夥多《かた》の外国商人を集め、南海貿易の互市場《ごしじょう》として活発な商況を呈していた。すなわち、そこでは、インド人、イラン人、アラビア人、トルコ人、ポルトガル人、中国人などの商賈《しょうこ》によって、香料、薬品、宝石、織物、金銀細工その他のさまざまな貨物が交易された。たといバンテン朝は文教方面を顧《かえり》みる暇を欠いていたとはいえ、諸回教寺院においてアラビア語の教授を行ない、回教文化の発展のために、努力を怠らなかったのである。かようなマタラム朝やバンテン朝などがジャワに君臨し、インドネシアおよびマレーの回教的勢力の繁栄を代表していたころ、すでにキリスト教徒はポルトガル人やオランダ人の姿において、南海の利潤を覬覦《きゆ》しつつ、迫進してきたのである。その結果、インドネシアならびにマレーの回教徒は、しだいにヨーロッパ的勢力の前に屈服せしめられてゆく。

（五）ヨーロッパ人の来航

第十五世紀の後半において、スペインと拮抗《きっこう》して海外探険に従事し、第十六世紀の初頭において、インド貿易を回教徒の手から剥奪《はくだつ》したポルトガル人は、ゴアの居留地から東進し、一五一一年にはマラッカを入手し、南アジア貿易を独占するにいたった。しかし、ポルトガル人はたといアルブケルケ（一五一五没）の奮闘《ふんとう》によってジャワをはじめ、遠く中国にまで彼らの商業的触手を延長しえた

ヨーロッパ人の登場

ポルトガルと南アジア

アルブケルケ

オランダの出没

ポルトガルの退却とオランダの躍進

イギリスの進出

とはいえ、彼らの早計な植民政策の失敗のために、まもなく南アジアの交易権を新来のオランダ人に移管しなければならなかった。すなわち、オランダ人は一五八一年にスペインから独立するとともに、積極的にアジア貿易の開拓に専念し、第十六世紀の閉幕ころから、マレー方面に出没し、一五九六年にはバンテンに渡来した。ついで、オランダは一五九九年にアンボイナを中心地として、マレーの商業権を確保し、一六〇二年に群小の貿易企業の合同のもとに、東インド会社を設立し、一六一九年からこのかた、ジャワのバタヴィアを新しい根拠地として活動し、たちまちポルトガルに代わって、南アジアの貿易権を獲得した。しかも、オランダの東インド会社は植民地開発事業を追求し、しだいにインドネシアならびにマレーを蚕食《さんしょく》し、回教徒の生活を蹂躙《じゅうりん》したのであった。しかしながら、南アジアの支配権はかならずしもただオランダにのみ好意を示さなかった。なんとなれば、この当時、オランダの勁敵《けいてき》としてイギリスもまた、既述の東インド会社を通じて、マレーに働きかけ、さらにインドネシアの諸島に迫ってきたからである。

オランダの勝利

イギリスの転向

すなわち、イギリス人は東インド会社を組織した一六〇〇年に、マレーに進出し、なおバンテンに彼らの商館を設置し、日を逐《お》ってジャワ、スマトラ、マレーにわたる彼らの広汎《こうはん》な交易圏を実現するにいたった。いうまでもなく、イギリス人の活躍はオランダ人の反感を招き、両者は激烈《げきれつ》な競争を続けた。しかるに、オランダ人はあくまでインドネシアの号令権を主張し、ついに一六八二年にイギリス人をバンテンから駆逐《くちく》した。その結果、イギリス人は不利な形勢を洞察《どうさつ》し、もっぱらインド経営に集中することとなった。かような経緯のもとに、はじめてオランダは回教徒としてのマレー族を頤使《いし》し、南アジアの植民地化を完遂《かんすい》したのである。

（六）回教王朝の後退

マタラム朝および
バンテン朝の講和

ヨーロッパ人の侵入に対して、マタラム朝にしても、またバンテン朝にしても、幾多の反撃にもかかわらず、けっきょく、回教徒の威力を発揮することができなかった。たとえば、マタラム朝は一六二八年からその翌年にかけての二回のバタヴィア討伐においても、有利な戦線を展開していない。そこで、マタラム朝は一六四六年にいたって、オランダと講和した。また、この形勢のうちに、バンテン朝も一六五九年にオランダの東インド会社と和約した。

オランダの
政治的蚕食

もちろん、こうした和平交渉の成立は、ジャワにおけるオランダの政治的蚕食《さんしょく》の準備にほかならなかった。事実、この後、オランダはあらゆる機会を利用して、回教徒から利権と土地とを要求し、回教的勢力を削減した。

マタラム王朝の凋落

したがって、秕政《ひせい》によって民心から離れ、内訌《ないこう》によって苦しんでいたマタラム朝は、一七四〇年における回教徒の叛乱を背景としたオランダ人の排撃《はいげき》運動が不成功に終わったとき、パクブウォノ二世（一七二七―一七四九在位）の臨終《りんじゅう》の言によって、一七四九年に主権を東インド会社に移譲《いじょう》することとなった。また、マタラム朝の衰滅とともに、一七五二年にいたって、バンテン朝もオランダの保護領化を承認した。それゆえに、ヒンドゥー教徒を後継してジャワを支配した回教徒も、約二百年の生命をもって凋落《ちょうらく》したわけである。たといなおしばらく回教王朝の形骸は残留し、また回教徒の政権奪回運動も再燃したとはいえ、ついにジャワにおける回教的勢力は復興していない。

そうして、ジャワは一八一三年前後において、一時的にイギリスの統治を受けたが、ふたたびオランダの支配のもとに立ち、一八五〇年以来、完全に独立的立場を失ったのである。要するに、ジャワの回教徒の政治的転落は、インドネシアの植民地化を決定している。なんとなれば、これと並行して、スマトラをはじめ、他の諸地の回教的政権もヨーロッパ人の圧力の前に屈服しているからである。

フィリピンの回教徒

スペインの支配
マゼラン

（七）フィリピンおよびマレーの場合

もともと、フィリピンの大部分は前記のマジャパヒト王朝の治下に置かれていた。しかし、インドネシアの回教的勢力の波及とともに、フィリピンの南部、すなわちミンダナオにおいてもまた、回教徒が登場し、マジャパヒト王朝の権威はいつか消失している。もちろん、フィリピンへ回教が伝来した年代は明確ではない。おそらく、この群島に回教が浸潤《しんじゅん》したのは、マレー方面からであり、第十五世紀以前のことであろう。いずれにしても、すでに第十六世紀の初頭において、ミンダナオはスルとならんで回教的雰囲気を構成し、回教的権勢の樹立を準備している。しかるに、スペインの後援によって、マゼラン（一五二一没）が彼の世界一周の途《と》において、一五二一年にフィリピンを訪問してからこのかた、キリスト教徒は回教徒の強敵として出現した。その結果、スペイン領と化したフィ

フィリピンの植民地化

マレーの回教化

リピンにおいて、回教徒は彼らの教勢《きょうせい》の拡大のために、約三百年の長期にわたって闘争しなければならなかった。しかし、ミンダナオおよびスルを本拠地とする回教徒の果敢な政治的抗争と布教的努力とは、ついに報いられなかった。それは一八九八年に勃発したアメリカ・スペイン戦役の結果、フィリピンはアメリカの支配を承認し、回教徒の夢想を切断したからである。かような悲運はマレーにおいても同様である。すなわち、マレーもまた古くマジャパヒト王朝の勢力範囲に属していた。しかしながら、マラッカ、ジョホール、ケダー、ケランタン、トレンガヌなどには、すでに第十四世紀ころから回教が伝わっているのである。たとえば、トレンガヌの酋豪《しゅうごう》は早くもこの当時回教を公認したほどであった。ことに、マレーとジャワとの通商交通は、マラッカの回教徒の支持とともに、マレーの回教化を促進した。しかるに、マレーの回教徒の悲劇は、まずポルトガルのマラッカの占領によって開始され、ついで一六四一年から一七九五年にわたるオランダの出没によって表面化され、さらにタイの進出のうちに深刻化され、なおまたイギリスの制圧のために高調された。なんとなれば、マレーは一七九五年以来、イギリス領と化し、たといオランダの短期的奪還《だっかん》時代を経たとはいえ、けっきょく、ふたたび一八二四年にイギリスの東インド会社の手に移ったからであった。それゆえに、マレーに群居《ぐんきょ》する回教徒は、インドネシアの場合と相異する社会的境遇に置かれたのである。そうして、彼らも決して華やかな履歴を示していない。むしろ、それは殉教の哀史《あいし》の一篇である。

（八）回教徒の苦境と不満

インドネシアおよびマレーの植民地化の結果

オランダの高圧政策

回教徒の反抗

インドネシアおよびマレーの植民地化は、当然、回教徒を苦境に陥《おとしい》れた。これはインドネシアの回教徒がジャワを核心として、特異な回教文化の伝統を保持していたにもかかわらず、オランダの為政者《いせいしゃ》がその事実を無視し、あたかも未開民に対するような高圧的植民政策を強行したところに起因していた。また、それは第十七世紀から第十八世紀にかけて、独占主義を追求したオランダが、回教徒の不満を招致した理由でもあった。しかも、ひとたびオランダの支配権が定立したとき、インドネシアの回教徒の王族ならびに貴族は、彼らの政治的特権や経済的利益を喪失《そうしつ》し、その代わりに征服者としてのオランダ人は、一種の特権階級として登場した。そこで、王族および貴族は彼らの伝統的優越感のゆえに、一般住民としての中間階級的存在に下降する実状を黙視《もくし》しえなかった。一八二五年から

ディパヌゴロの決起

ラトゥ・アディル

オランダの強制栽培の実施

一八三〇年にわたるディパヌゴロ（一八五五没）を指導者とする排オランダ運動は、まさにかような事情のうちに生起した回教徒の民族的反抗運動にほかならない。しかるに、「ラトゥ・アディル（正治者）」の指揮という信仰的幻想のもとに、オランダの桎梏《しっこく》から解放される日を期待したところのディパヌゴロの民族運動が、けっきょく、オランダによって鎮圧されたとき、王族および貴族としての回教徒の社会的地位はいたずらに悪化した。しかも、それからまもなく、オランダはその国家収入を増加するために、インドネシアの農業経営に干渉し、強制的栽培法を施行した。したがって、農民としての回教徒の経済的苦痛はいよいよ顕著《けんちょ》となった。ここに、王族ないし貴族と農民とは、回教的紐帯《ちゅうたい》を通じて接近し、オランダ官憲に対して、共同戦線を展開するにいたったのである。

オランダの回教徒対策

回教徒の反省

ブディ・ウトモの発生

回教徒と華僑

（九）回教徒の反省的行動

オランダは、第十九世紀の後期にいたって、回教徒の動向を洞察し、通商航海ならびに農業経営の自由を約束する植民政策に転向し、さらに第二十世紀において、道義主義の統治政策を採用し、植民地土着民の利益を保証している。しかしながら、インドネシアの回教徒もまた、他の多くのアジア諸民族の場合のように、日露戦争における日本の戦勝によって刺激され、彼らの不満に点火された。その結果、彼らはジャワを焦点とするブディ・ウトモ（善動）という政治団体を結成した。しかるに、この政党は微温主義《びおんしゅぎ》の貴族的傾向を帯び、その活動も回教徒の一般教育の増進という啓蒙運動の範囲を越えなかったのである。それゆえに、一九一〇年ころ、ジャワ中部の生活基底であった更紗《さらさ》工業が、諸外国との競争のために不況化したとき、かねて華僑としての中国人の経済的傲慢《ごうまん》を憤慨《ふんがい》していた

回教実業組合の結成
回教実業組合の改組
回教協会の誕生

回教徒は、まずブディ・ウトモの急速な民族主義的転換を要請した。かような契機のもとに、回教協会（サレカット・イスラム）の前身である回教実業組合（サレカット・ダガン・イスラム）が誕生したのである。この回教実業組合は、回教の根本思想を尊崇《そんすう》し、回教徒の経済的幸福を増進することを目的としていた。しかし、その直接的目標は回教徒の経済的独立、とくに華僑からの解放に置かれていた。そのために、回教実業組合は回教徒大衆の支持を獲得したが、中国人と険悪な対立を醸成《じょうせい》し、ついに、オランダの命令によって解散しなければならなかった。それにもかかわらず、回教徒は一九一三年に回教実業組合を改組し、新しく政治的組織としての民族主義的団体を結党し、インドネシアの各地の民族主義者を糾合《きゅうごう》することができたのである。これが現今《げんこん》において、約二百五十万名の会員を擁《よう》する回教協会（サレカット・イスラム）の原型である。そうして、この回教協会は温和主義もしくは急進主義の種々な階梯《かいてい》を経過しつつ、インドネシアの回教徒の民族的解放への道を開拓しつつある。

第十章　インドネシアの回教的勢力

Muslim status in Qing dynasty

第十一章 清帝国における回教徒の地位

清帝国の興起と回教徒の動向——回教徒対策の実相——雲南の回教徒の叛乱——社汶秀の参加——陝西および甘粛の回教徒——西北角における漢回の蜂起——東トルキスタンの回教徒問題——カシュガリアの反抗力の由来——ヤクブ・ベグの登場——ヤクブ・ベグ政権の立場——清帝国の衰滅

清帝国の勃興
太祖
太宗
順治帝
康熙帝

（一）清帝国の興起と回教徒の動向

明帝国のもとに、中国の主権を奪回《だっかい》した漢族は、清帝国の勃興とともに、ふたたび元帝国の場合のように、異種族としての満州族の支配を甘受《かんじゅ》しなければならなかった。この清帝国の始祖は満州の女真族の系統に属するヌルハチ、すなわち太祖（一六一六―一六二六在位）である。彼は明朝の末世の混乱に乗じて、たちまち勢力を拡大し、満州の諸族を統一すると同時に、一六一六年に大金（後金）の名において建国し、瀋陽（奉天）に奠都《てんと》した。ついで、満州族は各方面に拓疆《たくきょう》し、太宗（一六二六―一六四三在位）のとき、一六三六年を期して、大金を清という国号に改称し、四辺の征服によっていわゆる清帝国の基礎を確立した。その後、清帝国はしだいに膨張し、順治帝《じゅんちてい》（一六四三―一六六一在位）にいたって、北京を国都として中国の支配を開始し、康熙帝《こうきてい》（一六六一―一七二二在位）から

乾隆帝
清朝の版図
漢族の統治方針
清朝の中国化
学芸および美術の発達
清朝の初期における回教徒の増加

乾隆帝《けんりゅうてい》（一七三五―一七九六在位）にいたる間に、専制主義の極盛《きょくせい》時代を現出した。実に、このころ、清朝は最大版図を所有し、満州および中国はいうまでもなく、モンゴリア、東トルキスタン、チベットを統括し、朝鮮、ベトナム、ビルマ、タイを隷属《れいぞく》し、中国史において未曾有《みぞう》の帝国的威容を具現したのである。もともと、清帝国の初期は漢族の抑圧政策を採用し、薙髪令《ちはつれい》を布告し、満州調の生活を強制している。しかしながら、清朝も漢族の頑強な反抗を顧慮《こりょ》し、中国の統一事業の進行とともに、いつか懐柔《かいじゅう》政策に転向し、巧妙《こうみょう》な満漢二重体制のうちに、漢文化の摂取および保護によって排満思想《はいまんしそう》を封止《ふうし》し、反対に満州族の中国への順応、いいかえれば彼らの漢化をさえも黙許《もっきょ》した。それゆえに、むしろ、漢族は清帝国の治下において、学芸ならびに美術の異常な発達のうちに、伝統的精神を集成し、文化的進展を享受することができたのであった。そうして、清政権の拡充に比例しつつ、中国文化も普及している。かような清帝国の一般的施政方針が、必然的に中国の回教徒の生活のうえに反映しているのは、いうまでもない。前述のよう

清朝の回教徒対策方針

に、元帝国および明帝国以来、中国における回教はますます内地に波及《はきゅう》したが、その傾向は清帝国の成立とともに、いっそう激化している。これは回教徒が明朝の末期の無秩序に乗じて膨張した事実を立証しているであろう。実際、清朝の確立以後、中国の回民の数はいちじるしく増大し、強烈な団結と広大な連絡とによってますます成長した。まさに、回教徒は中国社会において、一つの有力な分子として躍動《やくどう》しはじめたのである。

（二）回教徒対策の実相

もちろん、清帝国は回民が社会的勢力から政治的勢力にまで発展する杞憂《きゆう》を抱き、彼らの公的運動の勃発《ぼっぱつ》を恐れ、かような危険を未然に防ごうとした。また、いったん、回教徒の社会運動が起こったときには、清朝は厳しい圧迫を加えている。とりわけ、雲南省の回民、さらに甘粛省《かんしゅくしょう》や陝西省《せんせいしょう》の漢回の政治的運動は、明白な目標を掲げていた事情から、徹底的弾圧を受けたのである。しかしながら、清朝も回教徒の慰撫《いぶ》の必要を感じ、種々の懐柔策《かいじゅう》を用いている。いったい、清朝政府の施政《しせい》方針は、可能なかぎりにおいて、漢族と回教徒との紛糾《ふんきゅう》を緩和《かんわ》し、いわゆる回漢互闘の問題を平和的に解決しようとしている。それゆえに、漢人の地方官がことさらに回教徒を敵視し、この問題を激発する態度に関して、しばしば厳格な訓戒《くんかい》が発令されている。たとえば、康熙帝《こうきてい》の一六六四年における告諭《こくゆ》は、この

雍正帝の上諭

乾隆帝の処置

劉智

回漢互闘の難問

実例である。また、雍正帝《ようせいてい》（一七二二―一七三五在位）の一七二九年の上諭《じょうゆ》も、漢人の地方官に対して特別の戒飭《かいちょく》をあたえている。なお、乾隆帝《けんりゅうてい》は海南島の崖州《がいしゅう》の回教徒の一人がコーランを携帯していたという理由から、広西省の桂林において投獄されたとき、地方官の無理解の処置に反対して、釈放を発令し、押収の経典を返還することを指令したほどであった。しかも、この事件を契機として、乾隆帝は中国の偉大な回教学者、すなわち回儒である劉智（一八七六没）の名著「天方至聖実録年譜」を親しく調べ、その公刊を許すこととなった。もっとも、清帝国が回教徒に対して、こうした寛容的態度をとりえたのは、劉智のような有為な回儒が、回教と儒教との融和を計った結果である。いいかえれば、この場合、回教徒側からも彼らへの厚意のために熱心な努力が払われたのである。しかし、回漢互闘の宿題は請事情のために、簡単に処分されていない。ことに、地方官の多くは回教徒に対して無関心また無分別であり、ともすれば回民問題の処置に失敗し、公平を失念している。それで、この問題の解決はすこぶる困難であったわけである。

雲南の回民一揆の原因

叛乱の経過

（三）雲南の回教徒の叛乱

咸豊帝《かんぽうてい》（一八五〇—一八六一在位）の初世にあたる一八四五年には、雲南省の楚雄府安南州の右羊銀廠において、漢人系の鉱夫が回民系の鉱夫に割りあてられた鉱区へ割り込み運動を強行したという理田のもとに、約一千名に達する両派の鉱夫間に流血の格闘が惹起《じゃっき》している。これまでにも、こうした原因によって発生した回漢互闘の擾乱《じょうらん》は、雲南省の諸地に見られた。しかも、多くの場合、それらの暴動は深刻であった。この一八五五年の事件も、地方官が処置を誤った結果、はなはだ不穏な経過を展開するにいたったのである。すなわち、漢人系の鉱夫は大挙して回民系の鉱区を襲撃し、後者はひとまず前者を撃退したが、翌年にいたって、前者が官憲の黙認のもとに、臨安の漢人の応援を背景として再起したために、後者は南安州富門村において敗北した。ついで、南安城内の回民は鏖殺《おうさつ》された。

馬凌漢

回民大虐殺の指令

馬先の登場

さらに、楚雄府各地の回教徒も捜殺された。これに憤激した新興県の回教徒馬凌漢は、復仇のために、雲南省城の昆明以外において、漢人を殺戮《さつりく》した。そのときまで、慰撫《いぶ》すべきか、また討伐すべきかという意見の一致を示さなかった雲南省の首脳部は、ここにいたって、省城の周囲八百里以内に居住する回教徒の大虐殺の実施を指令した。かような事情から、ついに全雲南省の回民は痛憤《つうふん》の極度に達した。そこで、最初に雲南省の東部の尋甸《じんでん》などの諸県、南部の豪自などの諸地、ついで中部の鎮南や姚州《ようしゅう》や澂江《ちょうこう》などにおいて、なおまた北部の東川において、回教徒が蜂起し、まもなく、臨江や曲江の回民が馬先（一八五五没）を首領として決起した。彼らは曲江と回隴とに拠って、公然と叛旗をひるがえした。そうして、馬先はかつてメッカに巡礼したハッジ（朝観者）であり、エジプトあるいはトルコに遊学した人望のある回教徒であったために、たちまち彼は雲南省の東半部を総括するにたる勢力を把握し、彼の回民軍は二回にわたって省城に肉迫している。

（四）社汶秀の参加

雲南省の回教一揆は決して単純な運動ではなかった。それは時日の経過とともに拡大し、発展したのである。すなわち、それは有力な支持者を見出したからである。たとえば、優勢な叛軍の領袖《りょうしゅう》馬先に呼応して、雲南省の西半部の総師として崛起《くっき》したものは、大理を陥れたところの回民の推挙のもとに、一八五六年の半ばに、総統兵馬大元帥と自称した杜汶秀《とぶんしゅう》（一八七二没）である。彼はとくにスルタン・スライマーンと号し、各地の回教徒の首領に官職を授け、回教王国の建設を約し、彼自身の意図を記したアラビア文字の檄文を飛ばしている。彼がチベットのラサへ向かって送った救援要請書のなかにも、かような意図がうかがわれる。それ以来、彼の勢力は大理を中心として、しだいに南北に拡延《かくえん》し、同治帝（一八六一―一八六四在位）の治世にいたって、一八六八年には昆明を包囲し、その北方の塩井の数箇所を占領し、重要財源を奪取し、四川省との交通を遮断し、敵軍を孤立することに奔命《ほんめい》した。それゆえに、一八五六年から一八七二年にかけての十数年間に、彼が攻めおとした砦の数は、五十三箇所に達し、北は四川省の会理から、東は貴州省の興義にいたるまで、さらに雲南省のほとんど三分の二の地域は、彼の権力の前に服したのである。そうして、一八六八年に彼の軍兵が昆明を攻囲していた間に、ビルマからイギリスの貿易団は大理を訪問し、スルタン・スライマーンと通商問題を協議しようとしている。しかし、これは彼の軍務が多忙であったために実現されなかった。しかるに、その後、彼がイギリスに声援を要望したときは、かえって、イギリスは彼の要求を拒絶している。ただ彼がビルマに派遣した回教徒の隊商のみは、ビルマ人から、イギリス製やフランス製やドイツ製の武器および弾薬を購入することができた。いずれにしても、スルタン・スラマーンの立場は有利であったのである。しかも、東方の馬先もしばらくは強勢を示している。それにもかかわらずついに叛軍《はんぐん》は、清朝の奸策《かんさく》のために、清軍に投降しなければならない破目《はめ》に陥った。けっきょく、雲南省の回民の独立運動は失敗に帰したのである。すなわち、一八七三年には大理も陥落し、スルタン・スライマーンはみずからの首級と賠償金《ばいしょうきん》とを提供するという条件のもとに、籠城の回教徒の助命を要請した。もちろん、その請願はいったん許可されたが、まもなく無視されている。ここに、雲南省の回民の擾乱《じょうらん》も悲劇的結末を告げたわけである。けだし、かような動乱の敗北は、諸回教徒の領袖《りょうしゅう》の協力が具体化されなかった結果である。戦勝の局面に反して、叛乱の目的が達成されていないのは、そのためである。しかし、回民の反抗運動はこれをもって終了しなかった。なんとなれば、その余波はすでに早く陝西省《せんせいしょう》や甘粛省《かんしゅくしょう》の漢回の間に達していたからである。

（五）陝西および甘粛の回教徒

漢回の沿革

ドゥンガンの称呼の由来

纏回と漢回と回民

漢回の自覚

いうまでもなく、中国の西北角は濃厚な回教的雰囲気を構成している。しかし、陝西《せんせい》、甘粛《かんしゅく》、寧夏《ねいか》、青海の諸省の回教徒の主体は、いわゆる漢回である。漢回はドゥンガン（東干）ともいわれる。もともと、このドゥンガンはトルコ語であり、「改宗者」を意味する。けだし、ドゥンガンは東トルキスタンすなはち新疆省《しんきょうしょう》のトルコ系の回教徒が、彼らと隣接しつつも、すこぶる中国化した混血の準トルコ系の回教帰依者に対してあたえた名称であると考えられている。事実、前者はみずからをはっきりと後者から区別したのである。したがって、中国人もまた前者を纏回《てんかい》（纏頭回）と呼び、後者を漢回（漢装回）と名づけたわけであった。しかも、中国の回教徒も彼ら自身を回民として認識し、いつかこの漢回とは別な立場を主張するにいたったようである。かような漢回の集団的意識の明確化は、だいたい嘉慶帝《かけいてい》（一七九六―一八二〇在位）の前後であろう。なんとなれば、このころ、清朝の辺境政策の実施によって、おびただしい中国人が移民運動を開始し、いわゆる回民の多くもこれに参加していた結果、漢回は彼ら自身の社会的地位を確保しなければならなかったからであった。すなわち、漢回は一方には隣接の纏回《てんかい》に対して、他方には新来の回民に対して、みずからの教友的武装を要求されたわけである。この事情のもとに漢回はしだいにある種族的精神を強調し、彼らの団結を強化していったのである。いずれにしても、漢回は早くから特殊な回教徒としての境遇を自覚し、彼ら自身の楽土の建設を夢想し、あらゆる機会にその実現を計画している。

（六）西北角における漢回の蜂起

甘州の回教徒の動揺

丁国棟および米喇印の叛乱

丁国棟の再起

姜瓖の謀叛

諸漢回首領の蜂起

中国の西北角においても、すでに順治帝の初世、くわしくいえば一六四八年に、甘粛省の甘州の漢回である丁国棟《ていこくとう》（一六四九没）および米喇印（一六四八没）は、明朝の遺族である延長王朱識鋅（一六四八没）を奉じ、反清復明を名として叛旗を掲げている。しかし、この動乱が失敗したために、ふたたび丁国棟、その他はハミの回教徒の首領（回王）の子土倫泰を仰載《ぎょうさい》して、嘉峪関の内外にわたって漢回を糾合し、反抗の戦線を展開し、粛州や甘州や涼州などを席巻した。さらに、一八四九年には、姜瓖が山西省の大同において独立を宣言し、丁国棟の徒党と相呼応しつつ、活動するにいたった。不幸にも、やがてこれらの謀叛はいずれも清軍のために打ち破られた。しかし、中国の西北辺境の回教徒は決して失望することなく、再起の日を待機していたのである。あたかも、一八六二年に陝西省の渭南、大茘、萃州などの回漢相互間に、たまたま、格闘と双殺と焚掠《ふんりゃく》とが行なわれた。この不穏な形勢は雲南省の擾乱《じょうらん》を背景として悪化し、たちまち諸方面に影響した。

陝西方面

たとえば、陝西省においては、赫明堂《かくめいどう》、馬世賢、馬四元、馬政和、白彦虎、その他などの漢回の頭目が、それぞれ大茘の王閣村や羌白鎮や橋店、また渭南の禹家荘や倉頭渡、また咸陽の蘇家溝などを根拠地として蜂起した。

甘粛方面

さらに、甘粛省においては、馬化漋《ばかりゅう》、馬彦龍《ばげんりゅう》、馬占鼇《ばせんごう》、馬文禄《ばぶんろく》、その他などの漢回の首領が、それぞれ金積堡、寧夏《ねいか》、薫志原、粛州、狄道《てきどう》などを本営地として起立した。

馬化漋

とりわけ、有力であったものは、寧夏省の金積堡を本部とした馬化漋（一八七一没）であった。彼は河州の漢回であり、乾隆帝の治世に回教の新派を創始したために迫害されたところの馬明心の遺志を継承し、兵馬大元帥と自称し、百官を制定し、一百数十箇所の砦柵《さいさく》を構築し、天険の地利を活用しつつ、清朝の討伐軍に応戦した。しかも、この際、北京や天津や張家口などの回教徒の商人も、彼のために清朝の軍機を密告している。それゆえに、清朝の軍兵は馬化漋の威勢をたやすく打破するわけにはゆかなかった。それにもかかわらず、陝西省《せんせいしょう》および甘粛省《かんしゅくしょう》の漢回の動乱は、一八七三年にいたって、馬文禄《ばぶんろく》が粛州において敗戦し、白彦虎《はくげんこ》がそのころカシュガリアの回教政権を掌握していたヤクブ・ベグのもとに亡命したとき、閉幕するにいたったのである。なんとなれば、陝西省および甘粛省の擾乱《じょうらん》も、雲南省の場合と同様に、叛徒間の緊密な連繫が欠如し、共同の工作が未熟であった結果、ついに、清朝軍の個別的攻撃の前に潰滅《かいめつ》したのである。かような漢回の運動を掃蕩《そうとう》した討将こそ、左宗棠《さそうとう》（一八八五没）にほかならなかった。しかも、左宗棠は漢回の再起を防止しようとして、徹底的粉砕の姿勢をもって、叛乱分子を一掃している。漢回が無惨な待遇を受けたのも、まことにこのためである。

東トルキスタンの回教調
纏回
清朝の東トルキスタン政策
東トルキスタンの官制

（七）東トルキスタンの回教徒問題

東トルキスタンの回教徒に対する清帝国の態度は、おのずから雲南省、その他の諸地の場合とは相異している。なんとなれば、東トルキスタンは中国の西北角の突端として、既述のように、早くから強度の回教化が実現され、またこの地域の回教徒の大部分はトルコ系の纏回《てんかい》をもって構成されていたからである。そこで、乾隆帝が一七五〇年および一七五九年の両度にわたって、東トルキスタンの征討を敢行し、越えて一七六〇年にいたって、その領土権を確保したとき、彼は纏回に対して、とりわけ、慎重に配慮しないわけにはゆかなかった。それは纏回の屯居地《とんきょち》としての回疆、すなわち天山南路部において、清朝がトルコ族に向かって懐柔《かいじゅう》のかたわら、牽制《けんせい》を実施した点から、はっきりと察知《さっち》されるにちがいない。それゆえに、まず清帝国の版図に加えられた回疆《かいきょう》においては、カシュガルに

イリ将軍

回官

回王

参賛大臣《さんさんだいじん》が置かれた。この参賛大臣《さんさんだいじん》にはカシュガル、ヤルカンド、ヤンギシャフル、ホータンの西四城と、ウッシ、アクス、クチャ、ピチャンの東四城との統轄権限があたえられていた。さうして、これらの八城のうち、大城には弁事大臣、また小城に領隊大臣が設けられた。そのほか、回疆《かいきょう》の東部の門戸であるハミ、トルファン、カラシャールにもまた、弁事大臣ないし領隊大臣が配された。かような諸官はいずれも天山北路部の場合と同様に、イリ（伊犁）将軍の節制を受けるべきであった。また、イリ将軍以下の諸官には、ことごとく満州人が任命されたが、他方では旧制が尊重され、上掲の漢城の管轄権が承認されている、五ないし二十箇所の各回城に、長官としてハキム・ベグ、また副官としてイシク・アガ・ベグを配置され、さらに彼らのもとには多数の下級回官が制定された。そうして、回城は数区に分かち、区長をミフラグ・ベグと称した。これらのすべての回官は土着の回教徒から選ばれた。とくに、ハミとトルファンとにおいては、世襲の回王が認められた。ただし、アホン（阿衡）は政治に関与することを禁ぜられていた。

なお、参賛大臣などの満州系の高官は、ただ軍務を司掌《ししょう》し、諸回官の治績を監督するにとどめしめた。こうした官制は光緒帝（一八七四―一九〇八在位）のときに省制が施行されて以来、いいかえれば一八八四年以降、あらゆる回官が撤廃され、回教徒の統治が内地と同じく、地方官によって管理されるまで、だいたい維持されたのである。また、兵制においても、嘉慶帝《かけいてい》の治世までは、ただ回疆《かいきょう》にかぎって、ハミやトルファンなどの回部二旗のほかに、各ハキム・ベグの率いる自衛隊の設置が許された。また、徴税も旧制に準拠して、原価の二〇分の一を収める程度に軽くした。さらに、宗旨や風習などについても、ほとんど干渉しない方針が採用された。しかしながら、清朝はその寛大な施政態度の反面においては、内地と異なって、回教徒と漢人との差別を厳重にした。また、回教徒の行動はつねに監視された。たとえば、前記のように、回城と漢城とを区別するとか、辮髪《べんぱつ》はただ上級回官や清朝に功労があったものにのみ許可するとか、回漢両者の交婚を絶対に禁止するとか、回漢間ならびに回教徒同志、ことに漢回と纏回《てんかい》との自由な交通を控制《こうせい》するとか、内地の漢回が回疆《かいきょう》に移住してアホンに就任し、回教徒の婦人と結婚することを制約することや、内地の漢人の入疆を監視するとか、回教徒の商用の貸借《たいしゃく》や通貨の使用や労銀の支払に対して制肘《せいちゅう》するとか、いろいろな回民牽制《けんせい》の手段が講じられている。それゆえに、回疆にあっては、回教徒と漢人とが対立し、かつまた纏回《てんかい》と漢回とが反目している実状こそ、清帝国にとって、むしろ望ましいところであったわけである。

（八）カシュガリアの反抗力の由来

東トルキスタンの回教徒の懸案

カシュガル汗国の沿革

ジュンガル族の攻勢

東トルキスタンはほとんど完全な回教的地域であった事情から、そこでは、回教王国の建設はすでに長い間の懸案《けんあん》となっていた。もともと、元帝国の分身としてのチャガタイ汗国は、約一世紀の生命の後に、東西に分裂し、さらにティムール帝国の支配のもとに変貌したが、その東部の故地は、しだいにカシュガル族の諸勢力を糾合《きゅうごう》し、一三九一年にカシュガル汗国として更生した。カシュガル汗国はカシュガルを主都とするカシュガリア、すなわち回疆《かいきょう》一帯を領有していた。しかし、この汗国もまもなく回教貴族の政争のるつぼと化した。ことに、政権を争奪するホジャ党はなお白山派と黒山派とに分立して暗躍した。それで、カシュガル汗国はこのころバルハシ湖畔からイリ河岸にかけて建国していたジュンガル族のために強襲され、一六七八年に打倒された。しかるに、すでにモンゴリアやチ

清朝の回疆征服

ホジャ党の反抗運動

叛乱の頻発

ベットなどにまで拓疆《たくきょう》していた清帝国は、前記のように、東トルキスタン征討に着手し、乾隆帝のとき、たちまちその号令権を確立した。それにもかかわらず、カシュガル汗国の残党としてのホジャ党は、決して清帝国に対する反抗心を放棄しなかった。なかんずく、彼らの分身である白山派は、西トルキスタンのコーカンド汗国のもとに潜伏し、その後援において、しばしば回教王国の再建を計画したのであった。しかも、回疆《かいきょう》の回教徒の多数も、清朝の支配を忌避《きひ》したために、つねに反抗運動を継続している。一七五七年におけるブラニドゥンおよびホジチャンの兄弟の叛乱、一八二〇年におけるジャハンギールの決起、一八三〇年におけるユフスの叛逆、一八四五年におけるホジャムの離反、一八五七年におけるワリ・ハンの擾乱《じょうらん》などの回教的政権の回復運動は、実にかような事情のもとに生起しているのである。したがって、回疆における回教徒の奮起的乖反《かいはん》行動は、いわゆる回部の乱として清帝国を極度に悩ましている。

回教的政権の再現運動
ヤクブ・ベグの出場
ヤクブ・ベグの周囲
馬漋
妥明

（九）ヤクブ・ベグの登場

東トルキスタンにおける回教王朝の建設運動の伝統は、既述の雲南省や陝西省《せんせいしょう》や甘粛省《かんしゅくしょう》などの回教徒の蜂起《ほうき》を背景として、コーカンド汗国の勇将ヤクブ・ベグ（一八七七没）が、ジャハンギールの子ブズルグを擁立しつつ、回疆《かいきょう》へ侵入してからこのかた、勇ましく更生したのである。とりわけ、ヤクブ・ベグの活躍は回疆の動揺状態のために、いちじるしく有利であり、たちまち回教的政権の樹立に成功している。すなわち、すでに早く一八六四年からその翌年にかけて、回疆の北部には中国の内地の動乱に乗じて、清朝に対する回教徒の不満が爆発し、クチャの漢回の指導者馬漋《ばりゅう》（一八六七没）が黒山派のラシッド・ウッディンを奉戴《ほうたい》し、漢回と纏回《てんかい》との連合政権を樹立し、カラシャールやアクスやウチュなどを占領していた。また、陝西省出身のアホンである妥明《だめい》（一八七〇没）はウルムチにおい

漢回と纏回との合同政権

ヤクブ・ベグの活躍

ヤクブ・ベグの政権の範域

て回教徒の武官索喚章の推挙によって自立し、清真王と公称しつつ、漢回政権を定立し、グチェンやマナスやトルファンなどに号令するにいたった。また、クルジャにおいても、クチャやウルムチの叛乱の情報の伝聞とともに、漢回と纏回《てんかい》との合同政権が建設されていた。これらの回教的覇者の輩立のうちに、ヤクブ・ベグは一八八五年にカシュガル人の招聘《しょうへい》に応じて登場したのである。それゆえに、ヤクブ・ベグはかような形勢を活用し、ただちに、カシュガルをはじめ、ヤンギシャール、ヤルカンド、ホータンなどを統一し、ついに、ブズルグを放逐《ほうちく》し、みずからバダウレット・ハンと宣言し、ブハラ汗国からアタリク・ガジといふ尊号をさえも拝受することとなった。そうして、彼は回教の聖法にもとづく完全な回教王国を開設する目的をもって、ホジャ党の旧領を地盤とする漢回政権の粉砕《ふんさい》を決意し、教義的不一致の理由のもとに、一八六九年および一八七二年の戦闘によって、クチャ政権ならびにウルムチ政権を潰滅《かいめつ》した。そこで、ヤクブ・ベグは東トルキスタンの大半を包含する勢力圏を獲得することができた。その当時、彼が漢人や漢回などが多数に居住しているウルムチやトルファンなどにおいても、すべての住民に削髪を要求し、纏回《てんかい》と同様の服飾を強制した事実は、まさに彼の支配権の強力性を証明しているであろう。

(一〇) ヤクブ・ベグ政権の立場

ヤクブ・ベグの建設的努力が華やかな戦歴のうちに、しだいに回教王朝として結晶しつつあったとき、意外にも、ロシアという強敵が北方から巨浪のやうに迫進してきた。そうして、ヤクブ・ベグの巨大な計画は蹂躙《じゅうりん》されるべき運命に置かれた。すなわち、かねて、乾隆帝の初期から道光帝《どうこうてい》(一八二〇―一八三一在位)の末期にいたるまでの間に、中央アジアの北辺を蚕食《さんしょく》し、同治帝のときに、西ト

ヤクブ・ベグの対策

イギリスの打算とロシアの態度

ルキスタンのコーカンド汗国、その他を併呑《へいどん》していたロシアは、国境の保全を名目として、イリに侵入した。それはイリを覬覦《きゆ》していたヤクブ・ベグが進出する危険を恐怖したロシアの先手工作にほかならなかった。しかし、早くから、この形勢を洞察していたところのヤクブ・ベグは、彼の自立後、まもなく、イギリスのインド総督に向けて使節を派遣し、一種の攻守同盟の締結によって、ロシア軍および清軍に対抗しようと提議した。もちろん、これは老獪《ろうかい》なイギリス人から拒絶された。しかるに、その後、ロシアはその南下政策をますます露骨化し、一八七一年には回疆《かいきょう》の動乱の悪影響に籍口《しゃこう》して、クルジャに侵入し、纏回《てんかい》政権を破壊した。そこで、事態の不利な展開を予想したイギリスは、回疆をインドとロシアとの緩衝地帯《かんしょうちたい》として利用しようとする打算から、ここにヤクブ・ベグの再提議を傾聴し、一八七三年に修好条約を締結し、ヤクブ・ベグ政権の独立を承認した。しかも、ヤクブ・ベグはすでに一八七一年に、オスマン帝国から独立王朝としての立場を認められていたのである。ついに、ロシアがヤクブ・ベグと通商条

ヤクブ・ベグ政権の末路

左宗棠の回疆討伐

新疆省の成立

約を結ばないわけにはゆかなかったのも、実にかような結果である。ただし、この場合、ロシアはあくまでヤクブ・ベグの独立権を否定している。いずれにしても、いまや、ヤクブ・ベグ政権は定立されてきたのであった。それにもかかわらず、ヤクブ・ベグはなおいまだ回疆の北部における回教徒系の諸政権と抗争しなければならなかった。したがって、長期におよぶ戦闘の結果としての荒廃地区の拡大ならびに戦費の増加は、彼をして重税を徴収せしめるにいたった。しかし、これは彼から人々を離反せしめた。彼のもとを脱出する軍兵も、決して少なくなかった。それゆえに、一八七五年に光緒帝《こうちょてい》が左宗棠《さそうとう》を派遣し、ヤクブ・ベグを誅伐《ちゅうばつ》したとき、すでに回教徒の意気は消耗していた。それで、ヤクブ・ベグも左宗棠の出馬と攻勢とによって、彼自身の悲運を諦観《ていかん》しつつ、一八七七年に、みずから毒を仰いで自殺したのであった。この左宗棠がロシアの予想に反して、回教徒の叛乱を鎮圧し、一八八一年に新しくイリ条約が実現し、一八八四年に東トルキスタンが新疆省の名のもとに、清帝国の領土として新生したのも、まさにその帰結である。

清政権の動揺
白蓮教徒の乱
ヨーロッパ列強の強圧

（一一）清帝国の衰滅

清帝国は第十九世紀前後から、早くも衰退の徴向《ちょうこう》を示しはじめている。すなわち、回教徒の叛乱を鎮圧しえた清朝も、さらにいっそう重大な幾多の禍乱《からん》によって動揺せしめられた。たとえば、一七九六年から一八〇四年にかけて猖獗《しょうけつ》した大規模な白蓮教徒の禍乱《からん》は、清政権衰運の端緒《たんしょ》であった。そうして、このころから、清朝の国内的形勢はしだいに悪化し、漢族の不信と排満興漢思想とを培養《ばいよう》するにいたった。しかも、清帝国の勢力は外患《がいかん》によって減殺《げんさい》された。なんとなれば、すでにアジア経略を積極化しつつあったヨーロッパ列強、とくにイギリスやフランスやロシアなどは、中国という膨大な市場を放置しなかったからである。その結果、一八三九年から一八四二年にいたる阿片戦争に続く清朝の屈辱的経歴は、近代文化の流入と経済生活の異変とのうちに、中国独尊《どくそん》思想を打破した。しかも、

太平天国の乱
近代化への道
清朝の窮境
日清戦争
義和団匪事件
日露戦争
日韓併合
辛亥革命
回教徒の解放への方向

一八五〇年から一八六四年におよぶ太平天国の大乱によって威信を喪失した清朝は、南辺からイギリスならびにフランスによって圧迫され、また北境からロシアによって蚕食《さんしょく》された。たとい同治帝のとき、庶政《しょせい》の改新とともに、清朝の中興運動が企《くわだ》てられ、ヨーロッパ文化の採用によって、近代化への道が開かれつつあったとはいえ、けっきょく、ヨーロッパ列強の資本主義的侵入は日を遂《お》って進められ、中国は半植民地化への方向に追われた。それのみでなく、清朝は日本の台頭のために狼狽《ろうばい》し、一八九四年からその翌年にかけての日清戦争によって敗北した。それ以降の清帝国はまったく没落の歴史をたどり、一九〇〇年の義和団匪事件、一九〇四年からその翌年にいたる日露戦争、一九一〇年の日韓併合、その他の事変の経過のうちに窮境《きゅうきょう》に陥った。それで、一九一一年における辛亥革命による再建工作も、清帝国の運命を好転するよりも前に、むしろ悪化した。まことに、ヨーロッパ列強と応接しつつ、独立国家的地位を保持しようとした清朝の近代化への道は、悲劇的結末を導いたのである。しかし、回教徒の場合は、ともすれば被圧

清帝国の滅亡
袁世凱
宣統帝

服者的境遇に置かれていた事情から、この清朝の没落的気運は、別の意味において考えられなければならない。ことに、清朝のもとに、中国の回教は漢文化と混淆し、いわゆる東回教的異彩を加味し、特異な回教徒の生活を育成していたのである。したがって、叛乱を提起するまでに、社会的勢力として表面化してきた回教徒は、漢族の近代化の過程において、むしろ、みずからの独特の地位を獲得してきた。いいかえれば、彼らは彼ら自身を浮びあがらせる解放の道を見出したのであった。けだし、清帝国の運命と回教徒の動向とは、かならずしも同一の軌道にはなかったといえる。しかし、回教徒は一九一二年に清帝国が袁世凱《えんせいがい》（一九一三―一九一六在任）の辣腕《らつわん》によって操られた宣統帝《せんとうてい》（一九一一―一九一二在位）を最後として転落した後、はたして、革命派の国民政府のもとに、新空気を吸収したであろうか。

Hegemony of Ottoman Empire

第十二章 オスマン帝国の覇権

オスマン帝国の発祥―バルカンへの進出―オスマン帝国の極盛―制度と文化―オスマン帝国の衰勢―外患と再建的努力―ロシア・トルコ戦役の前後―青年トルコ党の結成―オスマン帝国の崩落

オスマン帝国の意義
オスマン族の発祥
回教への改宗

(一) オスマン帝国の発祥

オスマン帝国はサラセン帝国およびセルジューク帝国に代わって、回教圏の大部分を統一し、ふたたびアッラーの信仰を昂揚《こうよう》し、さらにキリスト教圏としてのヨーロッパへ進出し、バルカンの回教化を実行し、およそ六百年間、近東に雄飛し、回教徒の再生的発展を実現したところの巨大な回教国家である。このオスマン帝国の建設者は、オグズ族、すなわちグッズ族の分派としてのトルコマン系に属するトルコ族であり、他のトルコ系の諸族のように、中央アジアに発祥している。そうして、彼らは彼らの祖先の名にちなんで、オスマン族と呼ばれる。かつて外教徒であったオスマン族は、早く第十世紀の前半において、彼らの種族的統一ならびに隣接諸族との交易などの必要から、そのころ、中央アジアに浸透していた回教へ改宗している。したがって、世界史におけるオスマン族の最初の姿は、回

西方転住
エルトゥウルル
オスマン帝国の建業
オスマン一世

教徒化した遊牧民として立っている。しかし、彼らがモンゴル族の圧迫を逃避しつつ、彼らの遊牧的生命線の開展《かいてん》のために、セルジューク帝国、その他の回教的勢力の間隙《かんげき》を逆用し、トルキスタンから西方への転住《てんじゅう》を敢行し、ついに彼らの族長エルトゥウルル（一二八八没）の指導のもとに、アジアの西端のアナドルにおいて、彼らの定着的地歩を確保するにいたったのは、実に第十三世紀の前半のことであった。まことに、これは彼らが遊牧生活から定住生活への転向を意味する。なんとなれば、エルトゥウルルはもともとただルーム・セルジューク朝の北境守備隊長にすぎなかったが、彼の子オスマンは諸侯割拠の状勢を利用し、一二九九年に自立し、サカリヤ河畔において、建国の大業を具体化したからである。このオスマンこそオスマン帝国の最初のスルタンであるオスマン一世（一二九九—一三二六在位）にほかならない。そうして、その国家がオスマン帝国と呼ばれ、その国人がオスマン族と称えられ、その国語がオスマン語といわれているのも、ここに由来しているのである。

オスマン帝国の膨張の契機

オルハン一世

ムラット一世

バヤズィット一世

（二）バルカンへの進出

オスマン帝国の膨張の契機は、あたかも分散しようとしていた回教圏を復興するために、回教的勢力の確執に関与することなく、もっぱら西方への発展を企図したところに認められる。すなわち、オスマン帝国はまず老朽《ろうきゅう》の東ローマ帝国の侵触に着手し、オルハン一世（一三二六—一三五九在位）のときに、ブルサを占領し、ついでゲリボル（ガリポリ）に上陸し、バルカンに侵入する足場を獲得した。彼の子ムラット一世（一三五九—一三八九在位）はエディルネ（アドリアノープル）を攻略し、東ローマ帝国の首府であったコンスタンティノープルに肉迫した。かようなオスマン族の進撃に驚愕《きょうがく》したヨーロッパ諸国は、新しく十字軍的連合軍を編成したが、一三六三年のマリッツァの戦闘、ならびに一三八九年のコソボの会戦において敗戦しなければならなかった。ことに、バヤズィット一世（一三八九

アンカラの会戦

一時的動乱

メフメット二世

コンスタンティノープルの陥落

ビザンティン文化の褪色

―一四〇三在位）はキリスト教徒の連盟軍を一三九六年にニコポリにおいて撃破し、オスマン族の威勢をバルカンに扶植《ふしょく》した。もちろん、ヨーロッパにおいては成功したバヤズィット一世も、前述のように、アジアにおいては、その当時西進してきたティムールと一四〇二年にアンカラを舞台として対戦し、敗北している。その結果、敗残のオスマン帝国も一時はまったく混乱し、王位継承戦役による十年間の分裂期を現出した。しかるに、オスマン族はその後の英明な諸スルタンの努力によって復活し、ついにメフメット二世（一四五一―一四八一在位）の治世において、周到な作戦計画のもとに、一四五三年にコンスタンティノープルを略取し、東ローマ帝国の命脈を切断した。これは実に回教徒の多年の宿望《しゅくぼう》の解決にほかならなかった。なんとなれば、コンスタンティノープルの占領は東西両洋の咽喉《いんこう》の制圧であり、ビザンティン的伝統の破壊であったからである。コンスタンティノープルがイスタンブールというトルコ名に置き換えられたのも、このとき以来のことに属する。そうして、アヤ・ソフィアの回教寺院的改造によって象徴されているように、ギリシャ正教的文化は回教的色彩をもって改装されてゆくのである。

（三）オスマン帝国の極盛

オスマン帝国の拓疆

セリム一世

マムルーク朝の圧服

バルカンの覇権を完成したオスマン帝国は、その後回教圏の宗主権の確保に向かって邁進《まいしん》した。すなわち、セリム一世（一五一二—一五二〇在位）は一五一四年にタブリーズを劫略《ごうりゃく》して、イランを威圧するとともに、一五一七年にアイユーブ朝の没落からこのかた、エジプトの支配権を掌握していたトルコ系のマムルーク朝（前期、一二五〇—一三九〇存続、後期、一三九〇—一五一七存続）を併合した。しかも、彼は同年にアラビア族からカリフ権を剥奪し、回教圏の制覇を具現した。このとき以来、オスマン帝国の君主としてのスルタンは、堂々とカリフ

スレイマン一世
ウィーン進撃
黄金時代の形勢
海軍力
ソコルル・パシャ

となる資格を獲得し、いわゆるスルタン・カリフ制度を樹立したわけである。ついで、スレイマン一世（一五二〇―一五六六在位）は十三回におよぶ親征《しんせい》において、武威《ぶい》を誇示し、たとい一五二九年のウィーン攻囲を失敗したとはいえ、ハンガリアを蚕食《さんしょく》し、ドイツ皇帝を威嚇《いかく》し、フランス王を制肘《せいちゅう》し、ヨーロッパ人を脅迫したほど、強気であった。それのみでなく、彼はイラクを割取《かっしゅ》し、リビアやアルジェリアを帰服した。ことに、彼がインド洋および地中海において、オスマン帝国の海軍をして最大限度の能力を発揮せしめ、その当時、海外に跳躍《ちょうやく》しつつあったスペイン人やポルトガル人と抗争せしめたのは、実にこのときのことである。それゆえに、オスマン帝国はいまや名実ともに黄金時代を迎え、世界を驚倒《きょうとう》しえたのであった。スレイマン一世がオスマン帝国の最大のスルタンといわれるのも、このためである。このスレイマン一世の後の時代が、たとい名君を奉戴《ほうたい》しなかったとはいえ、オスマン族が名将ソコルル・パシャ（一五七八没）の指令のもとに、イエメン、チュニジア、キプロスなどを征服し、ヴェニスを強圧しえた

巨大な版図

領域と人民

回教徒

異教徒

オスマン帝国の禍根

のも、かような極盛《きょくせい》期の余勢を物語るものである。実際、このころのオスマン帝国の国家的威容は、アジア、アフリカ、ヨーロッパにまたがる約六百万平方キロメートルの領土のうえに、約六千万人の人民を抱いている。しかし、スルタンの治下における回教徒は四千万人に達し、ただにオスマン族のほかに、トルコマン、アゼリ、クリム、その他の各派のトルコ人をはじめ、アラビア人、クルド人、イラン人、アルバニア人、エジプト人、ベルベル人などを含んでいたのみでなく、なおまた非回教徒は約二千万人を数え、キリスト教徒の諸派としてのギリシャ人、ブルガリア人、ルーマニア人、セルビア人、スラブ人、マジャール人、ハンガリー人、アルメニア人、その他、さらに少数のユダヤ教徒ならびに雑教徒を混《まじ》えていた。こうした国内的複雑性のうちにこそ、オスマン帝国の宗教的また人種的禍根《かこん》が横たわっていたのである。それがこの後オスマン帝国の脆弱《ぜいじゃく》を導く難問として、スルタンを苦しめているのは、いうまでもない。それにもかかわらず、この前後におけるオスマン帝国は回教圏を代表するトルコ的威力として君臨している。

（四）制度と文化

オスマン帝国の文化的特色

法律

中央政府

大臣官房

新軍長

外務と内官

もちろん、オスマン帝国の成長は、英邁な君主の献身によって、制度と文化とにおいても顕現《けんげん》されたのである。ただ、この場合、東ローマ帝国の先進文化は、当然、トルコ文化に新要素を付加し、そこにおのずから異なった国際的文物を生産している。たとえば、オスマン帝国は回教圏に共通な聖法《せいほう》（シェリアト）のほかに、普通法（カヌン）を制定し、時代と場所との相違による補遺《ほい》的法律を編纂《へんさん》したのである。また、中央政府は天幕の四柱を象徴する四大官、すなわち宰相（ヴェジル）、法務官（カザスケル）、財務官（デフテルダル）、掌璽官《しょうじかん》（ニシャンジ）によって組織された。宰相は国政会議（ディワン）を主催した。しかも、法務官や財務官はルーメリとアナドルなどの各地方にそれぞれ派遣された。これらのほかに、中央当局にはイェニチェリ（新軍）長官以下の武官からなる外官、さらに宮中に

地方行政
封土
軍隊
教育制度
喜捨財団

奉仕する内官が存在した。地方制度としては、全国土は州（ヴィヤレット）およびその分区としての郡（サンジャック）に区画され、それぞれベイレル・ベイとベイとが長官として任命せられた。実に、メフメット二世の治世においてはわずかに七十余郡にすぎなかった分区は、スレイマン一世の時代においては、数百郡にまで達している。文武の諸朝臣は彼らの身分に応じて、封土《ほうど》を給与され、年貢高に相応した武装騎兵の供給を義務として規定されていた。その結果、オスマン帝国は藩兵としての約二万八千名とともに、洗城《せんじょう》専門兵として約四万名、イェニチェリ兵としての約一万二千名、その他、総数約十二万八千四百名の軍隊を擁していたのである。また、教育制度は宗教的に制定された。すなわち、各学校は回教寺院付属の公共的施設として、喜捨《きしゃ》財団（エヴカフ）によって設立された。初等教育には小学林（メクテップ）、高等教育には高等学林（マドラサ）が存在した。それのみでなく、メフメット寺院およびスレイマニエ寺院には大学林（マドラサ・アーリイェ）さえも存在した。そうして、高等学林を卒業した神学および法学の

ウラマー群

文学

ユヌス・エムレ

ヤジディザデ

フィズィリ

バキ

建築

アヤ・ソフィア寺院

スィナン

スレイマニエ寺院

秀才は、ウラマー（学者）として特殊階級を構成し、広汎《こうはん》な特権を保有しつつ、法官、その他の重要な地位を壟断《ろうだん》して、政治的に活躍するにいたったのである。

なお、文芸はきわめて初期においては素朴な民衆文芸以上に発達していなかった。代表的詩人としては、ユヌス・エムレ（一三〇八没）やヤジディザデ（一四五一没）などが現れている。その後、しだいに貴族文学が作成され、第十世紀にはトルコ文学の開花時代が現出した。情熱詩人フィズィリ（一五五六没）と挽歌詩人バキ（一六〇〇没）とは、その最高峰を表しているのである。また、ブルサのウル寺院（一五五五建立）やイェシル寺院（一六六〇建立）などの回教寺廟によって示された建築技法は、イスタンブールのアヤ・ソフィアの回教殿堂の新装においていよいよ輝やかされた。しかしながら、オスマン帝国の建築界は巨匠スィナン（一五七九没）の出現によってとりわけ活発となり、エディルネのセリミエ寺院（一五六四建立）をはじめ、前記のイスタンブールのスレイマニエ寺院、その他などの回教寺院の傑作を建造しているのである。それゆえに、こうした建築の伝統こそ、ついに、既述のアフメット寺院のような絢爛《けんらん》な回教伽藍を産み出したわけであろう。

アフメット寺院

（五）オスマン帝国の衰勢

衰退の要因

内憂

一時は東西の関門を扼《やく》して、四隣《しりん》を睥睨《へいげい》したオスマン帝国も、スレイマン一世の繁栄を頂点として、しだいに衰弱しはじめた。凡庸《ぼんよう》なスルタンが相ついで即位し、政治の実権は朝臣の掌中《しょうちゅう》に移行した。そうして、後宮の権力は増大した。それのみでなく、賄賂《わいろ》が横行し、買官の悪弊《あくへい》が流行した。しかも、腐蝕《ふしょく》してきたオスマン帝国はイェニチェリ兵の横暴と教役者の跋扈《ばっこ》とのために、ますます困惑した。さらに、かような内憂を利用して、アルジェリア、チュニジア、リビア、ク

属領離脱の傾向

メフメット
ファズィル・アフメット
オーストリアの圧迫
カルロヴィッツ和約
パッサロヴィッツ和約
ベオグラード和約

ルディスタン、イラク、シリア、アラビアなどの諸属領は半独立的地位を再現しつつあった。この実情はヨーロッパ列強の東進力がオスマン帝国の辺域に向かって逆襲してきた外憂《がいゆう》のために、いちじるしく悪化するにいたった。すなわち、ヨーロッパ諸国の圧迫は、賢明な宰相キョプリュリュ家のメフメット（一六六一没）ならびにファズィル・アフメット（一六七六没）の独裁的改革の時代が終結するとともに、加速度的に進行している。たとえば、オーストリアはハンガリーおよびトランシルバニアを奪還しようとして、一五九六年にケレステズの対戦を挑み、最初の勝利を掴《つか》んで以来、たちまち攻勢に転じた。その結果、オスマン帝国は一六八三年における第二回のウィーン包囲攻撃に失敗したとき、ついに一六九九年のカルロヴィッツ和約によって、ハンガリーおよびトランシルバニアを喪失するにいたった。しかも、バルカンにおけるオスマン族の後退は、一七一八年のパッサロヴィッツ和約、ならびに一七三九年のベオグラード和約による第二ないし第三の退却の運命を連続しなければならなかった。それにもかかわらず、そのころ、

アフメット三世
チューリップ時代
ネディム
印刷術の発達

オスマン帝国がアフメット三世（一七〇三—一七三〇在位）の治世を中心として、チューリップ時代（ラーレ・デブリ）と呼ばれる絢爛《けんらん》な文化の発現期を経験しているのは、はなはだ皮肉である。そこには典雅な建築美術が構成され、詩人ネディム（一七三〇没）の甘美な詩歌が愛誦《あいしょう》された。ことに、この時代はヨーロッパ文化の輸入によって、回教文化のうちに、一脈の新鮮味を織りこんでいる。したがって、このトルコ文化の再生期に最初のトルコ的印刷が具体化されているのも、決して偶然ではない。しかしながら、このチューリップ時代の繁華も、けっきょく、ただ束のまの開花にすぎなかった。なんとなれば、迫進してきたヨーロッパ的勢力は、オスマン帝国の前途の希望を粉砕《ふんさい》してしまったからである。

ロシアの圧迫
カザン汗国
ピョートル一世
キュチュク・カイナルジ条約
クリム汗国

（六）外患と再建的勢力

チューリップ時代の文化的耀光《ようこう》は、いま、新しくオスマン帝国に向かって魔手を延ばしてきたところの強敵ロシアの進出によって、しだいに消失してゆく。ロシアはイワン三世（一三六二―一三九八在位）のときに、キプチャク汗国から独立し、すでに早くイワン四世（一五三三―一五八四在位）の治世にいたって、カザン汗国（一四九三―一五五二存続）、その他の諸汗国を圧倒して有力化していた。ついで、ピョートル一世（一六八二―一七二五在位）は黒海から地中海への通路を希求《ききゅう》して、オスマン帝国への侵略を開始した。その後、一七六八年にポーランドの叛徒を追撃しつつ、オスマン帝国に侵入したロシア軍は、トルコ軍を強圧し、ついに、一七七四年のキュチュク・カイナルジ条約によって、クリミアの独立とドナウ河畔の諸地の保護権とを獲得することに成功した。越えて、ロシアはクリ

ロシアとトルコとの交戦
ヨーロッパ列強の圧力
ブカレスト条約
ムハンマド・アリー
分解的諸事変
内政の腐敗

ム汗国（一四二〇—一七八三存続）の併合にまつわる事件から、一七八四年にトルコ戦役を誘発し、一七九二年のヤッシー条約において、ドニエストル河以北の地域を奪取した。かように、オスマン帝国はロシアによって翻弄《ほんろう》されると同時に、イギリス、フランス、オランダなどの諸国によって操縦された。しかも、第十九世紀の初頭以来、ヨーロッパ列強は聖地エルサレムの霊蹟《れいせき》管理権の問題、キリスト教徒の処分の宿題、その他を口実として、オスマン帝国における非回教徒の解放を煽動《せんどう》している。そこで、一八一二年のブカレスト条約によるベッサラビアの紛失以降のオスマン帝国は、一八二九年におけるギリシャ人の独立運動の完成、同年におけるセルビア人の自治権の獲得、これと並起したルーマニア人の分離運動の結実、一八〇五年におけるムハンマド・アリー（一八〇五—一八四八在位）の自立によるエジプトの乖離《かいり》行動の奏効《そうこう》などの分解現象を目撃しなければならなかった。かつ、外患の深化にもかかわらず、オスマン帝国における宮廷生活の紊乱《びんらん》、官僚主義の腐敗、時代錯誤のウラマーの跳梁《ちょうりょう》、近衛軍としてのイェニチェ

マフムット二世
アブドュルメジット
アブドュルアジズ

タンジマートと革新政治

リ兵の暴挙などによる内憂は、スルタン政治の危機をさえも招致《しょうち》した。それゆえに、マフムット二世（一八〇八―一八三九在位）からアブドュルメジット（一八三九―一八六一在位）を経て、アブドュルアジズ（一八六一―一八七六在位）にかけての時代に、いわゆる「タンジマート（革新）」として知られているオスマン帝国の再生工作が強行されるにいたった。しかし、一八三九年の勅令によって、人民の生命財産の保証、郡県制度の実施、その他の革新政治のもとに、統一国家化を実現しようとしたスルタンの懸命な努力も、オスマン帝国の病状を治癒しえなかったのである。

クリミア戦役
ロシア・トルコ戦役
ベルリン条約

（七）ロシア・トルコ戦役の前後

しだいに悪化したオスマン帝国の窮境《きゅうきょう》は、ついに救済の日をもたなかった。なんとなれば、一八五四年に勃発したクリミア戦役は、セバストポールの激戦を経て、たとい一八五六年のパリ条約によっていちおう解決したとはいえ、スルタンの繰り人形的立場を曝露《ばくろ》し、その後、ドナウ河方面の険悪化にともなって、オスマン帝国の受身的姿勢をいよいよ表面化した。そうして、いわゆる近東問題が紛糾するにしたがって、オスマン帝国は一八七七年からその翌年にかけて、ついに、ブルガリア人虐殺問題を契機とするロシア・トルコ戦役を経験しなければならなかった。しかも、プレブナにおけるオスマン・パシャ（一九〇〇没）の異常な奮闘にもかかわらず、オスマン帝国は敗北の悲運に遭遇した。その結果、たといオスマン帝国の分割を企図したロシアのサン・ステファノ条約は、一八七八年のベ

恐怖政治
アブドュル
ハミット二世
ミドハト・パシャ

ルリン条約によって、訂正《ていせい》されたとはいえ、スルタンはルーマニア、セルビア、モンテネグロなどの完全な独立を承認し、ブルガリアの自立を許容し、ギリシャの拡大を肯定し、ロシアにベッサラヴィアならびにアルメニアを譲渡し、オーストリアのボスニアおよびヘルツェゴビナの占有を承諾し、イギリスにキプロスを提供する条件を強要されたのであった。まさに、オスマン帝国はロシア・トルコ戦役によって、ヨーロッパにおける地盤の極度の縮小を黙認しないわけにはゆかなかったわけである。それのみでなく、この当時、スルタンとして君臨していたアブドュルハミット二世（一八七六―一九〇九在位）は暴君的専制主義者であり、有為な宰相ミドハト・パシャ（一八八三没）の起草にかかる近代的自由思想の憲法を発布したにもかかわらず、たちまち立憲主義を無視し、議会を解散し、愛国運動を弾圧し、人民の自由を否認し、恐怖政治を強行した。それゆえに、オスマン帝国の国勢は財源の涸渇《こかつ》と暴政の施行とのうちに、いたずらに沈衰《ちんすい》したのである。

（八）青年トルコ党の結成

オスマン帝国の窮境とヨーロッパ資本の進出

青年トルコ党の成長 愛国運動の発展

アブドュルハミット二世による密偵と検閲との恐怖時代は、ヨーロッパ列強の帝国主義的躍進とともに、オスマン帝国の国際的地位を急激に転落せしめた。オスマン帝国が財政的破綻の結果、ヨーロッパ諸国の資本家団の好餌《こうじ》と化したのも、この治世のことである。もしこの臨終的呼吸の救済が廟堂の覚醒に期待しえないとすれば、オスマン族の奮起に依頼するよりほかに道もないであろう。オスマン帝国の再興を要求する民族運動もまた、この理由から発生している。それはまず健全な中産階級の少壮軍人を中心として具体化され、官吏、その他の知識的青年層の支持のもとに、自由主義と立憲主義との愛国運動として表面化された。かような熱血の青年群の団結こそ、第十九世紀の中葉に文化団体として集結し、その後、政治的徒党として発展したところの青年トルコ党（ゲンチュ・チュルク）に

日露戦争の刺激

一九〇八年の革命

一九〇九年の反革命

メフメット五世

ヒルミ・パシャ

ほかならない。この青年トルコ党はスルタンの弾圧にもかかわらず、しだいに成長し、一八九四年には統一進歩委員会（テラッキ・ヴェ・イッティハット・ジェミイェッテイ）を結盟して、急進的活動を開始した。しかも、第二十世紀の初葉《しょよう》に行なわれた前述の日露戦役による日本の戦勝は、アジア人の覚醒の先例として、彼らをして革命の道へ驀進《ばくしん》せしめる刺激となっている。ついに、一九〇八年に青年トルコ党はマケドニア軍団の青年士官の掩護《えんご》を頼みつつ、スルタン即位記念日（八月三一日）をもって決起し、ミドハト・パシャの憲法の実施を要請した。そうして、流血の惨劇もなく、革命は遂行され、憲法は復活され、新内閣は組織され、議会は再開された。さらに、一九〇九年におけるアブドュルハミット二世の反革命的行動の結果は、かえって青年トルコ党の独裁権を強化した。なんとなれば、それによってアブドュルハミット二世は退位せしめられ、専制主義の暴政は閉幕せしめられたからであった。ここに、オスマン帝国はメフメット五世（一九〇九―一九一八在位）を迎え、ヒルミ・パシャ（一九一〇辞任）を首班とする内閣を建て、立憲政治の国家を築くこととなったのである。

(九) オスマン帝国の崩落

一九〇八年の革命以降、オスマン帝国の政権を左右するにいたった青年トルコ党は、たとい自由と平等とを標榜《ひょうぼう》し、民族無差別主義を主張していたとはいえ、もともと進歩と統一との名において、オスマン主義の画一政治を期待していた。しかし、これは種族と信仰と言語との錯雑《さくざつ》のるつぼにも似たオスマン帝国においては、いたずらに幻滅の悲哀を導くのみであった。そうして、彼らの政治的指導原理は、ともすれば現実の世界から遊離した。その結果、彼らはいつか民族運動としての汎トルコ主義に転向した。しかも、彼らの間における相剋《そうこく》は、時代錯誤

青年トルコ党と親ドイツ的傾向
世界大戦における立場
青年トルコ党の失敗
バルカンの戦雲

的思想を背景として深刻化し、彼らの予期の効果を現実化することを不可能ならしめた。むしろ、皮肉にも、彼らは他の系統の回教徒、たとえばアラビア人、その他に民族的自覚の機縁《きえん》をあたえる破目《はめ》に陥《おちい》った。それのみでなく、青年トルコ党員による無反省な親ドイツ的傾向は、しだいにオスマン帝国を破局に近づかしめたのである。なんとなれば、汎《はん》ゲルマン主義と汎スラブ主義とが交錯していたバルカンにおいて、彼らが東西の門戸を狙うロシアに対抗するために、ドイツ側に偏倚《へんい》して結果は、オスマン帝国をして世界大戦における敗戦国の地位に追迫《ついはく》したからである。要するに、青年トルコ党は独善的民族主義のもとに、かえって市民的勢力から分離し、農村における中世的残滓《ざんし》を駆逐《くちく》する能力を欠如していたために、バルカンの風雲が爆発の危機を誘発したとき、ついに、オスマン帝国の政治的破産を持来した。すなわち、近東に対するドイツの積極政策の実施とともに、オスマン帝国は危殆《きたい》に臨み、第二十世紀の初頭以来、イタリア・トルコ戦役、バルカン同盟の結成、両度にわたるバルカン戦役、その他の異変を経て、ひとすじに世界大戦の戦禍《せんか》への道程を進んでいった。そうして、オスマン帝国は世界大戦における敗退のために、一九二二年にメフメット六世（一九一八―一九二二在位）を最後のスルタンとして崩落したのである。

第四篇

Islamic history

The Islamic countries in World War

第十三章

世界大戦前後の回教圏

ヨーロッパ的勢力と回教圏――回教徒の敗北――近東問題の発展――中央アジアの屈服――インドの隷属――アフガニスタンとイランとの立場――アフリカの分割――バルカンの爆発――世界大戦の経緯――バルカンの戦局――アジアおよびアフリカの戦況――世界大戦の終結――講和条約と回教圏の不遇

ヨーロッパ的勢力と回教的勢力
インド航路の発見
ヨーロッパ人の侵略

（一）ヨーロッパ的勢力と回教圏

そもそも、ヨーロッパ人と回教徒との接触の歴史的過程は長い。また、両者の交流の波動はさまざまに起伏している。しかも、ヨーロッパ的勢力が回教圏へ流れこんだ姿勢は、たといかつて回教的勢力がヨーロッパに襲いかかった場合と別箇の律動とを示しているとはいえ、近世以降において、とくに活発である。実に、ポルトガル人の海外探険の気運に乗じて、バスコ・ダ・ガマ（一五二四没）がアフリカの南端を迂回するインド航路を発見した世界的事件こそ、ヨーロッパ人の回教徒に対する模索の契機にほかならなかった。けだし、これはヨーロッパ的勢力の回教圏への侵略工作の前奏曲であった。そうして、このとき以来、回教圏はまず第十六世紀においてポルトガルやスペインのために荒らされ、ついで第十七世紀にいたって、オランダについで、イギリスやフランスなどのために踏みにじられた。かつて、回教徒によって操作されていた東西貿易の特権は、たちまちキリスト教徒によって剥奪《はくだつ》された。しかも、ヨーロッパ人の重商主義的進出は、武力的後援のもとに、回教圏を蚕食《さんしょく》した。かような形勢のうちに、ヨーロッパ諸国の政治的支配権の拡大と経済的浸潤《しんじゅん》の進捗《しんちょく》とは、しばしば回教圏において、回教徒自身の悲劇を展開した。それは回教徒の生活的激変が惹起《じゃっき》せしめられたからであった。とりわけ、第十九世紀にいたって、ヨーロッパから発達した産業革命の波紋《はもん》は、こうした変化をいちじるしく促進し、回教徒の生活態を根本的に転換した。すなわち、有効な機械力の使用、大規模な会社の開設、急速な運輸線の確立、新しい資源の開発などの諸計画を実現したヨーロッパ列強は、新局面の開拓に対応しつつ、秘実を死蔵《しぞう》していた回教圏に向かって突進し、回教徒を彼らの政治的野心と経済的欲求との犠牲者として翻弄《ほんろう》したのである。

（二）回教徒の敗北

回教徒の無力

恐るべきヨーロッパ列強の積極的進撃に対して、回教徒は彼らの中世的伝統のうちに沈酔《ちんすい》し、毅然として抵抗する膂力《りょりょく》を発見しえなかった。事実、素朴な農作方法、粗放《そほう》な牧畜、手工業による生産様式、未発達の資力、その他の不利な諸条件のもとに、回教徒はみずからの信仰と土地と宝庫とを守らなければならなかった。したがって、回教圏はヨーロッパ人の企業的精神にとって、すこぶる有望な植民地的客体であった。

ヨーロッパ資本主義の侵入

ヨーロッパ人の資本は大規模に投下された。さらに、ヨーロッパ製の商品は多量に搬入された。その代わりに、回教圏の資源はたちまちヨーロッパに移出されたのであった。けっきょく、資本主義的経済力の拡張を熱烈に追求したヨーロッパ列強は、回教徒の幼稚な産業力を黙殺しつつ、たやすく回教圏の植民地化を実行することができたのである。

植民地化

それと同時に、回教圏において

イギリス、ロシア、フランス、ドイツ、アメリカの進出

回教圏の疲弊と衰弱

日本の台頭

ヨーロッパ諸国の争奪戦が開始された。ことに、それは産業革命の波及とともに、大量生産の商品の販路、過剰人口のはけ口、資本の輸出地、原料資源の獲得地、軍事また交通の要地などに対する欲求が強調され、資本主義が独占的段階に進行するにつれて、領土獲得運動として、いよいよ激化された。第十九世紀以降、かような国際的競争を展開しつつ、回教圏の経略者《けいりゃくしゃ》として活躍したヨーロッパ列強は、イギリスとロシアとフランスとであった。しかし、第十九世紀の末期から、ドイツもこの争覇戦に参加し、続いてアメリカもまたこの競争場に顕現《けんげん》した。こうしたヨーロッパ的勢力の迫進のために、回教徒は各方面から強圧を蒙《こうむ》り、不運な敗北的軌道をたどり、近東問題の紛糾化、インドの植民地化の完了、中央アジアおよび西アジアの屈辱、アフリカの分割、バルカン問題の醗酵《はっこう》などの諸現象のうちに、ますます疲弊の度を加え、世界大戦の前夜において、ほとんど窒息状態に陥った。日本がアジア人の覚醒的躍進の先例を提示しつつ、世界の正義の確立を目指して、東アジアの一角から崛起《くっき》したのも、実に、回教徒の悲境が深刻化し

たときである。

（三）近東問題の発展

近東問題の展開とオスマン帝国

近東問題の意味

ムハンマド・アリーの自立

もちろん、回教圏の窮地を打開すべき責任は、第十六世紀の初頭以降、回教徒の宗主権を掌握していたところオスマン帝国でなければならなかった。しかし、このオスマン帝国はいわゆる近東問題、厳密にいえばスルタンの領土を分割するとともに、トルコ族をバルカンから駆逐《くちく》し、東西の関門の鍵を剥奪《はくだつ》し、アジアに向かって進軍しようとするヨーロッパ列強の東方的侵略工作の表面化につれて、いたずらに無力を曝露《ばくろ》し、年を逐《お》って萎縮《いしゅく》しつつあった。しかも、この形勢に乗じて、前述のムハンマド・アリーが自立して、ムハンマド・アリー朝を開設し、新編成のヨーロッ

近東問題の悪化

スエズ運河の開削

ヨーロッパ列強のバルカン工作

パ風の軍隊によって、オスマン帝国の地盤を割取《かっしゅ》したために、スルタンの権限はいちじるしく縮小した。けだし、ムハンマド・アリーがヨーロッパ列強の陰謀を転用しつつ、独立権を主張したときこそ、近東問題の発火点となっている。事実、この後、近東問題はバルカン諸族の離反、ヨーロッパ的勢力の暗躍、クリミア戦役およびロシア・トルコ戦役の勃発、オスマン帝国の秕政《ひせい》ならびに破産などのうちに、さまざまの起伏を示している。ことに、ムハンマド・アリー朝が一八六九年におけるスエズ運河の開削に参与し、そのために財政難に直面し、イギリスおよびフランスの共同管理を甘受《かんじゅ》しなければならなかった結果は、近東問題をますます悪化した。なんとなれば、一八八一年にエジプトの実権はヨーロッパ諸国の羨望のうちに、ついにイギリスへ移行したためであった。そうして、ヨーロッパ列強の野心がベルリン会議によって解決されなかった事情から、ここに、近東問題の前途はまったく混乱したのであった。いな、近東問題はイギリス、ロシア、フランス、ドイツ、オーストリア、イタリアなどの諸国の策動の白熱化によって、バルカンの爆発を準備していった。けだし、ドイツの提唱にかかるバルカン干渉ならびに黒海協議は、イギリスやロシア、その他の謀計《ぼうけい》のうちに、ただベルリン会議の未解決の諸課題を醗酵《はっこう》したのみであり、汎《はん》ゲルマン主義と汎スラブ主義との対立の尖鋭化《せんえいか》とともに、近東問題を世界大戦の動火線にまで誘導したのである。

(四) 中央アジアの屈服

疑いもなく、ベルリン会議の結論は、回教圏に対するヨーロッパ列強の領土拡大運動の追求として、具体化されている。いいかえれば、それはただに近東問題の場合のみでなく、なおまた回教圏の各方面において退潮《たいちょう》的形勢を導いたのである。たとえば、まず、中央アジアの回教徒はロシアによって、またたくまに征服

トルキスタンの屈服
トルキスタン州の設置
カウフマン
三汗国の滅亡
ロシアの野心

された。すなわち、中央アジアはティムール帝国の瓦解以後には、統一的政権の成立を見ることなく、ブハラ汗国とヒヴァ汗国とコーカンド汗国とに分かれ、争覇の舞台と化していた。したがって、第十八世紀以来、アジアの東方に蚕食の歩を進め、シベリアの広原《こうげん》からキルギスの草地を貫いて、トルキスタンに迫ったロシアは、中央アジアの心臓を掻《か》き破った。なんとなれば、ロシアは一八六四年にコーカンド汗国に進撃して、タシケントを奪取し、一八六五年にシル、チュー両河間の地区をトルキスタン州として改編した。そうして、諸汗国の自衛手段を無惨に粉砕《ふんさい》しつつ、ロシアはカウフマン（一八八二没）の指揮のもとに、一八六八年にはサマルカンドを占領して、ブハラ汗国を保護領化し、ついで一八七三年にはヒヴァ汗国を服属し、さらに一八七六年にいたってコーカンド汗国の征圧を完了した。ここに、中央アジアの約一千六百万人の回教徒はツァーリの虐政《ぎゃくせい》に呻吟《しんぎん》しなければならなかった。しかるに、東においては満州方面を荒らし、また西においては黒海方面をうかがっていたロシアは、なお、このトルキスタンからイラ

イギリスのインド経営
バルチスタンの保護国化
インド帝国の名目
シンガポールの占取

ンやアフガニスタンやチベットを侵し、ついにイギリスの勢力線と交錯する破目《はめ》に陥《おちい》ったのである。

（五）インドの隷属

早くから、インド経営に集中していたイギリスは、一八七五年にバルチスタンを保護国化するとともに、その翌年にムガル帝国の廃墟をインド帝国の名において、完全な直轄植民地化することに成功した。しかし、インドの宝庫を確保するために、イギリスは一八二四年におけるシンガポールの購入からこのかた、南アジアの咽喉《いんこう》を把握し、さらに中国に向かって突進する一方には、一八三九年以降、武力的圧迫によって、アフガニスタンを利用しつつ、ロシアの南下を防衛した。しかも、

ビルマの平伏

インド国民会議の成立と自治運動

回教徒とヒンドゥー教徒との対峙

アフガニスタンおよびイランへの進出

イギリスは一八八五年にビルマを併呑《へいどん》し、けっきょく、フランスと対抗しないわけにはゆかなかった。あたかも、そのころ、インドにおいては、自治要求の声が叫ばれ、一八八五年に国民会議が開かれているのである。そうして、それは国産運動ないし民族運動の線において表面化されていった。それゆえに、イギリスはインドの統治的緩和策として七千八百万人の回教徒を二億五千万人のヒンドゥー教徒と対峙せしめたわけであった。それと同時に、イギリスは南アジアの利権を充分に享受《きょうじゅ》する必要から、たんにインドの領有のみでなく、なおまたアフガニスタンならびにイランにまで侵入し、すでに北アジアを中心として雄飛しはじめていたロシアと競立《きょうりつ》するにいたったのである。

アフガニスタンの不運な位置

バーラクザイ朝の自立

ドースト・ムハンマド

第一回アフガン戦役

（六）アフガニスタンとイランとの立場

かねて、ロシアの南進を恐怖していたイギリスにとって、アフガニスタンの存在は、インドの防御的基地としてすこぶる重要であった。その結果、アフガニスタンはトルキスタンから圧迫を加えてきたロシアと、インドから押し寄せてきたイギリスとの間において、両勢力の角逐《かくちく》場として立たなければならなかった。けっきょく、永い雌伏《しふく》の日を送っていたアフガニスタンは、一八二六年にいたって、ドースト・ムハンマド（一八二六—一八六三在位）の決起のもとに、イランの支配から離れ、バーラクザイ朝の名において統一的立場を築いたが、ここに、イギリスの干渉にあって、ふたたび窮境《きゅうきょう》に陥《おちい》った。すなわち、バーラクザイ朝は親ロシア主義によってイギリスに対抗したが、かえって一八三九年から一八四二年にかけて、第一回アフガン戦役を誘発し、さらに一八七八年から一八八一年にわた

第二回アフガン戦役

アフガニスタンの属領化

イランの衰退

ロシアとイギリスとの強圧

る第二回アフガン戦役をさえも経験しないわけにはゆかなかった。しかも、その結末はアフガニスタンの降伏であり、バーラクザイ朝はイギリスの属領化を黙認している。しかし、その後、アフガニスタンはイギリスの眼をくらましつつ、巧みにロシアと結び、自立運動を続け、不遇のうちにも、近代化への道を進んでいったのである。このアフガニスタンに隣接するイランは、既述のように、カージャール朝の衰微《すいび》とともに、ロシアとイギリスとの餌食《えじき》となっていた。すなわち、イランはカフカス争奪戦において破れ、ついにアルメニアをさえも失い、またアフガニスタンの独立を許し、年とともに、外患《がいかん》を深めた。とりわけ、それはロシアがイランを貫いて南下しようとし、イギリスがインドの前衛として、これを妨害しようとしたために、いよいよカージャール朝を苦悶《くもん》せしめた。したがって、第十九世紀以降のイランは、前記のように、カージャール朝の再建工作の実施にもかかわらず、しだいに活気を喪失し、第二十世紀にいたってロシアとイギリスとの傀儡《かいらい》と化した。そうして、イランはロシアのために、北方から漁撈《ぎょろう》資源

イギリス・イラン石油会社の成立
アフリカの受難
イギリスの進出
エジプトの屈服
アラビー・パシャ

を奪取され、またイギリスのために、南方から石油資源を掠取《りゃくしゅ》された。とくに、一九〇九年に成立したイギリス・イラン石油会社が、イランの秘宝としての石油を採取しはじめた事実は、イラン人の致命傷であったといえるであろう。

（七）アフリカの分割

イギリスはアフリカの回教徒に対しても、支配的地位を要求している。すなわち、第十九世紀の中葉《ちゅうよう》から、イギリスはエジプトの経営に着眼する一方に、前人未踏のアフリカ内地の開拓に着手した。その結果、必然的にアフリカの拓植問題をめぐって、ヨーロッパ列強の激烈な分割競争を招致した。なんとなれば、一八八一年のアラビー・パシャ（一九一一没）の反イギリス的叛乱を鎮圧し、フ

キッチナー

フランスの植民地獲得

イタリアの征服

ドイツの参加

ベルギーの登場

ランスを除外して、エジプトの保護権を獲得したイギリスは、一八九八年にはキッチナー（一九一六没）の努力によってスーダンを併合し、ついに、一九〇〇年にいたって、南アフリカの完全な植民地化に成功しているからである。これに対して、フランスはエジプトにおいてイギリスの策動《さくどう》のために、利権の獲得に失敗したが、すでに一八三〇年に征服していたアルジェリアの地盤を拡大しつつ、一八八一年にはチュニジアを保護領化し、また一八九六年までにサハラやコンゴやマダガスカルを割取《かっしゅ》し、なおモロッコへの進出を企画したのである。しかし、フランスの野心はアフリカ横断を中心として、イギリスと衝突し、一八九八年にファショダ事件を惹起《じゃっき》している。しかも、イタリアはたとい一八八〇年のエチオピア征討に失敗したとはいえ、一八八九年にソマリランドを占領し、越えて一八九六年にエリトリアを威服《いふく》し、一九一二年にいたってリビアをさえも入手した。それのみでなく、ドイツもまた一八八五年にいたるまでに、西南アフリカ、カメルーン、トゴランド、東アフリカを服属し、さらにベルギーでさえも一九〇八年にコンゴを収取《しゅうしゅ》したのである。それゆえに、アフリカはまたたくまにヨーロッパ列強の手によって分割され、約八千万の回教徒は、屈従の運命を強要されたわけである。なんとなれば、最後まで抵抗した回教的牙城《がじょう》としてのモロッコも、いつかヨーロッパ諸国の争奪の対象と化し、一九〇五年以来のドイツとフランスとの激突およびイギリスの容喙《ようかい》、その翌年のアルヘシラスの会議、一九一一年のアガディール事件などを経て、けっきょく、フランス領となったからである。しかしながら、モロッコ問題に対するドイツの露骨な姿勢が、意外にも、フランスとイギリスとの接近を早め、いたずらに険悪な風雲を煽《あお》ったのは、いうまでもない。

（八）バルカンの爆発

バルカン問題

バルカン諸国の活動

ヨーロッパ列強の競走

ドイツの積極的闖入

モロッコ問題がドイツの参加によって戦乱への危機を醸《かも》したところ、バルカンもまた最後の発熱状態に達していた。すなわち、ベルリン会議の決議によって出現したところのセルビア、モンテネグロ、ルーマニア、ブルガリアなどはオスマン帝国から分離し、ヨーロッパ諸国の支持のもとに、それぞれ国家生活を開始し、やがてバルカンを小国分立の混乱態に追迫《ついはく》したのであった。しかも、バルカンをめぐる攻勢策動派のロシアと現状維持派のイギリスとの対立は、オスマン帝国の破産的形勢に乗じて進出を企《くわだ》てたフランス、オーストリア、イタリア、ドイツなどの血眼《ちまなこ》の競争のために、しきりに閃火《せんか》を発してきた。さらに、回教徒とキリスト教徒との反目は激化し、民族主義的運動の貌《かたち》において悪化し、いまだ自由の天地を獲得していなかった諸族は独立解放を咆哮《ほうこう》した。これを背景として、ド

バグダード鉄道

ヨーロッパ列国の敵対

汎ゲルマン主義と汎スラブ主義

バルカン同盟

イツは他のヨーロッパ諸国が「瀕死の病人」となったオスマン帝国から、経済的に多くを期待しえないと感じていた実情を逆用しつつ、近東経営を積極化した。たとえば、ドイツは一八八八年にオスマン帝国の借款《しゃっかん》に応諾《おうだく》し、一八八九年にアナトリ鉄道会社を設立し、一八九八年に回教徒に対する盟友的声明を発表し、一八九九年にバグダード鉄道敷設権を入手した。しかし、バルカンを貫通し、小アジアからイランにまで発展しようとしたドイツの東方的侵略工作は、当然、アフリカおよびインドを連鎖するイギリスの植民的生命線を脅迫し、またロシアの南下的進出線を妨害したのであった。とりわけ、それはドイツが一九〇八年におけるオーストリアのボスニア、ヘルツェゴビナ両州合併を後援しつつ、汎ゲルマン主義を主張したとき、汎スラブ主義のもとに、セルビアを助勢していたロシアを憤激《ふんげき》せしめた。かつ、モロッコ問題を好機として、イタリアがリビアの占取《せんしゅ》を計企した結果、一九一一年からその翌年にかけて、イタリア・トルコ戦役が勃発した。しかも、これを利用して、ブルガリア、セルビア、モンテネグロ、ギリシャ

第一回バルカン戦役

第二回バルカン戦役

バルカンの破局

は、バルカン同盟の名において結盟しつつ、一九一二年にオスマン帝国に挑戦し、第一回バルカン戦役を展開した。しかるに、割譲地の処分に関して、諸国の間に紛糾が起こり、一九一三年に第二回バルカン戦役が行なわれた。もちろん、これによって、オスマン帝国はいよいよ失意の境地に追われ、ギリシャ、ブルガリア、セルビア、モンテネグロは領土拡張の機会に恵まれ、なおアルバニアの新設も見られたのであった。かように、あたかも宗教と民族と政治と経済との火薬庫にもひとしかったバルカンは、目まぐるしい事態の急変のうちに、しだいに破局に近づき、けっきょく、汎《はん》ゲルマン主義と汎スラブ主義との激突を招き、ヨーロッパ列強がいずれも安全弁の用意を怠《おこた》っていたために、世界大戦の爆発点として火花を発したのである。バルカンの暗雲は、ついに「世界の嵐」を呼んだわけである。

（九）世界大戦の経緯

世界大戦の原因

世界大戦はヨーロッパ列強の帝国主義的世界政策の対立抗争を背景として勃発している。事実、世界大戦の前夜、いいかえれば第二十世紀以来のヨーロッパには、戦争の禍根《かこん》がいたるところに潜在《せんざい》していた。たとえば、産業革命以後のヨーロッパ諸国の植民地争奪、バルカンにおける汎スラブ主義と汎ゲルマン主義、その他の利害の衝突、イギリスの産業上の世界制覇に対するドイツの拮抗、フランスとドイツとの歴史的敵対感情の悪化、これらをめぐる深刻な外交的動静、と

三国協商と三国同盟

くに六大強国が三国協商と三国同盟とに分立して対峙した国際関係などは、ヨーロッパ人を極度の不安に陥《おとしい》れていた。それゆえに、ひとたび平和がある一角において破れたとき、その波動がたちまち全面に伝わったのも、けだし、当然のなりゆきであった。そうして、オーストリアとセルビアとの間の異変、いいかえれば

一九一四年六月二八日にサラエボにおいて、オーストリアの皇太子がセルビアの一青年の手によって射殺された事件こそ、ついに、世界を混乱と苦悩との血なまぐさい巷《ちまた》と化したのである。もちろん、回教圏もまたこの戦禍のなかに捲《ま》きこまれてゆく。すなわち、バルカン問題において、オーストリアともっとも利害が相反していたロシアは、ただちにセルビアを援助して動員を敢行《かんこう》したために、最初は事態の重大化を防止しようと努力していたところのドイツも、オーストリアを支持してロシアに宣戦し、これと同時にフランスはドイツと交戦関係を展開するにいたった。ついで、イギリスもドイツに対して宣戦を布告した。ここに、ドイツ、オーストリアなどの同盟国側と、イギリス、ロシア、フランスなどの協商国側とは、相互に結束を固めつつ、ほぼヨーロッパを二分して、未曾有《みぞう》の大戦を招いたのである。

オスマン帝国の姿勢
エンヴェル・パシャ
オスマン帝国の交戦

（一〇）バルカンの戦局

オスマン帝国はさきにバルカン戦役に敗北し、ヨーロッパ領土のほとんど全部を紛失し、内外の多難な時局を打開し、かつ国力を挽回《ばんかい》するために、有力な強国との提携を要望していた。たまたま、ヨーロッパ列強のうち、最後に国外発展に着手したドイツは、アブドュルハミット二世以来、汎《はん》回教主義に擬似的好意を披瀝《ひれき》し、オスマン帝国に接近していたが、ついに、その当時の領袖《りょうしゅう》であったエンヴェル・パシャ（一九二二没）と彼の一派を懐柔することに成功したのである。この事情のうちに、一九一四年にまずロシアとオスマン帝国との国交は船体衝突事件を契機として継絶した。やがて、連合国側は順次にオスマン帝国に宣戦した。これは包囲線に陥《おちい》っていた同盟国側の士気をおおいに鼓舞《こぶ》した。なんとなれば、同盟国側はこれによって、資源を外部から求めうるとともに、軍事的にも

オスマン帝国の受態

連合国軍の敗戦

ブルガリアの参戦

また連合国側を脅威する体制を整えうるからであった。そこで、連合国軍は各地からオスマン帝国に殺到し、一方には、ロシアの陸軍はカフカスからアルメニアに侵入し、他方には、イギリスおよびフランスの海軍は、大胆にもイスタンブール、チャナッカレ両海峡を突破し、イスタンブールの占領を計企し、一九一五年に猛烈な攻撃を開始した。しかし、イギリスおよびフランスの艦隊は、アジアまたヨーロッパの両岸の要塞から、激烈な狙撃に出会《しゅっかい》し、一時はまったく失戦を継続した。その後、連合国側はふたたび攻撃しはじめた。もちろん、オスマン帝国は悪戦苦闘の末、ゲリボルにおいて連合国軍を撃退した。しかるに、同盟国側としても、ただオスマン帝国を戦列に誘致したのみでは不充分であった。トルコとオーストリアとの間にはなお、ブルガリア、ルーマニア、セルビアなどの諸国が介在し、完全に連絡するうえに不便であった事情から、同盟側としてはバルカンを獲得することの急務を痛感した。かねて、バルカン戦役以来、ドイツおよびオーストリアに親しんでいたブルガリアは、同盟国側の慫慂《しょうよう》を受けたとき、その領土拡張の目的を達成する好機と考え、ついに参戦の決意を示し、一九一五年にセルビアに対して宣戦を告げた。ここに、同盟国側はブルガリア兵を併せて、大挙してセルビアに進み、セルビア軍を破り、やがてモンテネグロやアルバニアなどを征した。それゆえに、たといこの間にも去就《きょしゅう》を明らかにしなかったルーマニアは、一九一六年にいたって、突如、連合国側に味方している。それにもかかわらず、準回教圏としてのバルカンの形勢は、世界大戦の初期には、同盟国側にとってすこぶる有利な戦局であったわけである。

イギリス海軍の活動
ドイツ海軍の活躍
日本の参戦
アフリカの戦局

（一一）アジアおよびアフリカの戦況

ヨーロッパにおける戦乱は、いうまでもなく、当然、植民地に影響している。アジアもしくはアフリカなどにおいても、交戦は各所に見受けられた。しかし、海洋と植民地とにおいては、はじめから連合側が優勢であり、イギリスは強大な海軍力によってドイツを包囲し、本国と植民地との連絡を切断した。それで、ドイツの海軍は潜水艇を使用して応酬《おうしゅう》したが、預期の効果を実現しえなかった。また、東アジアにおいては、一九一四年に日本・イギリス同盟にもとづいて、日本軍は膠州湾《こうしゅうわん》を封鎖し、青島を占領した。また、アフリカにおいては、戦争の開幕の当初に、イギリスおよびフランス両軍は、ドイツ領トゴランドを奪取し、南アフリカの諸地を劫略《ごうりゃく》し、ついにカメルーンはイギリス、フランス両国の支配を承認した。しかも、ドイツ領東南アフリカもやがて南アフリカ連合軍によって管轄されるに

西アジアの戦線

イラクの形勢

パレスチナの状況

インド回教徒の立場

いたった。なお、エジプトはオスマン帝国に対する軍事的必要から、イギリスによって、早くも一九一四年に保護国の地位を強制された。さらに、西アジアにおいては、一時は連合国軍の強襲を支えていたオスマン帝国も、再度にわたるスエズ運河の攻撃に失敗した。イラクにおいては、トルコ軍はイギリス軍のために敗戦し、バグダードから撤退し、東方への進出を断念しなければならなかった。それのみでなく、ドイツの主張にかかるドイツ・トルコ連合軍のバグダード奪取は不成功に終わり、また一九一七年にイギリス兵はパレスチナへの侵入を企《くわだ》て、ユダヤ人との協力のもとに、エルサレムを奪った。そうして、かようなオスマン帝国の絶望的失戦も暫時《ざんじ》は好転する機会に恵まれたが、やがて窮地に陥《おとしい》れられ、けっきょく、一九一七年にムンドロス休戦条約の承諾をよぎなくされたのである。しかるに、このころ、インドにおける回教徒はオスマン帝国のスルタンを回教圏の宗主として仰いでいた。しかし、世界大戦において、イギリス本国を助けることとなったために、彼らも連合国側の戦線に加わらなければならなかったのである。

アメリカの参戦
ロシアの脱退
ブルガリアの降伏
オスマン帝国の屈服

（一二）世界大戦の終結

世界大戦の戦局は、一九一七年にいたって、このときまで中立国として通商権を尊重していたアメリカが、ドイツに対して宣戦を布告し、また同年に過激社会主義の革命によって、赤色的政権を樹立し、ソビエト・ロシアの名のもとに更生したロシアが、その翌年にブレスト・リトフスク和約をもって、戦線から撤退した結果、急調の異変に直面した。いうまでもなく、これまでの戦跡を見れば、ドイツを主体とする同盟国側は、連勝の経過をたどっていたのであるが、この前後から、各国はようやく生活的窮迫《きゅうはく》を告げ、挙国一致の体制も乱れ、総攻撃の前線もまた敗戦の報を伝えてきた。この形勢のうちに、一九一八年にはまずブルガリアが豹変《ひょうへん》し、連合国側に降服した。それに続いて、オスマン帝国もまた屈服し、ここに、準回教圏としてのバルカンから発生した世界大戦は、皮肉にも、回教徒

ドイツおよび
オーストリアの破綻

世界大戦の規模

ヴェルサイユ会議

の間から鎮静を回復しはじめた。しかも、ドイツおよびオーストリアにおける革命は、君主政治の破綻《はたん》を招いて、共和制を布《し》き、けっきょく、同盟国側はまったく勝算を失うにいたった。それで、オーストリアの休戦を追って、ドイツもまた講和を要請しないわけにはゆかなかった。それは一九一八年一一月一一日のことであった。ここに、交戦国が三十一箇国に達し、動員総兵員が約六千万人を数え、約八百万人の生命と約三千七百億円の戦費とが消えたところの空前の大戦乱も、ついに終結の日を迎えたのである。それゆえに、世界大戦の関係諸国は、一九一九年にパリにおいて講和談判を開催し、戦禍の責任を究明し、戦後の収拾を協議し、いわゆるヴェルサイユ条約を締結したのである。

戦敗諸国の処分
オスマン帝国の場合
セーブル条約と過酷な諸条件
オスマン帝国の分解

(一三) 講和条約と回教圏の不遇

パリ講和会議の結論として、世界はいちじるしく改造され、世界平和の確立と戦争の防止とを目的とする国際連盟も結成されている。しかるに、パリ講和会議はかならずしも公平な決議をもたらさなかった。なんとなれば、とくに、それは回教圏に対して偏見的虚分《きょぶん》を示していたからであった。すなわち、それはドイツに対しては、ヴェルサイユ条約によって、巨額の賠償金の支払のほかに、海外植民地の返還および軍備の制限などを要求し、またオーストリアに対しては、サンジェルマン条約によって、諸族の独立、領土の削減、その他の条件による弱少化を強要した程度であったが、オスマン帝国に対しては、一九二〇年のセーブル条約によって、独立の否定にもひとしい苛酷《かこく》な条項を強制したのである。すなわち、セーブル条約によれば、オスマン帝国はその版図を世界大戦前の約四分の一に減少し、事実的にヨーロッパから退去しなければならなかった。たとえば、バルカンはイスタンブール付近の猫額《びょうがく》の地をのぞけば、ギリシャによって割取《かっしゅ》され、イラクおよびパレスチナは委任統治領としてイギリスに割譲され、シリアはフランスに委託され、アルメニアは自由独立権を承認され、クルディスタンは自治制化され、ヒジャーズは王国的存在を賦与《ふよ》されている。いまや、オスマン帝国は四分五裂の状態に陥《おちい》り、ただイスタンブールとアナドルとにおいてその残骸を横たえるにすぎなくなった。それのみでなく、オスマン帝国はイスタンブール、チャナッカレ両海峡の武装解除、軍備の放棄、財政、その他に関する屈辱的契約を承諾せしめられた。セーブル条約が回教圏の宗主としてのオスマン帝国を侮辱し、亡国的立場を要望しているのは、いうまでもない。

新興の諸国

ヨーロッパにおいて、民族自決主義のもとに、ポーランド、チェコ・スロバキア、ハンガリー、ユーゴスラビア、フィンランド、エストニア、ラトビア、リトアニアなどの諸国が再興新設されたのに反して、回教圏においては、トルコならびにブルガリアの圧縮にともなって、

回教圏に対する影響

かえってヨーロッパ列強の勢力範囲が拡大強化されているのである。したがって、世界大戦による世界地図の変革は、さまざまの点において、ふたたび改訂《かいてい》されるべき誤謬《ごびゅう》を犯していたのである。国際連盟の無力、ドイツおよびイタリアの興起などとともに、回教圏における再建運動ないし覚醒《かくせい》運動の進行は、実に世界大戦の結末としてのヴェルサイユ会議の誤算の発展にほかならないであろう。それは回教徒の場合において、とくに、顕著な現象として表現されている。

第十三章　世界大戦前後の回教国

Republic of Turkey and Pahlavi dynasty

第十四章 トルコ共和国とイラン王国

回教圏の新生運動——トルコ共和国の出現——宗教改革の断行——回教徒生活の革新——国力の拡充への努力——イラン王国の再建——近代的改造の道程

回教徒の不遇と後退

回教徒の絶望

（一）回教圏の新生連動

第十九世紀において、すでにヨーロッパ的勢力の前に屈服していた回教徒は、世界大戦によって、決して彼らの運命を好転しえなかった。彼らは世界大戦の禍乱のうちに、彼ら自身の解放と独立とを実現する機会を発見すべきであったにもかかわらず、かえってヨーロッパ列強の翻弄《ほんろう》的待遇を許容したほど無力化していた。しかも、世界大戦の結果としての世界地図の再編集は、多くの場合、回教徒にとって不利であった。早く第二十世紀の初頭から、日露戦役における日本の大勝によって、「アジアの決起」の実例を提出され、そのために多大の興奮を喚発《かんぱつ》されていたところの回教徒も、いまや、回教圏の復興の強烈な意志をむざんにも打ちこわされた。とりわけ、回教徒を代表する最後の法城としてのオスマン帝国が、ヴェルサイユ条約による創痍《そうい》の苦悩のうちに、没落の悲劇を展開した事実は、ますます回教圏の再建的意気を減殺《げんさい》した。回教徒はいたずらに悲境に陥《おとしい》れられた。まさに、回教徒の後退は世界大戦を契機として、急に表面化してきたのである。

ヨーロッパ列強の再進出

しかしながら、かような事情を逆用したヨーロッパ列強が予定の積極的再進出のプログラムを作成しつつ、無限の欲求をもって、あらゆる希望と感情とを無視し、回教圏を完全に植民地化し、それによって世界大戦のために蒙《こうむ》った損失を補填《ほてん》しようとしたとき、ついに、回教徒も黙視するわけにはゆかなかった。

回教徒の覚醒と復活運動

実際、この恐怖すべきヨーロッパ禍に直面し、回教的信仰大系の危険をさえも痛感した回教徒は、彼らの生命の太陽を目指す再起を決意するにいたった。そうして、回教徒は過去の栄光を追想し、現状の不幸を反省し、みずからのアジア的立場を自覚し、ここに、回教徒の復活運動を開始した。回教徒はキリスト教徒の半植民地もしくは植民地の境遇を打破し、ヨーロッパ的桎梏《しっこく》から解放される日を実現しようと企図した。

回教徒の近代化

そのために、回教徒はヨーロッパ的圧力の撃攘《げきじょう》の立場から、なによりもまず、近代的技術と近代的精神とを習得し、彼ら自身の文化生活を充分に武装しなければならなかった。現代の回教圏の大部分がヨーロッパ文化を吸収し、急速な回教文化の新装を追求しているのも、疑いもなく、この理由からである。しかも、回教徒は彼ら自身の後進的姿勢を放棄するとともに、彼ら自身の民族的立場を確保する必要を認識した。なんとなれば、回教徒も民族主義的近代化において、はじめて彼らの新生への努力が結晶する真理を明察《めいさつ》したからであった。それゆえに、現代の回教圏の再興運動は、しばしば民族運動として具体化されている。すなわち、回教圏の更新と民族主義の絶叫とは、相互作用を行ないつつ、回教徒の近代化を導き、新しい自由の春を招こうとしているわけである。回教徒も世界史の波に乗って、前進しなければならない。

（二）トルコ共和国の出現

ケマル・アタテュルクの登場

回教圏の近代的復興の顕著《けんちょ》な実例は、まず、ケマル・アタテュルク（一九二三―一九三八在任）の登場およびトルコ共和国の建設によって提出される。すなわち、スルタンの秕政《ひせい》のために瓦解の前夜に遭遇していたオスマン帝国は、前述のように、世界大戦において同盟国側に加担して敗北し、一九二〇年に過酷な処分であるセーブル条約に調印しないわけにはゆかなかった。この危急存亡の窮境《きゅうきょう》を憂慮《ゆうりょ》し、祖国救済の旗幟《きし》のもとに、愛国的志士を動員しつつ、アンカラを根拠地として決起した英傑《えいけつ》こそ、ケマル・アタテュルクであった。若いときから愛国的熱誠を抱懐《ほうかい》し、少壮将校時代には青年トルコ党員として活躍し、さまざまな冒険的閲歴《えつれき》のうちに、純正なトルコ精神を所有する有為《ゆうい》な軍人として成長したケマル・アタテュルクは、世界大戦の直後におけるオスマン帝国の逼迫《ひっぱく》を心痛し、

祖国救済の絶叫

トルコ大国民議会の開催

サカリヤの会戦

スルタンの廃止

ローザンヌ条約の締結

一九二〇年にアンカラにおいてトルコ大国民議会を開催し、みずからその議長としてアンカラ政府を樹立し、国家主義の革命運動に驀進《ばくしん》した。あたかも、このころ、イギリスの走狗《そうく》であったギリシャは、大ギリシャ主義の幻想のもとに、セーブル条約の実施に籍口《しゃこう》して、アナドルに侵入していた。それゆえに、ケマル・アタテュルクはギリシャ軍を邀撃《ようげき》し、一九二一年のサカリヤの会戦において優勝し、トルコ人の神聖な郷土の保全を確立した。ついで、彼は一九二二年にムダニヤ休戦条約を締結すると同時に、亡国的行動に終始していたスルタン政府の廃止を公表し、ヨーロッパ諸国に向かって、アンカラ政府の公認を要求した。ここに、オスマン帝国は約七百年の生命をもって滅亡したのである。それで、その翌年にアンカラ政府と連合国側のヨーロッパ諸国との間には、ローザンヌ条約が結ばれている。このローザンヌ条約はセーブル条約の改正ではなく、これによって、トルコ人はほぼ世界大戦以前の国境にまで、彼らのヨーロッパ的領土を奪回し、四分五裂となるべき小アジアを完全に保有することができた。しかも、彼らは多年の

トルコ共和国の成立

アンカラの遷都

イスメト・イノニュの助力

宿望《しゅくぼう》であった治外法権を撤廃し、軍備制限、その他の不利な条件をほとんど破棄することができた。しかし、ただイスタンブール、チャナッカレ両海峡の武装問題のみは保留された。それゆえに、アンカラ政府はローザンヌ条約の実現とともに、はじめて新興の独立国家の立場を公認されたのである。かような経緯のうちに、ケマル・アタテュルクは一九二三年に首都をイスタンブールからアンカラへ遷し、ついで共和制の宣言を行なった。ガジ（常勝将軍）としての彼が、トルコ人の輿望《よぼう》において、トルコ共和国の第一代の大統領に就任し、彼の指名によって、ローザンヌ条約の功労者イスメト・イノニュ（一九三八就任）が第一回の内閣を組織したのも、実にこの年のことである。ただいま、トルコ共和国は近代国家の方向において完成されたのである。

（三）宗教改革の断行

革新の必要

六大綱領

回教文化の新生

ケマル・アタテュルクの出現によって、堂々と国際舞台に登場したトルコ共和国は、その新興の実を挙げるために、すべての旧来の伝統や陋習《ろうしゅう》と絶縁する必要を痛感した。したがって、ケマル・アタテュルクはイスメト・イノニュの助勢によって、唯一の政党としての国民党を指揮しつつ、政教分離主義、共和主義、国民主義、民衆主義、国家主義、革新主義の六大綱領に準拠する急進的改革に着手したのであった。なんとなれば、トルコ共和国が完全な近代国家としての資格を獲得するためには、中世風のすべての宗教的制度や迷信習俗などが整理され、生活的規律の全面が改造されなければならなかったからであった。そこで、トルコ共和国の近代的体制を樹立するために、ケマル・アタテュルクは超人的努力をもって奮闘し、あらゆる困難と反対とを突破した。そこに、新しい回教文化の先駆者、

宗教改革

政教分離

カリフ制度の廃止

信仰の自由

いな現代の回教圏の指導者として戦うトルコ共和国の勇姿が描き出されていったのである。事実、ケマル・アタテュルクは回教文化を新時代に順応しようと決意し、あらゆる分野において科学的文化の採用を断行した。もちろん、それは宗教改革として具体化されるべきであった。なんとなれば、ケマル・アタテュルクは回教的生活態の全幅《ぜんぷく》的改新の第一歩が、ただ政教分離によってのみ確保されうると考えたからであった。それゆえに、まず、彼はヨーロッパ諸国の法典を参酌《さんしゃく》して作成されたトルコ共和国憲法を発布したが、一九二四年に、ついに国民党総会において政教分離を決議し、ついでそれを公式化した。そうして、トルコ共和国はカリフ制度、回教総監職《そうかんしょく》、その他の職制を廃止すると同時に、聖法裁判所や宗教学林などを解消した。さらに、越えて一九二八年にはトルコ共和国の憲法から、回教の特権に関する重要な条項、すなわち、その第二条の「トルコ共和国の宗教を回教となす」という条文は削除され、また第十六条および第三十八条の「アッラーによりて」という神聖な誓言《せいごん》は、「わが名誉にかけて」という普通の辞句に置換《ちかん》された。ここに、ケマル・アタテュルクは反撃と策動とを抑制しつつ、回教を各人の良心の責任に委託し、宗教の国教化を断念する政教分離、いいかえれば回教圏における前古未曾有《ぜんこみぞう》の巨大な精神工事を敢行《かんこう》したのである。

(四) 回教徒生活の革新

宗教的伝統の打破

宗教的習俗の改革

政教分離を具現したトルコ共和国の驚異的革新は、当然、回教における保守的思想の打破、回教徒の民族的覚醒、宗教制度による弊害の除去などの諸改革を随伴《ずいはん》していた。すなわち、今日の科学的条件と一致しない行持《ぎょうじ》、たとえば、断食の慣習は、各自の自由意志に委ねられ、コーランのトルコ語への翻訳、礼拝あるいは祈願文におけるトルコ語の使用、導師ならびに説教師の法話の内容と現代生

婦人解放

トルコ帽の撤廃

回教暦の廃止

文字革命

学校教育

活との連繋《れんけい》、説教時間の合理化、教役者の近代的教育、一種の宗教講社《こうしゃ》にあたる僧院（テッケ）の閉鎖、その他の種々な回教的習俗の改変なども行なわれた。そうして、これまで回教的伝統によって自由と権利とを制限されていた女子の立場は、ヴェールの廃棄および一夫一婦制の法文化とともに、男子の地位にまで向上せしめられ、婦人のためにあらゆる公私の職場も開放された。それは回教徒の婦人解放の先駆であった。また、トルコ人の表象として一般に使用されていたトルコ帽（フェス）は撤廃された。さらに、太陰暦によるヒジュラ暦すなわち回教暦、ならびに日没から計算する時間制は廃止され、新しく近代文化諸国に通用する太陽暦の暦日制が採択されることとなった。それのみでなく、不便なアラビア文字は全廃され、ラテン文字式の新トルコ文字が採用され、果敢《かかん》な文字革命が遂行《すいこう》された。また、それに照応《しょうおう》して、トルコ語の整理も行なわれ、国語の確立が見られた。それと同時に、近代風の大学校、中学校、小学校、女学校、その他の教育設備の普及、もしくは学芸思想における新生面の開拓なども実現された。なお、ケマル・

国民会館の設置

アタテュルクは国民精神とトルコ主義とを作興《さっこう》するために、一九三二年からこのかた、国民会館（ハルクエヴィ）を開設した。いわば、これは国民教育のための大衆機関であり、アンカラに本部を置き、各地に支部を設け、一般人民の啓蒙を企てている。そこで、それは国語、文学、歴史部、芸術部、演技部、体育部、共済事業部、国民学校および講習会部、図書館および出版部、村民部、博物館および展覧会部に分かれ、それぞれの分野の近代的教養のために、有益な指導をあたえ、国民主義の普及と、団体生活ならびに文化生活に対する理解とを教え、健全な国民の養成に努めているのである。かような刷新《さっしん》的風潮にともなって、トルコ共和国においては、これまで等閑《とうかん》に付されていた体育も、とくに奨励され、近代風の国際競技のほかに、古典的国技も復活され、女子のスポーツさえも一般化されつつある。要するに、ケマル・アタテュルクは回教文化から時代錯誤と退嬰《たいえい》主義と偏狭《へんきょう》思想とを駆逐《くちく》し、回教の浄化粛正《しゅくせい》と国民化とを追求し、回教徒の後退性を清掃したのである。

国権の回収

経済生活の刷新

近代工業化

近代的装備

（五）国力の拡充への努力

トルコ共和国は、いうまでもなく、新興の意気をもって、国権の再建と国力の充実とに熱中し、なによりもまず、外国資本を排撃し、外交を刷新《さっしん》し、独立国家の面目を回復しなければならなかった。これは必然的にトルコ共和国の経済面の発展を具体化することを要求した。そこで、ケマル・アタテュルクはこの方面に対して最善の精根《せいこん》を注ぎ、産業諸部門の振興、技術と方法との改新、とりわけ、近代工業の実施をうながした。たとえば、農業、牧畜業、狩猟業、漁業などはそれぞれ改装され、また鉱山業も開発され、さらに繊維工業、抽出《ちゅうしゅつ》工業、化学工業も近代化された。ことに、五箇年計画による工業の発展は、しだいに具現されつつある。事実、一九二七年における約五百箇所の工場数は、最近において、約十倍に達しているほどである。そうして、トルコ共和国の発祥地として首府の地位

経済国策

交通線の拡張

国防の拡充

国際関係の安定

を獲得したアンカラは、ヨーロッパ風の施設のもとに、近代都市の面目を具備してきたのである。いずれにしても、トルコ共和国の近代化は、回教圏における復興の典型的先例を提供しているであろう。しかも、トルコ共和国においては、国産の奨励、輸入の制限、輸出の調節、その他の貿易に関する国策が強行され、アンカラ中央銀行をはじめ、諸銀行の設立によって、世界金融経済への進出が促進された。また、交通線の完備のために、鉄道網の拡大、航空路の開設、海運の発達が見られ、トルコ共和国の経済的弱点は、ようやく吹き払われたのである。なお、国防的観点から、陸海空軍の拡充が企図され、国力はいちじるしく補強された。それゆえに、一九三六年のモントルー国際会議においても、ケマル・アタテュルクはイスタンブール、チャナッカレ両海峡の再武装問題を有利に解決することができたのである。また、このころ、トルコ共和国はバルカン協商会議を通じて、新バルカン連盟の結成に対して努力しつつある。それのみでなく、トルコ共和国は近隣諸国との親善関係を定立し、ヨーロッパ列強の利害関係の間隙を援用しつ

サーダーバード条約

回教ブロック

ケマル・アタテュルクの使命

つ、国際的地歩の確保に専心するとともに、回教諸国との提携を特別に配慮しているのである。その結果、一九三七年には、トルコ共和国はイラン王国とイラク王国とアフガスタン王国との間にサーダーバード条約を締結し、この四国協定によって、回教圏の再興を象徴する「回教ブロック」を結成したではないか。けっきょく、ケマル・アタテュルクの奮起によって、復活の気運に燃えてきた回教圏は、近代化への道標を教えられたのではあるまいか。実際、トルコ共和国においては「科学的な新時代の文化に適応した原理」のうえに立つ新しい近代風の回教徒の姿が見られる。トルコ共和国における回教文化の国民主義的近代化の過程こそ、回教徒の停滞性の克服の道であったわけである。しかも、その進路は決して不安ではない。なんとなれば、一九三八年に他界したケマル・アタテュルクの巨大な足跡は、今日なおイスメト・イノニュによって継承され、トルコ共和国の歯車は推進せしめられているからである。

（六）イラン王国の再建

トルコ共和国の刺激

レザー・パフラヴィーの立場

挺身の機会

トルコ共和国の民族的新生運動は、もちろん、諸地の回教徒を刺激している。そうして、回教圏の大部分は近代文化の吸収によって回教徒の新世紀を迎えようと活動しはじめた。とくに、ケマル・アタテュルクの勇敢な先例によって激励されたレザー・パフラヴィー（一九二五即位）は、たといトルコ共和国の場合のように、急進的改造を決行しえなかったとしても、漸進主義《ぜんしんしゅぎ》的改革によって、イラン王国の近代的更生に邁進《まいしん》したのである。もともと、レザー・パフラヴィーはケマル・アタテュルクと同じく、軍人の出身であり、また自力的偉傑《いけつ》である。なおまた、彼の挺身《ていしん》の機会は、イランにおけるイギリスとロシアとの競立のうちにあたえられ、彼の奮起の口実は、カージャール朝の無能と衰弱とのうちに見出された。すなわち、彼は第十九世紀からこのかた、イギリスとロシアとの侵略的魔手によって操縦《そうじゅう》されていたイランの前途を憂慮《ゆうりょ》し、一九二一年に国力の回復と民族の再生とを名として、愛国主義の旌旗《せいき》のもとに登場した。

レザー・パフラヴィーの独裁政治

まず、彼はイラン主義の再興とイラン人の覚醒とを高唱しつつ、彼を支持する軍兵を統率して、彼の勤務地であったガズヴィーンからテヘランに進軍し、非常手段によって無気力なイラン政府を改組し、軍司令官および陸軍大臣として諸政の実権を掌握した。ついで、彼は一九二三年に総理大臣の名において、イランの独裁官となった。かような間に、レザー・パフラヴィーは世界大戦を契機として出現したソビエト・ロシアが、みずからイランに対する諸特権を放棄したのを利用して、国権の復活に専念し、顧問政治によって保護領化を要望していたイギリスの野心を打破した。

諸政の革新工作

それと同時に、彼はトルコ共和国の成立およびケマル・アタテュルクの革新工作を参照しつつ、イラン王国の再建のために奮闘した。実際、彼はたんにヨーロッパ的勢力の駆逐《くちく》のみでなく、なおまた独立の完成、統一の実現、軍隊の強化、財政の整理、近代化の促進などに向かって彼の全力を集注した。

レザー・パフラヴィーの名望

その結果、レザー・

カージャール朝の解体
パフラヴィー朝の発祥

パフラヴィーの新政はすでに有名無実化していたカージャール朝の威信をますます抵下した。これに反して、レザー・パフラヴィーの名声はイラン人の救世主としていよいよ喧伝《けんでん》された。したがって、一九二五年に国会はカージャール朝の断絶を宣告するとともに、レザー・パフラヴィーを国王として推戴《すいたい》したのである。ここに、カージャール朝は解消し、これに代わってパフラヴィー朝が新しいイラン王国に君臨することとなったのである。

（七）近代的改造の道程

はじめ、レザー・パフラヴィーは彼自身の心境においては、ケマル・アタテュルクと同じく、共和制の施行を希望していた。しかし、イラン主義的回教としてのシーア教派に属する一部の人々が、反共和思想を頑強に主張した結果、彼もやむなく君主制を採用し、イラン王国のシャーとして登極《とうきょく》しないわけにはゆかなかった。しかるに、ひとたび彼がイラン王国の国首として出現したとき、たとい保守派の分子による種々の反対に直面したとはいえ、彼は果敢な態度においてイランの全面的改造に着手している。もちろん、彼は一九三一年に聖法の内容を整理し、他の回教的伝統の改善に努力したのであるが、ついに、ケマル・アタテュルクの場合と異なって、シーア主義の回教を国教とする政教一致制を保存しなければならなかった。それにもかかわらず、レザー・パフラヴィーは軍国主義的立

君主制の採用の理由

政教一致制の承認

革新の実例

国権の発揚

国際的立場の確立

イラン王国の進路

場において、さまざまの角度から、ひたすらイラン王国の刷新《さっしん》に尽瘁《じんすい》した。たとえば、彼は地方割拠主義を清算し、国家統制を実現し、近代的軍備を施設し、新式の教育法を普及し、産業の発展を考慮し、イラン主義の発揚を強調したのである。しかも、彼は対外政策において強硬にイラン主義を主張している。たとえば、一九二八年に彼は治外法権を撤廃し、また一九三二年にイギリス・イラン石油会社の不法な契約を有利に改正したのである。これらの事実はイギリスに対するイラン王国の積極的態度を明示しているであろう。さらに、一九三五年にレザー・パラヴィーがあらためて従来の「ペルシャ」という通称の使用を拒絶し、正式の国号として「イラン」という称呼を国際的に要求したのも、実に彼のイラン精神の尊重を物語っている。それのみでなく、一九三七年に前述のサーダーバード条約によって「回教ブロック」の一員として、トルコ共和国、その他の回教諸国と結盟し、また一九三九年に王朝的通婚によってエジプト王国と握手したイラン王国の国際的地位は、ますます昂揚されつつある。それゆえに、たといいまなお中世的遺制の残存、宗教的課題の未解決、外国人による資本力の支配、その他の矛盾を孕《はら》んでいるとはいえ、イラン王国においても、回教文化の国民化と近代化とがしだいにその実を挙げているのである。実際、最近において、イラン人の多年の宿望であったイラン縦貫《じゅうかん》鉄道さえも竣工せしめられているではないか。けだし、レザー・パフラヴィーの出場とともに、イラン王国もまた、前進の姿勢において、回教圏の復興運動の先駆的役割の一部を演じはじめたわけである。

第十四章　トルコ共和国とイラン王国

Tendency of resurrection in the Islamic world

第十五章 回教圏の復興的気運

回教徒の覚醒的態度―アラビアの旋風―アラビアの周辺―エジプト人の開眼―北アフリカの動静―アフガニスタンの更生―インドの回教徒の場合―インドネシアの胎動―ソビエト・ロシアの回教徒の境遇

（一）回教徒の覚醒的態度

トルコ共和国および
イラン王国の影響

回教圏の民族運動
の必然性

トルコ共和国の躍進ならびにイラン王国の再興は、いうまでもなく、他の諸地の回教徒を喚起せしめている。事実、世界大戦を契機とする回教徒の覚醒運動は、かような先例によって、急速に発展しているのである。それは民族運動として成長し、近代化の目標に向かって進行している。それで、回教圏の諸方面において、経済態の発展度に応じて、それぞれの立場から民族主義の革命的旗幟《きし》が掲げられている。これはあきらかに回教圏の大部分がヨーロッパ列強によって蚕食されていた結果である。そうして、こうした回教徒の民族運動の続発は、ヨーロッパ的勢力がその高圧の熱度を加えてきた現実と、回教圏における産業生活が未熟な段階に低迷していた事実とを反映しているであろう。しかし、各地の回教徒がヨーロッパ諸国の植民政策の前に戦慄《せんりつ》を感じつつも、忍耐強い反抗を企《たくら》み、革命運動

ヨーロッパ資本の威力

回教徒の民族運動の性格

を興し、彼ら自身の運命を切り開こうとしている姿は、回教圏の新しい黎明《れいめい》を告げている。しかも、ある場合には、彼らの民族主義の戦線は、回教的宗教調を清算し、回教徒以外の分子をも参加せしめているほどである。しかるに、回教圏に輸出されているヨーロッパ人の資本と軍力とは、すこぶる大きい。とりわけ、回教圏は資本の投下によるヨーロッパ列強の触手の蠢動《しゅんどう》を甘受《かんじゅ》しなければならない境遇に置かれている。これは回教徒がヨーロッパ文化の吸入によって、彼らの後退的姿勢を放棄し、彼らの民族的立場を武装しようと期待している以上、当然の帰結である。したがって、現代の回教圏に渦巻く民族運動が、全面的に防御的であるのは、もちろんである。しかしながら、今日、回教徒は彼ら自身の近代的覚醒によって、この防御的態度から、攻勢的行動に移行しようとしている。そのために、トルコ共和国あるいはイラン王国以外の諸地においても、回教圏の民族運動はしだいに白熱化してきているのである。それは回教圏の再生と回教徒の復活を約束しているであろう。

（二）アラビアの旋風

アラビア族の民族的自負

かねて、アラビア族は回教の創設者、サラセン帝国の支配者、回教文化の開拓者としての民族的自負を抱いていた。ここに、彼らの民族主義の観念的根拠がある。しかも、彼らの民族精神はオスマン帝国の強圧的支配によってさえも、決して消失せしめられなかった。しかるに、ヨーロッパ列強がアラビアの植民地化に着手したとき、アラビア人の民族思想は、これを背景として成長してきたのである。すなわち、一九一三年に、回教の発生以前からの富力とヤフヤー（一九一三即位）の才腕とに依頼しつつ、イエメンはイタリアの後援のもとに、オスマン帝国からの独立運動を開始し、ついに、サナアを都とするシーア教派のイエメン王国を結成し、新生活へ出発したのである。しかし、イエメン王国の独立はイギリスの交通線、いいかえればインド支配線の妨害であった。それゆえに、イギリス

ヤフヤーの独立とイエメン王国

フサインとヒジャーズ王国の建設

イブン・サウードの出現

ヒジャーズ王国の潰滅

サウジアラビア王国の新装

は他のヨーロッパ列強を誘説し、オスマン帝国の分割を計画しつつ、アラビア人を使嗾《しそう》し、一九一六年にフサイン（一九一五即位）によるヒジャーズ王国の建設を支持した。しかし、フサインは汎アラビア主義者として活躍したにもかかわらず、彼の地位は不安であった。なんとすれば、一九〇一年以来、リヤドを中心としてナジュド王国の基礎を定立していたイブン・サウード（一九二六即位）は、ワッハーブ教派のイフワーン教団を指揮しつつ、たちまちオスマン帝国の圧制を排除し、巧妙にイギリスの野心を転用し、世界大戦の間に実力を育成し、ついに、一九二四年にヒジャーズ王国を転覆したからであった。しかも、イブン・サウードは汎アラビア主義の強調のもとに、ナジュド王国とヒジャーズ王国とを合体し、一九二六年にその国王として、この複合王国の完全な独立を公式化した。それのみでなく、彼は一九三二年に彼の王国の名称をサウジアラビア王国と改変し、現代的改造と国内的統一とに向かって努力している。すなわち、サウジアラビア王国は国政の改新、財政の整理、社会生活の安定、文化機関の設備、その他に全力を注ぎ、現代文物の移植に熱意を示しているのである。そこには旧来の遊牧的生活の残滓《ざんし》はしだいに吹き払われ、近代的産業の発達さえも認められる。それで、今日のアラビア沙漠のここかしこには、ラジオあるいは自動車あるいは飛行機をちりばめた近代的景観が繰りひろげられているわけである。アラビア人の近代化的傾向は、いま、沙漠の旋風のように発展しつつある。

（三）アラビアの周辺

アラビアを囲繞《いじょう》するパレスチナ、シリア、イラクにおいても、回教徒の復興的気運は、ようやく高まっている。たとえば、世界大戦の結果、オスマン帝国から解放されたパレスチナは、一九二〇年にイギリスの委任統治領として公認され

トランス・ヨルダン王国

パレスチナ問題の発生

アラビア人とユダヤ人

パレスチナ問題の悪化

シリアの民族運動

た。そうして、パレスチナは前述のヒジャーズ王国と血縁を保ちつつ、トランス・ヨルダン王国として立つこととなった。しかし、パレスチナは、けっきょく、安定的立場に恵まれなかった。なんとなれば、そこにはいわゆるパレスチナ問題が醗酵《はっこう》し、ユダヤ系の資本家とアラビア系の労働者との対立のうちに、さまざまな悲劇が惹起《じゃっき》しているからである。すなわち、パレスチナ問題は、イギリス帝国主義とアラビア民族主義とユダヤ民族主義（シオニズム）との交錯において展開された一つの植民地問題にほかならない。しかも、アラビア人は幾多の流血的惨事を繰り返しつつも、あくまで彼らの目的としての回教的勢力の確立を望み、連年にわたって、イギリス人およびユダヤ人に対して、抗争を続けている。しかも、回教徒の執拗な反抗は一九三六年以来、あるいは暴動として、あるいは罷業《ひぎょう》として、あるいは夜襲として尖鋭化し、かつ間断なく悪化し、イギリスの苦悩を深化している。このパレスチナに隣接するシリアもまた、民族運動を起こしているのである。シリアの住民はいうまでもなく、アラビア人の血を享《う》けていた関係か

シリアの不運

イラク王国の自立と更生

ら、世界大戦以前において、すでにオスマン帝国の羈絆《きはん》を離脱する運動を提起した。しかし、世界大戦の結果、シリアはフランスの委任統治地と化し、たといオスマン帝国の圧制を免れることができたとはいえ、決して自立の理想の実現の日を迎えなかった。そこで、シリアの回教徒はあらゆる機会を捉えて、反フランス運動を追求した。しかるに、シリアはアラビアのような統一性を欠いているために、その民族運動において予期の効果を収めていない。たとえば、一九二七年のシリアの叛乱も、たちまちフランスの武力によって圧迫されている。それにもかかわらず、シリアの回教徒はあくまで独立的権利を希望し、種々な民族的努力の後に、一九三六年にいたって、シリア共和国の形式的自治の約定《やくじょう》に成功したのである。しかしながら、再生しつつあるシリア共和国も、一九三八年以降、ハタイ（サンジャック）問題をめぐって、トルコ共和国とフランスとの繁争のために、苦難の日を送っている。これに反して、世界大戦の直後、一九二一年にイラク王国の名においてオスマン帝国から分離したイラクは、それ以来、民族的独立の理想に向かって邁進《まいしん》し、屈辱的境地からの脱却のために、しばしば反イギリス運動を展開した。その結果、ついに一九二五年にイギリスもイラク王国の半自立を許容した。越えて、一九三二年には、バグダードを首府とするイラク王国は、イギリスによって公的にその独立を承認された。このイラク王国は、すべての運勢を利用して、国権の確保と文化の更新とに熱誠を披瀝《ひれき》し、既述のサーダーバード条約の媒介体として「回教ブロック」に参与し、トルコ共和国およびイラン王国などと提携しつつ、アッバース朝の栄光の復活を夢想しているのである。しかし、イギリスのパイプ・ラインを横たえているイラク王国は、なお、この後、幾多の難問を解決しなければならないであろう。

エジプト王国の難路
アッバース・ヒルミー
カマール・パシャ

（四）エジプト人の開眼

かねて、形骸的存在と化していたエジプト王国は、ついに世界大戦の間に、解体の危機を経験しなければならなかった。なんとなれば、イギリスは世界大戦の戦雲に隠れて、一九一四年にエジプト王国を保護領化したからであった。それと同時に、イギリスはエジプトの愛国主義者を投獄し、民族主義に好意を寄せていたアッバース・ヒルミー（一八九二―一九一四在位）を廃位した。しかも、世界大戦の間隙《かんげき》に、イギリス官憲はさまざまな美名のもとにエジプト人を誅求《ちゅうきゅう》した。したがって、アラービー・パシャについで、カマール・パシャ（一九〇八没）の登場によって、愛国精神を自覚し、民族主義を強調しはじめていたエジプト人は、イギリスの強圧を憤慨し、「エジプト人のエジプト」の独立解放の闘争を展開するにいたった。かようなエジプト人の全面的悲憤を背負って決起した民族主

ザグルール・パシャの奮闘
ワフド党の支持
独立運動の勃発
自由独立への接近
エジプト王国の前途

義者こそ、「現代エジプトの父」と呼ばれているザグルール・パシャ（一九二七没）にほかならなかった。ザグルール・パシャはエジプト人の輿望《よぼう》のもとに、世界大戦以後における民族自決主義の思潮に乗じて、ワフド党を指揮しつつ、エジプトの独立のための闘争を開始した。しかるに、イギリス人はエジプト人の熱望に対して冷酷であり、ザグルール・パシャを追放した。その結果、一九一九年からこのかた、エジプトには反イギリス的空気が充満し、それは叛乱的行動にまで発展した。ここに、イギリスも一方にはエジプトの独立運動の性質を考慮し、他方にはその影響を憂慮《ゆうりょ》し、一九二二年に、たといスーダン、スエズ運河、駐屯軍、その他に関する諸特権を留保したとはいえ、ついに自主独立のエジプト王国とその民主主義的新憲法の発布とを承認するにいたった。これによって、エジプト人はアラービー・パシャ以来の民族運動の目的の一部を実現したわけである。しかも、最近にはエジプト王国はイラン王国と王朝的慶事《けいじ》を通じて、「回教ブロック」の客員的資格を獲得し、国権を発揚しているのである。しかし、エジプト王国が

エジプト人の近代化

アル・アズハル大学

回教青年会

今日なおイギリスにとって重要な原料産地ないし商品市場、また貴重な軍事的要地として立っている以上、エジプト人はともすれば受身的苦難に逢著《ほうちゃく》しなければならない。それゆえに、エジプト人は名実ともに完全な独立権を樹立するために、近代的啓蒙と民族的覚醒に対する運動を継続している。しかも、エジプトは世界最古の大学としてのアル・アズハル大学を具備《ぐび》し、現代の回教文化の中心地である事情から、回教徒の文化的新生に対しても、さまざまな努力を傾注している。たとえば、エジプト人は回教青年会（ジャミーヤト・ウッ・シュブバーン・ウル・ムスリミーン）を中心として活躍し、社会問題、学術思想、公共事業、体育競技、製造技術、婦人解放、その他の近代的関心事項に留意し、東西文化の精粋《せいすい》の摂取および新時代的教養による啓蒙のうちに、回教徒の覚醒と回教精神の高揚とを唱道しているのである。したがって、ただいま、エジプト王国の回教徒のうえにも迎春の光が洩《も》れはじめている。

（五）北アフリカの動静

ベルベル地帯の特殊性

イタリアの策動

エジプト王国に接続するリビア、チュニジア、アルジェリア、モロッコ、その他のベルベル地帯においても、回教徒の民族的反省が喚起《かんき》されているのは、いうまでもない。事実、そこには新式の文化教育の実施によって回教徒の民族精神が鼓舞され、自由の太陽の出現が期待されている。しかしながら、完全にヨーロッパ列強の植民地化しているベルベル方面においては、イタリアおよびフランスの諸策動が露骨に行なわれているために、回教徒の民族運動もおのずから特殊性を示している。たとえば、一九三六年にエチオピアを併合したイタリアは、ファッショ主義の植民政策によって、回教徒を煽動《せんどう》し、リビアを通じてフランス領のチュニジアを覬覦《きゆ》し、またスペイン領のモロッコの回教徒の土民兵を使嗾《しそう》しつつ、一九三六年以来のスペインの内乱に干渉し、さまざまな方策をもって、北ア

フランスの態度

アブドゥル・カリーム

リョウテー

北アフリカの回教徒運動の性質

フリカの回教圏を撹乱《かくらん》している。したがって、リビア、その他の回教徒はイタリアの模索を逆用し、みずからの解放運動を実現しなければならないのである。しかるに、チュニジア、アルジェリア、モロッコなどにおいては、かつてフランスが人民戦線派によって支配されていた関係から、回教徒の反抗運動は促進されている。なんとなれば、フランスの人民戦線派は、植民地の解放に関して好意的であったからである。けだし、たとい一九二一年からこのかた、アブドゥル・カリーム（一八五〇生）によって指導されたリーフ族の叛乱は、その非近代性のゆえに、総督リョウテー（一八五四生）の近代的戦術のために、一九二六年に圧倒されたとはいえ、それはモロッコの回教徒の民族運動の準備であった。それゆえに、フランスの容共主義《ようきょうしゅぎ》の支配を利用したモロッコの回教徒は、一九三四年ころから活動し、一九三六年から一九三八年にかけて、矯激《きょうげき》な叛乱を継続したのであった。これは一時は北アフリカの戦乱的危機をさえも持来した。しかし、けっきょく、北アフリカの回教徒は、たとい多少とも汎《はん》アラビア主義のもとに、サラセン帝国

アルジェリアとフランス

北アフリカの回教徒の将来

の再建を夢想しているにしても、いまだ植民地解放戦役を遂行《すいこう》するほどみずからを充分に武装していない。ことに、アルジェリアなどは、たとえば、アラビア系の労働者の会議を開催し、反フランス運動を開始したにもかかわらず、最近においては、フランスの政変によって、人民戦線派が退却し、植民地に対する弾圧政策が決定した結果、回教徒の乖反《かいはん》運動は鎮静化したのである。いずれにしても、北アフリカの回教徒も決して堕眠《だみん》をむさぼっているわけではない。むしろ、彼らも彼ら自身の新生活を熱求し、反抗の潜勢力《せんせいりょく》を培養《ばいよう》し、彼らの決起を待機しているのである。それゆえに、おそらく、北アフリカの回教文化の相貌《そうぼう》が生気を帯び、新調の衣装を着けた回教徒が出現する日も、近い将来であろう。

（六）アフガニスタンの更生

アフガニスタンの自立運動

ハビーブッラー

アマーヌッラーの積極的行動

アラビア系の諸国と相異した立場において、民族解放の努力を追求しているアフガニスタンは、イギリスとロシアとの角逐《かくちく》の舞台であった事情から、近代的独立国家としての資格を確立するために、荊棘《けいきょく》の難関を突破しなければならなかった。しかし、ハビーブッラー（一九〇一―一九一九在位）の親イギリス主義のために、一九〇七年以降、イギリスの保護国と化していたアフガニスタンは、世界大戦の勃発およびソビエト・ロシアの成立を背景として、民族的自由の意志を白熱化した。そうして、アマーヌッラー（一九一九―一九二八在位）の即位とともに、インドの不穏な空気を利用しつつ、ついに、一九一九年にイギリスに挑戦したが、かえってカブールの空襲に遭遇し、失戦した。しかし、アマーヌッラーはあくまで「アフガン人のアフガニスタン」を主張し、ソビエト・ロシアの隠れた

アフガニスタン王国の公認

革新工作

ムハンマド・ナディール

ムハンマド・ザヒール

支援のもとに、イギリスを牽制しつつ、自主的国家の承認を要請した。その結果、一九二一年にいたって、イギリスもアフガニスタンが立憲王国として独立することに同意したのである。そこで、進歩的君主としてのアマーヌッラーは、ケマル・アタテュルクやレザー・パフラヴィーを追慕《ついぼ》し、アフガニスタンの鎖国主義を打破し、一九二八年にみずからヨーロッパに外遊し、科学的文化に接触し、帰朝の後、過激な近代主義の革新工作を施行したが、不幸にも、新旧両派の軋轢《あつれき》と保守的反動とのために、流血の惨劇を招来した。しかも、彼の反イギリス政策は彼の地位を不利に導き、叛乱のうちに、彼は一九二九年に亡命を企てたのである。かような経緯のために、衆望を背負って登極《とうきょく》したムハンマド・ナディール（一九二九―一九三三在位）も、アマーヌッラーの遺業を微温《びおん》的改革において継承しないわけにはゆかなかった。しかし、彼が彼の親イギリス的態度のゆえに、一九三三年に暗殺された結果、諸般《しょはん》の近代化運動は未完成のままに、彼の後嗣者《こうししゃ》として即位したムハンマド・ザヒール（一九三三即位）に伝達された。そうして、ムハンマド・ザヒールはイギリスやソビエト・ロシアなどに依頼することをやめ、日本を指導者と仰ぎつつ、もっぱら独立勢力の挽回《ばんかい》、民族意識の振興、科学知識の導入、文化生活の促進などによって、近代的国家の面目を確保しようと努めている。しかも、アフガニスタン王国がサーダーバード条約に調印し、「回教ブロック」の最東翼として、国際的に登場している事実は、アフガン人の真摯な更生《こうせい》的態度を反映しているにちがいない。

インドの民族運動

ガンジー

インド人の憤激

インドの回教徒の参加

（七）インドの回教徒の場合

いうまでもなく、インドはイギリスの圧制のもとに、典型的植民地として横たわっている。しかも、ここには夥多《かた》のヒンドゥー教徒が存在しているのである。したがって、インドの民族運動は、ガンジー（一八五〇生）を推戴《すいたい》するヒンドゥー教徒がその主体となっている。かようなインドの独立運動は世界大戦を契機として、急速に発達した。なんとなれば、世界大戦を通じて、インド人はイギリスのために、多大の軍兵と軍需公債と産業能力とを提供し、忠誠を表白したにもかかわらず、公約された「インドの自治」の一片さえも入手することができなかったからであった。そこで、かねて画策していたインドの民族主義者は、ソビエト・ロシアの出現の刺激のもとに、反イギリス思想を激化し、革命的独立運動の旗を掲揚するにいたった。それのみでなく、世界大戦においてインドの回教徒の協力

回教徒と
ヒンドゥー教徒

インドの回教徒
の志向

アリーガル大学
啓蒙運動

を求めようとして巧言《こうげん》を吐いたイギリスが、前述のセーブル条約の主唱者として背信的行為を示した結果は、インドの民族解放の声を強めたのである。それはイギリスの豹変《ひょうへん》的態度を極度に憤慨したインドの回教徒が、たちまち排イギリス運動の戦士として参加しはじめたからである。もちろん、回教徒とヒンドゥー教徒とは、たんに宗教生活においてのみでなく、なおまた社会生活において対立している。それゆえに、一九二〇年以来のインドの諸暴動における回教徒の役割は、かならずしもヒンドゥー教徒の立場と同一ではない。とりわけ、インドの回教徒の民族意識は、多かれ少なかれ歪曲《わいきょく》されている。実際、インドの回教徒は、ともすれば、汎回教主義的偏倚《へんい》を示し、近代文化に対して守勢的態度を執り、ある場合には、ヒンドゥー教徒との対峙に精根《せいこん》を尽くしているかに見える。それにもかかわらず、最近においては、彼らもようやく民族的反省を表わし、現代的教化を求め、「インドの楽土」の建設に関心を深めつつある。たとえば、彼らはアリーガル大学、その他の文化機関を通じて行なわれている啓蒙主義的教育の波及によって、しだいに近代生活の道を開き、みずからの新生を導いている。けっきょく、インドの回教徒の保守思想も、現代の気流のうちに、変更をよぎなくされてきたわけである。そうして、インドの回教文化も新装の日に近づいてゆく。したがって、インドの回教徒が協調的態度のもとに、国民会議のなかに合流し、民族意識を明示し、反イギリス戦線の果敢な勇士として出現しているのも、決して偶然ではない。まさに、それは彼らの前進の第一歩であろう。

(八) インドネシアの胎動

インドネシアの民族運動

回教協会の活躍

インドネシアの回教徒は、前述のように、すでに世界大戦以前から、回教協会を中心として活動している。しかし、この回教協会は急進主義あるいは温和主義

覚醒的気勢への刺激

国民議会の開設

反オランダ運動

の立場を反覆《はんぷく》しつつ、インドネシアをオランダ人の支配から分離するために奮闘したが、たちまち弾圧にあって変質しなければならなかった。しかし、世界大戦はインドネシアの回教徒にとっても、覚醒を導く刺激剤の役割を演じた。なんとなれば、一九一九年にいたって、オランダの改良主義的植民政策の実施のために、インドネシアの回教徒も国民議会の設立を承認されたからであった。それに続いて、回教協会もインドネシア回教協会と改称し、インドネシアの全面に働きかけ、汎《はん》回教主義的思想と大アジア主義的主張とを掲げつつ、オランダに対して非協同的態度を表し、しだいに革命色を濃くしていったのである。もちろん、かような事態においても、オランダの強圧的支配はなんら後退していない。むしろ、それは陰険な文教主義的政策の採用によって強化されたのであった。したがって、インドネシアの回教徒はオランダの施政態度の不誠実を指摘しつつ、反オランダ運動を続行した。事実、一九二六年およびその翌年には、大規模な回教徒の叛乱が勃発し、さらにその後には交通労働者の全面的罷業《ひぎょう》さえも惹起《じゃっき》したのである。そ

インドネシア国民党

インドネシア青年団

インドネシア
文化的刷新

の結果、回教的色彩の革命運動を計企したインドネシア国民党なども、一九二九年には解散せしめられている。しかしながら、教養のある青年回教徒はマレー族の種族、言語、文化、習俗の共通性を認識し、一九三一年にインドネシア青年団（インドネシア・ムダ）の名において集結し、汎インドネシア主義を提唱しつつ、民族運動を鼓舞《こぶ》している。それのみでなく、インドネシアの回教徒は大同団結の必要を痛感し、一九三六年からストモ（一九三八没）の斡旋《あっせん》のもとに、諸民族主義団体の連合体としてのパリンドラ党を結成し、民族的意気をいちじるしく高揚しているのである。しかも、彼らは近代知識を度外視して新世界に生存しえないことを確信し、留学生の派遣、学校の開放設、新ラテン文字の採用、技術の改善、産業の革新などを実行しているのである。とりわけ、彼らは復古主義的立場から、回教制度を批判的に省察《せいさつ》し、知的教育の促進のうちに、ひたすらインドネシアの独立の日を待望している。

ソビエト・ロシアの出現
回教徒の自治共和国および共和国
トルコ族の活動とエンヴェル・パシャ

（九）ソビエト・ロシアと回教徒

世界大戦の結果として、社会主義的革命運動のうちに出現したソビエト・ロシアにおいても、多数の回教徒は民族運動の熱意を発現している。今日、ソビエト・ロシアの支配下における回教徒は、クリミア自治共和国、バシキール自治共和国、チュヴァシ自治共和国、タタール自治共和国、カザフ自治共和国、キルギス自治共和国、トルクメン共和国、ウズベク共和国、タジク共和国（一九三八年以来、これはカラ・アルパク自治共和国を合邦している）、アゼルバイジャン共和国などに分散しているのである。いうまでもなく、彼らはロシア革命の混乱期においては、彼ら自身の信仰や民族精神の観点から、赤衛軍に対抗する白衛軍に加担していた。とくに、西トルキスタンのトルコ族は、既述のエンヴェル・パシャの指揮のもとに、汎トゥラン主義の夢想を信憑《しんぴょう》し、反革命軍のために奮闘した。しかし、

回教徒の転落

西トルキスタンの近代化

経済面

一九二一年からその翌年にかけてのエンヴェル・パシャの努力は、ついに報いられなかった。そこで、西トルキスタンの回教徒は、一九二四年までの間に、完全にソビエト・ロシアの圧力のもとに屈服したのである。そうして、それはカフカス、その他の諸地のトルコ族の場合においても、ほぼ同様であった。その結果、ソビエト・ロシアの回教徒はまったく弱小民族として、被圧迫民的地位に追い落されたわけである。しかしながら、彼らがソビエト体制のもとに、一九三二年以来の五箇年計画またそれに続く諸種の革新工作によって、多かれ少なかれ近代文化の潮流に接し、経済的後退性を取り戻しているのは、事実である。たとえば、西トルキスタンの住民は、一九三〇年におけるトルクシブ鉄道の開通の前後から、農耕の合理化の知識をあたえられた。農場集団化（コルホーズ）、大灌漑工事、機械トラクター配給所などの実現によって、西トルキスタンの農業生活は根本的に変革された。とりわけ、棉花の生産は膨張した。また、石炭や石油の採取も具体化された。さらに、繊維工業、治金工業、その他の工業部門も発展せしめられた。

したがって、ソビエト・ロシアの回教徒が、大学の設立、新聞雑誌の発刊、産業生活の更新、移動映画の普及、その他によって近代化されつつあるのは、決してふしぎではない。たしかに、彼らは文化生活の進展のうちに、新時代を経験しはじめているように見える。

Muslims in China and Manchuria in modern times

第十六章

現代における中国および満州の回教徒

中華民国の出現と回教徒対策―国民革命と回教徒―蒋介石政権の波紋―日中戦争と西北角中央化工作―西北辺境における回教徒の実力―新疆問題の紛糾―馬仲英の活動―馬仲英と盛世才との争覇―馬軍閥の立場―回教徒の文化運動―日中戦争以降の回教徒の新生活―満州の回教徒の覚醒―今日の回教徒の目標

中華民国の成立
袁世凱の帝政運動
張勲の清朝復辟運動
段祺瑞の活躍と世界大戦
政情の不安定

（一）中華民国の出現と回教徒対策

武漢起義に続いて、老朽の清帝国を倒壌《とうじょう》した革命党は、種族革命から政治革命へ移行しつつ、一九一二年に、いわゆる支那共和国、すなわち中華民国の成立を声明し、袁世凱《えんせいがい》を初代の大総統として推戴《すいたい》したのである。この中華民国は北京を首府とし、五色旗を国旗としている。しかるに、まもなく袁世凱は帝制運動を提起し、一九一四年に共和制を廃止しようとして失敗し、彼の病死後に、張勲《ちょうくん》（一九二三没）は一九一七年に清朝復辟《ふくへき》の行動を開始した。しかし、張勲も段祺瑞《だんきずい》（一九三六没）の救国軍の攻撃によって圧倒された。あたかも、このときは世界大戦の妖雲《よううん》が地球の全表に拡大していたころであり、中華民国も段祺瑞の一派の主張を採用し、対ドイツ宣戦を布告しなければならなかった。しかも、中国は相変わらず激烈な政変を重ね、なんら政情の安定を示していない。なんとなれば、

張作霖の台頭

回教徒の立場

五族と五色

中華民国はただ形式的近代国家として留まり、中央集権的統一を具体化す実力を欠いていたからであった。たとえば、政治的混乱に乗じて、諸軍閥は中国の各地に蜂起し、政権の争奪戦を反覆《はんぷく》している。ことに、かような不穏な形勢は世界大戦以後において、極度に悪化した。すなわち、中国の北部を舞台として、安徽派《あんきは》と直隷派《ちょくれいは》と奉天派《ほうてんは》とは、それぞれ覇権を覬覦《きゆ》し、一九二〇年以来、安直戦争《あんちょくせんそう》ならびに奉直戦争《ほうちょくせんそう》が展開された。奉天派の張作霖《ちょうさくりん》（一九二八没）が台頭し、一時は北方軍閥の梟雄《きょうゆう》として北京政府を左右するにいたったのも、まさにこの動乱を背景としているのである。したがって、中華民国の道は中国の近代化のそれであったにもかかわらず、決して平坦ではなかった。しかしながら、この中華民国の誕生は、中国の回教徒にとっては、かならずしも無意義ではなかった。なんとなれば、中華民国は回族を漢、満、蒙、蔵の四族と対等の立場において待遇し、五色旗のうちに紅、藍、黄、黒の四色と並行して、纏頭《てんとう》布（ターバン）を象徴する白色を添加《てんか》しているからである。もちろん、この場合、回教徒としての回族はもっぱら

回教徒の法律的待遇

回教徒の現実的資格

袁世凱の回教徒政策

東トルキスタンの纏回《てんかい》を意味していた。しかるに、それと同時に、中国における他のすべての回教信奉者も、一九一二年の臨時約法、ならびにそれ以降の改定にかかる諸憲法草案によって、種族とか、階級とか、信仰とかなどの区別なく、法律的に彼らの平等と自由とを賦与《ふよ》され、彼らの人民権を保証されている。ただし、現実において、最近にいたるまで、中国の回教徒は正当な社会的地位や政治的資格を確認されていない。たとえば、清帝国以来の回漢互闘の宿題にしても、なお未解決である。いったい、従来の中国の諸政権は、おおむね、回教徒問題に対して、真剣な態度を表していなかった。それは一九二八年までの北京時代の中華民国の場合でさえも、ほぼ同様である。すなわち、国会への参与を希求《ききゅう》した東トルキスタンの回教徒の再三の請願《せいがん》は拒絶されている。さらに、たとい袁世凱は五族協和の美名のもとに、北京に清真自治公益会を設け、回教徒問題への関心を示したように見えたとはいえ、それはただ彼が回教徒を利用する必要を感じた結果にすぎない。この際、袁世凱が甘粛省《かんしゅくしょう》の升充の宗社党による反革命運動を抑制するために、回教徒の撫育《ぶいく》を計企している事実は、彼の立場を反証しているであろう。

（二）国民革命と回教徒

孫文と三民主義

国民政府と出現と蒋介石

蒋介石の北伐

中華民国の成立前後から、中国の南部を地盤として、北京政府に反対していた孫文（一九二五没）は、広東において国民党の独立政府を組織し、三民主義の旗のもとに、連露容共策《れんろようきょうさく》を採用し、革命軍を養成しつつ、武力的統一を期待したが、一九二五年に病没した。それで、彼の遺志を継承した国民党は、広東に国民政府を建設し、ついで蒋介石（一八八六生）を総率として、国民革命の軍事行動を開始した。蒋介石はまず南京を占領し、中国紅軍すなはち後の第八路軍および共産党と決別し、国民政府を再建し、軍閥打倒の必要から、北伐に着手した。そうして、

馮玉祥
閻錫山
張学良

南京政府の確立

三民主義と回教徒

孫文主義の構想

彼は馮玉祥《ふうぎょくしょう》（一八八〇生）や閻錫山《えんしゃくざん》（一八八三生）などと協力し、日本を欺瞞《ぎまん》しつつ、張作霖《ちょうさくりん》を攻撃し、北京を奪取した。しかも、彼は張作霖の変死以後、張学良（一八九八生）を懐柔《かいじゅう》し、三民主義による国民革命を完成し、諸軍閥を抑圧し、ひとまず、中国を統一した。そこで、彼は一九二九年には堂々と南京を国都とし、青天白日旗を国旗とする新生の国民政府の首席として登場するにいたったのである。その結果、中国の回教徒もいちおう三民主義に迎合《げいごう》しなければならなかったわけである。しかし、はたして三民主義は回教徒に対して、どれほど好意的であったであろうか。もちろん、早く孫文は一九二四年に東トルキスタンの回教徒の代表者と会見し、各種族の解放を宣言するとともに、回教徒の革命的精神を讃嘆《さんたん》しつつ、国民革命への参加を慫慂《しょうよう》している。しかるに、孫文主義は諸種族の緩和《かんわ》方法として、漢族以外のものの譲歩による同化策を夢想していた。それゆえに、三民主義はそれ自体として矛盾を蔵し、とりわけ回教徒問題に関する範囲においては、自家撞着《じかどうちゃく》の弱点を含んでいた。いいかえれば、三民主義は回教徒問題に対し

白崇禧と馬福祥
回民公会の新設
白崇禧の南下

て熱烈な考慮を払っていなかったのである。これは孫文の衣鉢《いはつ》を継いだ蒋介石の政策のうちにも看取されるであろう。こうした事情から、たとい蒋介石の北伐軍に随行した白崇禧《はくすうき》（一八九三生）や馬福祥《ばふくしょう》（一九三二没）などが、北京において、馬天英《ばてんえい》や王月坡《おうげつは》や馬松亭《ばしょうてい》などの回教徒と回民公会の設立を実現し、多かれ少なかれ回漢紛争の和解ならびに貧困な回教帰依者《きえしゃ》の救済に努力したとはいえ、けっきょく、回教徒の運営は幸福へ急転していないのである。しかも、白崇禧が広西省に帰還して後には、回教徒への積極的工作は、ほとんど絶無《ぜつむ》に近い。

（三）蒋介石政権の波紋

一九三一年にいたって、東アジアの時局は、張学良《ちょうがくりょう》が三民主義を遵奉《じゅんぽう》して、満州における排日行動を促進していた事情と、漢回の若い首領馬仲英《ばちゅうえい》（一九〇九生）が東トルキスタンへ侵入して、中国の西北角を攪乱《かくらん》しはじめた形勢とによって、急角度に転回したのである。そこで、蒋介石は、一方には、満州事変の勃発のために驚愕《きょうがく》し、他方には、馬仲英の異変のために狼狽《ろうばい》することをよぎなくされている。事実、こうした事件をめぐって、一九三一年以来、国民政府は難航を続けなければならなかったのである。それと同時に、蒋介石はこれまで中国の辺境地帯に対して無関心であった彼の態度を、訂正しないわけにはゆかなかった。すなわち、その結果、一九三一年に組織された全国経済委員会は、長安に西北弁事処《せいほくべんじしょ》を設置し、イギリス系のユダヤ財閥の支持によって、西北地帯の開発に着手した。

中国回教会の開設
上海清真会
馬鴻逵および馬歩芳の立場
中国の急変と抗日的態度
諸事変
国共合作の進行
三中全会と回教徒対策

また、同年には南京に白崇禧《はくすうき》、馬福祥《ばふくしょう》、馬麟翼《ばりんよく》（一九三八没）、馬良《ばりょう》（一八三九生）、孫縄武などによって、ここに、回漢融和を提唱する中国回教公会が開設された。また、一九三五年には同じ目的から、上海清真会も形成された。しかも、かような試図《しと》に対しては、寧夏省の馬鴻逵《ばこうき》（一八九三生）も、さらに青海省の馬歩芳《ばほほう》（一九〇二生）も賛意を表しているのである。けだし、回教徒がこうした目標によって団結した実例は、かつて見られなかったのである。しかるに、一九三一年からこのかた、満州事変、その翌年の上海事変および満州国の独立、一九三四年の中国紅軍の西遷、その翌年のイギリス資本を背景とする幣制《へいせい》改革、一九三六年の西南問題などの諸事件によって、急迫《きゅうはく》を告げてきた中国の事態は、たとい抗日主義の標榜において統一の相貌《そうぼう》を示していたとはいえ、その外患内憂《がいかんないゆう》を深めつつあった。事実、一九三六年の西南問題に続いて、綏遠事件《すいえんじけん》また西安事件を処理した国民政府は、いちおう国共合作による中国人の統合と抗日戦線への動員とに成功したが、みずからの難局を準備していたのである。それは一九三七年に開かれた三中全会の回教徒対策においても、はっきり察知される。すなわち、三中全会は辺境問題について再検討を行ない、民族改善委員会を設け、諸族の啓蒙運動を起こし、不合理な同化政策を排し、撫育《ぶいく》工作を企《くわだ》て、抗日戦線の強化を計っている。これは西北地帯が日本の勢力の進展路に横たわっていたからであった。ことに、新しく再編成された第八路軍すなわち中国紅軍は、西北角の回教徒を抗日連合軍の支援者として期待していた。したがって、三中全会は回教徒対策に格別の考慮を払っている。たとえば、この場合、東トルキスタンの青年回教徒の上京遊学に対する奨励費の支出、また回教諸国との政治的、経済的、文化的提携などが議決されているのである。まさに、この光景は国民政府が孫文の三民主義の反面をあらためて認識した周章狼狽《しゅうしょうろうばい》の姿を立証するであろう。

蒋介石と回教徒懐柔
賀耀祖の起用
中央軍の進駐
日中戦争の勃発
日本の正義的態度
蒋介石政権の窮境

（四）日中戦争と西北角中央化工作

三中全会の決議によって、蒋介石は中国の西北角の中央化に深甚《しんじん》な関心を披瀝《ひれき》し、回教徒の懐柔《かいじゅう》に積極的行動を展開しはじめた。まず、彼は軍政要人としての賀耀祖《がようそ》（一八八九生）を甘粛省首席に任命するとともに、辺防軍団を改編し、なおまた中央軍の寧夏省《ねいかしょう》への進駐を実行した。しかしながら、あたかも、このとき、満州事変以来、対日態度を悪化していた中華民国は、容共抗日の思潮に飛乗し、一九三七年に盧溝橋《ろこうきょう》において、不法にも駐中日本軍に挑戦し、暴戻《ぼうれい》な言動を継続し、あえて局地的解決を拒絶した。したがって、アジアの道義、なお世界の正道を確立するために、日本は蒋介石政権の膺懲《ようちょう》を決意しないわけにはゆかなかった。実に、これを契機として、興亜の大業を導くべき日中戦争が勃発したのである。もちろん、日本を誤認していた蒋介石は、日中戦争の進行とともに、皮

蒋介石の他力的姿勢
蒋介石と西北交通線
中国回民救国会の組成
馬麟の登用
回教講座の開筵

肉にも、中国を犠牲として退却し、彼の守兵としての中央軍は、各方面において、勇猛果敢な日本軍のために連敗した。それにもかかわらず、窮地《きゅうち》に陥った蒋介石は、ソビエト・ロシアやイギリス、さらにフランスなどの背後的援助を仰ぎ、無謀な抗日戦争を続け、北京、張家口、大同、厚和《フフホト》、徐州、上海、南京、漢口、広東、その他の重要都市を失った今日においても、なお、重慶に隠れつつ、彼の非行を改めようとしていないのである。それのみでなく、日本軍の連勝のために狂気した蒋介石政府は、西北辺境の諸族を煽動《せんどう》し、ソビエト・ロシアと中国とを連絡するいわゆる赤色ルート、いいかえれば昔日の西域交通線の補強に専念している。とりわけ、この場合、蒋介石の魔手は西北角の回教徒に向けられているのである。すなわち、蒋介石政府は一九三八年に漢口を中心として中国回民救国会を組織し、全中国の回教徒の統一の達成、彼らの抗日戦線への参与、回漢間の不平等関係の撤廃などを声明すると同時に、青海省主席馬麟《ばりん》（一八八〇生）を国民政府委員に登用し、また甘青寧宣伝団を西北地帯へ派遣し、反日的空気を刺激し、

回教諸国への哀訴と抗日宣伝

中国紅軍の活躍

中国紅軍と回教徒

また一九三九年にいたって、重慶の中央大学、昆明の雲南大学、漢中の西北連合大学などに、回教講座を開設し、ひたすら回教徒の歓心を吸引している。しかも、蒋介石は一九三八年以来、エジプト、西アジア諸国、インド、その他の回教徒に対して親善使節を送り、かつアル・アズハル大学に在学する中国留学生を使って、執拗な抗日思想を煽《あお》っているのである。かような蒋介石の回教徒工作と対応しつつ、西北方面に蟠居《ばんきょ》している中国紅軍もまた、東トルキスタンと外モンゴリアとの間に赤色連繋《れんけい》地区を設定し、陝西省の延安を根拠地として活動し、回教徒自治政府の実現、回民軍隊の組織化、回教文化の擁護、中央アジアを中心とする回教的団結への援助などの空虚な標語をもって、各地に出没しつつある。そうして、この中国紅軍は二年ほど以前から、二つの回教徒の赤色連隊を編成し、寧夏省《ねいかしょう》の主席馬鴻逵《ばこうき》の打倒と抗日戦線への回教徒の糾合を計画している。しかし、中国であって中国でなく、半独立的雰囲気を呈している西北辺境における回教徒が、どの程度まで中国紅軍の指令によって踊るかは、はなはだ疑わしい。いな、回教徒は赤化の道を峻拒《しゅんきょ》するであろう。

(五) 西北辺境における回教徒の実力

西北辺境の回教徒の態度

回漢互闘の存続

中華民国の出現以後においても、回教徒問題は決して正しく解決されていない。とりわけ、漢回や纏回《てんかい》のような準トルコ系ないしトルコ系の回教徒が密住し、政治的実権また社会的勢力を確保している西北地帯においては、回教徒問題はおよそ微妙である。すでに、清帝国の瓦解《がかい》期における武漢蜂起にあたって、これと呼応して活躍したところの陝西省《せんせいしょう》や甘粛省《かんしゅくしょう》の革命党には、多数の回教徒が加担し、彼ら自身の解放を主張した。袁世凱の懐柔工作も実にこの回教徒の宿望を転用したのであった。さらに、一九二一年に寧夏省《ねいかしょう》の護軍使馬福祥《ばふくしょう》が甘粛省の督軍に任

馬軍閥の優位

馮玉祥の暴戻

馬仲英の崛起

蒋介石と馬仲英

命されようとしたとき、たちまち回漢互闘が展開されている事実は、こうした結果にほかならない。いずれにしても、中国の西北角にあっては、有力な回教徒の意向を無視して、円満な政治が施行された実例は、ほとんどないのである。いうまでもなく、中華民国の初期における優勢な回教徒としては、馬福祥のほかに、寧夏省護軍使馬鴻賓《ばこうひん》、甘辺寧夏鎮守使馬麒《ばき》、涼州鎮守使馬襄廷《ばじょうてい》、甘州鎮守使馬麟《ばりん》などが数えられ、その当時、彼らはいわゆる五馬と称えられていた。しかるに、一九二六年から一九二八年にかけて、新しく国民党に加入した馮玉祥《ふうぎょくしょう》が陝西省《せんせいしょう》ならびに甘粛省《かんしゅくしょう》を占拠《せんきょ》し、回漢両派の不和と分裂とを挑発し、苛斂誅求《かれんちゅうきゅう》を敢行《かんこう》し、差別的課税に抗言した回教徒の代表者をことごとく射殺した事情から、ついに漢回の首領であった馬仲英《ばちゅうえい》は、漢人に対する敵愾心《てきがいしん》を強調しつつ、報復戦を展開するにいたったのである。彼はもともと馬麒の軍隊に所属していたが、馮玉祥の態度に憤慨し、まず甘粛省の河州を攻囲した。しかし、彼の奮闘は蒋介石政権の偽装的回教徒工作のために、無効に帰した。それにもかかわらず、甘粛省の

馬仲英の理想

西部における馬仲英《ばちゅうえい》の実力は、決して貧弱ではなかった。そこで、蒋介石政府も一九三一年に彼を甘粛省《かんしゅくしょう》新編第三十六師長に任用している。しかるに、このころ、馬仲英はすでにみずから甘粛省および新疆省《しんきょうしょう》における彼の名望《めいぼう》を確信し、回教独立国家の建設を夢想していたのである。

（六）新疆問題の紛糾

東トルキスタンの形勢

ハミの回王

東トルキスタンが新疆省として省制を実施されてからこのかた、前述のように、この地方の回教徒は、だいたい中国本部とひとしい行政組織のもとに統治されている。ただハミの纏回《てんかい》のみはいちおう自治権を承認され、いわゆる回王によって支配されていたのである。かつ、中華民国の興起以後においても、清朝の時代の

楊増新の施政
金樹仁の虐政
ソビエト・ロシアの浸潤
回教徒の叛乱の原因
回教徒の蜂起

新疆省《しんきょうしょう》按察使楊増新《ようぞうしん》（一九二八没）はそのままこの地方の督軍として留任し、旧慣を尊重し、回教徒を厚遇し、新疆省と甘粛省とを宗教区的に分離した関係から、しばらく東トルキスタンは平穏であった。しかるに、一九二八年に楊増新が暗殺されて後に、金樹仁《きんじゅじん》が新疆省首席に登用されるにいたって、東トルキスタンの回教徒は虐待されることとなった。なんとなれば、金樹仁は重税の徴発《ちょうはつ》、不換紙幣《ふかんしへい》の濫用、財政の混乱化、民間の財源の収取《しゅうしゅ》、毛皮および羊毛の取引の壟断《ろうだん》、産業の無視などによって、回教徒を不遇に陥《おとしい》れた。かつ、彼の軍兵は無規律であった。回教徒の哀訴《あいそ》ないし苦情は、投獄をもって脅やかされた。それのみでなく、新疆省と中国本部との交通は杜絶《とぜつ》し、ソビエト・ロシアの商業的触手は、しだいに伸張してきた。かような形勢は金樹仁の秕政《ひせい》の悪化、たとえば、ハミの回王の廃止、纏回《てんかい》に対する悪辣《あくらつ》な土地政策、甘粛省《かんしゅくしょう》の飢饉《ききん》のために移住してきた漢人への偏倚《へんい》的好意、塩の専売などによって、回教徒を叛乱にまで駆り立てたのであった。すなわち、一九三一年に、ハミにおける漢人系の収税吏の不徳行為

ホジャ・ニヤズの策動

ヨルバルス・ハン

を契機として、平生から金樹仁の暴政のもとに呻吟《しんぎん》していた纏回《てんかい》は、漢人部隊を鏖殺《おうさつ》し、兵器および弾薬を奪取し、各方面の回教徒と提携しつつ、ハミを襲撃した。しかしながら、彼らは組織的訓練において不充分であったために、有利な戦局を展開するわけにはゆかなかったのである。それで、ハミの回王の参謀的人物として活動していたホジャ・ニヤズならびにヨルバルス・ハンは、その当時、粛州《しゅくしゅう》に占拠していた勇将馬仲英《ばちゅうえい》に向かって救援を要請したのである。

（七）馬仲英の活動

馬仲英の出場
馬仲英の攻勢
金樹仁の対策とソビエト・ロシアの赤化工作

かねて、回教王朝の建設という大望を抱懐《ほうかい》していた馬仲英《ばちゅうえい》は、ハミの叛徒からの要求を口実として、一九三一年に約五百名の回教徒を引率しつつ、強行軍の後に、バルクル、その他の諸地を席捲《せっけん》し、各方面において救世主として登場した。ついで、彼はハミを攻撃し、さらにウルムチに肉迫したが、その後、形勢の不利を洞察《どうさつ》した結果、ひとまず粛州《しゅくしゅう》に撤兵し、再起の日を待機することとなった。なんとなれば、このとき、金樹仁《きんじゅじん》は秘密条約の締結によって、ソビエト・ロシアから軍用飛行機、大砲、その他の軍需品を購入し、近代的武器をもって馬仲英を圧迫したからである。もちろん、これを機会として、そのころ、満州事変のために満州方面から駆逐《くちく》されたソビエト・ロシアは、東トルキスタンに対して赤化工作を積極化すにいたった。そうして、それ以来、東トルキスタンのソビエト・ロシ

回漢互闘の再燃

馬仲英の再登場

ウルムチ政変

アへの経済的依存は、しだいに明確化していった。しかるに、一九三二年にはふたたび前年の余燼《よじん》が発火し、ピチャンやトルファンなどにおいて、回漢互闘の惨劇が展開した。しかも、これに乗じて、馬仲英《ばちゅうえい》の手兵はホジャ・ニヤズなどと共謀し、ピジャンやトルファンを攻略し、進んでウルムチをさえも包囲している。さらに、その翌年に、彼らはカラシャールに南進し、ここを彼らの作戦地として、諸地の回教徒を煽動《せんどう》したために、たちまち叛乱の火焔《かえん》はアクス、カシュガル、ヤルカンド、ホータンをはじめ、東トルキスタンの全面に拡大し、多数の漢人系の官吏もしくは商人の生命を焼尽《しょうじん》した。一九三三年のウルムチ政変は、まさにこの結果として起こったのである。

金樹仁の逃亡
馬仲英への反感とホジャ・ニヤズの策謀
盛世才の暗躍
盛世才とソビエト・ロシア

（八）馬仲英と盛世才との争覇

ウルムチ政変による金樹仁《きんじゅじん》の逃避行とホジャ・ニヤズの要望とを利用して、一九三三年に馬仲英《ばちゅうえい》はふたたび堂々と東トルキスタンに侵入した。しかしながら、このとき、ホジャ・ニヤズは馬仲英の優勢となる危険を洞察し、意外にも、新疆省《しんきょうしょう》辺防督弁盛世才《せいせいさい》（一八九四生）と結託《けったく》した。これは主としてホジャ・ニヤズが纏回《てんかい》であり、馬仲英が漢回であったためである。いずれにしても、このころ、馬仲英はバルクルからトルファンを経てカシュガルに達する勢力圏を獲得し、蔣介石の調停を無視しうるほど強力な地位を確立していた。そこで、当然、馬仲英と盛世才との間には激戦が繰り返された。しかるに、盛世才は東北抗日軍の敗残兵や白系のロシア人の参戦、ならびにソビエト・ロシアの飛行機の後援のもとに、馬仲英の回教徒軍を強襲した。ここに、馬仲英もやむなく、一九三四年には

東トルキスタン共和国の地位

ホジャ・ニヤズとサビット・ドムラ

馬仲英の敗退と東トルキスタン共和国の潰滅

馬歩山の奮闘

盛世才とウルムチ政権の成立

ヤルカンド方面に退去し、ついで、この当時、カシュガルの支配権を掌握していた東トルキスタン共和国を解体し、その地盤を彼の最後の牙城として利用しようと決心しなければならなかったのである。いったい、この東トルキスタン共和国は、一九三三年に、東トルキスタンの北部の無政府状態に乗じて、イギリスの援助のもとに、ホジャ・ニヤズがみずから大統領として就任し、サビット・ドムラを副統領として建設した回教的共和政府である。それは東トルキスタンから漢人を追放することをその直接的目標としていた。しかるに、イギリスはこの共和政府に、ソビエト・ロシアの勢力の防波堤としての役割を演ぜしめようと企図していたのである。しかし、馬仲英《ばちゅうえい》と東トルキスタン共和国の支配者とは、けっきょく、争覇の犠牲となり、両者の敗退を導いている。しかも、亡命した馬仲英の後を承《う》けて、彼の残党とともに健闘した馬歩山も、悲憤のうちに、インド方面へ脱出しないわけにはゆかなかったのである。ついに、馬仲英の孤軍奮闘は報いられなかったわけである。それゆえに、一九三四年に盛世才《せいせいさい》と特殊協定を結んで、いわゆるウルムチ政権の確立を助けたソビエト・ロシアは、幸運にも、漁夫の利を占めることとなった。東トルキスタンが赤化してゆくのもまた、ここに原因している。もちろん、たとい東トルキスタンはその赤色的植民地化の間に、多少とも経済文化の新局面を開拓しつつあるとはいえ、その地方の回教徒の運命は異様な赤色の波頭《はとう》に翻弄《ほんろう》されているのである。

(九) 馬軍閥の立場

東トルキスタンは赤色ルートに横たわり、ソビエト・ロシアの勢力の浸入を受けているために、これに連なる甘粛省《かんしゅくしょう》、寧夏省《ねいかしょう》、青海省《せいかいしょう》、陝西省《せんせいしょう》などの回教徒の使命は、いろいろな意味において重大である。とくに、防共的角度から、彼らの

蔣介石政府と西北辺境

馬軍閥の存在

馬鴻逵

馬鴻賓

馬歩青

馬歩芳

馬鴻逵の地位と反共主義

回教徒の反中央的気勢

姿勢は東アジアの安定、ひいてアジアの復興のうえに、深甚《しんじん》な影響をあたえるにちがいない。事実、蔣介石政府にしても、また中国紅軍にしても、日本の圧倒的進出を眼前にしているために、西北地帯に対して、あらゆる苦策を試みつつ、回教徒の抱合《ほうごう》に努力を払っている。いうまでもなく、甘粛省《かんしゅくしょう》、寧夏省《ねいかしょう》、青海省《せいかいしょう》、陝西省《せんせいしょう》の回教徒の主体は漢回であり、彼らの代表者は馬軍閥にほかならない。そうして、現在、馬軍閥の有力者は、寧夏省主席馬鴻逵《ばこうき》、中央軍新編第三十五師長馬鴻賓《ばこうひん》、中央軍新編騎兵第五師長馬歩青《ばほせい》、青海省主席馬歩芳《ばほほう》などであり、いずれも馬福祥《ばふくしょう》および馬麒《ばき》と血縁関係に立っている。実に、彼らと前記の馬仲英《ばちゅうえい》とをもって今日のいわゆる五馬の名が喧伝されているのである。しかし、彼らのうち、このころ、もっとも強力な地位を占めているものは、馬鴻逵である。しかも、彼は近来の蔣介石政府による中央化工作に反対し、容共主義を拒絶し、一九三九年にいたって反中央的不満を声明している。かような空気がすでに多くの回教徒の間に醸成《じょうせい》されているのは、なんら疑いない。たとえば、それは一九三七年における馬仲英の残党の盛世才に対する蜂起、またそのころにおける甘粛省《かんしゅくしょう》の回教徒の反税収暴動、一九三八年におけるソビエト・ロシア系の共産主義者の殺害、同年におけるソビエト・ロシアからの軍需品輸送トラックへの襲撃、その直後における蘭州付近の強制徴発に対する反抗運動などとして表現されている。しかるに、蒋介石もこうした諸事件に関して、馬歩芳《ばほほう》の実力を恐れ、あえて回教徒の処罰を企てようとしていない。それゆえに、馬軍閥によって支配されている中国の西北角の回教徒が、かならずしも、赤化譜《せっかふ》による抗日の笛に耳を傾けていないのは、明白であろう。むしろ、彼らは馬軍閥の指揮のもとに、独自的行動を取ろうとする熱意に燃えているのである。

（一〇）回教徒の文化運動

回教徒の文化運動の方向

清帝国の出現からこのかた、ようやく活気を呈示してきた回教徒は、彼らの政治活動と相まって、彼らの文化活動をも積極化している。それはいわゆる回儒による回教と儒教との結着《けっちゃく》として、また回教徒の啓蒙ないし指導として、およそ二つの方向において実践された。しかし、いずれの方面も、けっきょく、回漢互闘問題を解決することに主力を注いでいたが、いまだ組織的運動を示さなかった。

回教徒の教化工作

しかるに、中華民国の創建以来、回教徒の文化運動はいちじるしく発達している。たとえば、まず、それは緊急課題としての近代的普通教育の一般化を持来した。すなわち、これまでの回教徒の教育機関は主として、回教寺院に付属する大学、中学、小学であり、コーランの素読を主要課目とする中世的学堂であった。これは必然的に回教徒を後退せしめ、彼らの社会的また政治的地位を劣悪化せし

王浩然と馬麟翼
回教徒教育機関の開設
小学校教育と回教徒諸団体の積極的態度
中学校の設立
師範学校の新設
成達師範学校の意義

める傾向をもっていた。こうした事態の改善を痛感した王浩然《おうこうねん》は、近東の回教諸国を観察して後、一九〇七年に北京の牛街礼拜寺《ぎゅうがいれいはいじ》に回教師範学堂を創設し、ついで馬麟翼《ばりんよく》と協力して、京師公立清真第一両等小学校を開校した。これを契機とする小学教育運動は、全回教徒の間に波及し、北京の中国回教倶進会《ぐしんかい》（一九一二創設）、南京の回教公会（一九一二創設）および回民教育促進委員会（一九三一創設）、蘭州の甘粛全省回教教育促進会（一九一八創設）、西寧の青海回教教育促会（一九三六創設）などの努力によって結実した。また、小学教育についで、中等教育も一九二〇年以降、寧夏《ねいか》の蒙回学校、晋城の崇実中学、北京の西北公学中学、昆明《こんめい》の明徳中学、宝慶《ほうけい》の備進中学、抗州の穆興中学、西寧の青海回教教育促進会第一付属中学、晋江の穆源職業中学、北京の新月女子中学などの開校にともなって、しだいに発展した。さらに、回教教育は一九二五年以後、北京の成達師範学校、上海の伊斯蘭《イスラム》回文師範学校、寧夏の第一中阿学校などの設立とともに、進行したのである。とりわけ、北京の成達師範学校はいま廃校になっているが、中国

回教徒の海外留学

学術団体の出現

伊斯蘭学友会

中国回教青年学会

追求学会

回教徒の文化運動の性格

の回教文化運動史において、不滅の足跡を残している。なお、教化方面の開拓とも、一九二一年以後、アル・アズハル大学もしくはイスタンブール大学などに幾多の留学生が派遣され、回教文化の調査が追求された。しかし、かような留学生が東アジアの近情に疎く、蒋介石の逆宣伝を信じ、無益な反日運動を試みているのは、すこぶる遺憾《いかん》である。いずれにしても、回教徒教育の具体化は、中華民国以後の顕著《けんちょ》な現象である。この文運の向上に乗じて、回教徒の学術団体が発生しているのは、当然であろう。比較的に組織化されている上海の中国回教学会は一九二五年に創立されている。また、一九二八年には北京に伊斯蘭《イスラム》学友会が結成された。しかし、それは一九三三年に学究的立場よりも、むしろ政治的傾向を示す回族青年会として改組されている。また、南京の中国回教青年学会や北京の追求学会なども、回教文化研究団体として開設された。要するに、これらの諸学術団体の出現によって、中国の回教徒の近代的啓蒙が多かれ少なかれ具体化されたのは、いうまでもない。しかしながら、かような回教徒の文化運動も、全体的にいえば、近代主義の軌道を進んでいるが、なお回教徒の諸著述および定期刊行書などから見ることができるように、一般に促進性を欠き、持久性に乏しく、連絡性を忘れている。少なくとも、きわめて最近まで、回教徒の文化工作は間歇《かんけつ》的であり、散発的であり、個別的であったのである。そこに、中国の回教徒の文化運動の弱点が秘められていたのである。

（一一）日中戦争以降の回教徒の新生活

いうまでもなく、日中戦争は中国の回教徒の生気を新しく刺激している。いわば、中国の回教帰依《きえ》者は、日中戦争によってこれまで求めえられなかった促進力をあたえられたのである。そうして、彼らは興亜の聖戦を敢行しつつある日本の

日本の聖戦の意義

回教徒の覚醒

中国回教総連合会の成立

綱領

正義的援助によって、彼ら自身の独特の宗教的立場を確立し、防共主義の旗幟《きし》のもとに結束しはじめている。そもそも、日本の聖戦の目標は、中国紅軍やソビエト・ロシアなどと提携し、さらにイギリスやフランスなどの後援を過信し、無法な抗日政策を追求しつつ、アジアの平和と秩序とを撹乱《かくらん》しているところの蒋介石政権を掃蕩《そうとう》することにある。したがって、中国の回教徒が防共主義的大局を理解すると同時に、彼らの信仰と生活権との擁護のために、かような聖戦と興亜の大業《たいぎょう》とに積極的に参加してきたのは、すこぶる自然である。事実、日中戦争を契機として、日本の真意を了解する機会に恵まれた各地の回教徒は、蒋介石政府を嫌悪し、それぞれ自由行動を展開し、防共精神とアジア的理念とを認識し、新世代に適応する回教文化の建設を希望するにいたったのである。一九三七年における中華民国臨時政府の成立に続いて、一九三八年に北京において結成された中国回教総連合会こそ、こうした中国の回教徒運動の先例であろう。この回教徒団体は、団結を強化し、回教を擁護すること、日本、中国、満州の提携を強調すること、中華民国臨時政府を絶対に支持すること、凶悪な共産党を打倒することなどを、その綱領としている。その組織は、北京の総連合会本部のもとに、中国の全地に六連合総部を配置するように計画されているのである。しかし、今日においては、ただ華北連合総部が具体的に組織されているにすぎない。それにもかかわらず、この華北連合総部は北京区、天津区、済南区、河南区、太原区などの諸区本部を総括し、回教寺院を単位とする四〇〇箇所近くの分会を指導している。また、それはその機関誌として「回教」を発刊するほか、回教青年団訓練所を設置し、貧困な回教徒の救済あるいは諸紛争事件の解決、その他に尽力し、さらに西北公学（旧西北学院）の経営を負担しているのである。そうして、中国の回教徒の立場を好転しようとする中国回教総連合会の理想は、しだいに実現されつつある。かような北中国の回教徒の新情勢の展開に照応して、日中戦争以降、厚和《フフホト》を首都として、一九三七年に確立した蒙古連盟自治政府、察南自治政府、晋北自治政府などの支配区、いいかえれば蒙疆《もうきょう》においても、回教徒は新生活への道を開拓している。す

西北回教連合会の開立

蒙疆の回教徒の啓蒙運動

なわち、彼らは一九三七年に結成された蒙疆《もうきょう》連合委員会の支援によって、分散から統合への過程をたどり、張家口、大同、厚和《フフホト》、包頭《パオトウ》の諸支部のもとに集まった。しかるに、一九三八年にいたって、彼らは既設の諸支部を合併し、厚和に西北回教連合会を組織し、団結の基礎を定立している。この西北回教連合会は、日満蒙華の協同を支持し、アジアの新秩序の建設のために奮闘し、回教徒の復興を実現することを標榜し、機関誌としての「西北回教連合会会報」を通じて、反共護教の精神を強調し、さらに回教文化の宣揚に留意している。しかも、蒙疆の回教青年学校あるいは回教青年団の開設によって、教化事業を実行し、また救貧工作の実施ないし金融機関の新設などによって、生活改善を促進しているのである。それゆえに、日本の聖戦の結果として、一九三九年に公式化した蒙疆政権のもとに、蒙疆の回教徒も再生の曙光《しょこう》に接することができたわけである。

(一二) 満州の回教徒の覚醒

そもそも、満州へ回教が伝来したのは、明帝国の出現以後のことに属する。しかし、回教が満州の各方面に流布するにいたった時期は、だいたい、清帝国の嘉慶帝《かけいてい》以来である。なんとなれば、この時代において、清朝の満州に対する封禁政策は弛緩《しかん》し、大量の農業移住者ないし商業植民者は、ぞくぞくと転住することとなったからである。とくに、これらの移民群は察哈爾《チャハル》および河北方面から陸路によって移動し、また山東方面から海路によって渡来した。当然、彼らの間には多数の回教徒が抱擁されていた。その後、満州の回教徒は中国の回民と連絡しつつ、回教的伝統の維持と発展とに努力してきたのである。この場合、満州の回教の発達にとって特別の功績を示した回教徒は、日清戦争の際に殉死したところの左宝貴《さほうき》(一八九四没)である。彼は武将であったが、満州の回教寺院の復旧

回教徒の親日的傾向

満州事変以降の回教徒

満州伊斯蘭協会の結成

日中戦争の影響

満州伊斯蘭協会の改組と満州回教協会の成立

に尽力し、回教徒の生活を善導している。そうして、日露戦役以降、満州における日本の誠意的開発によって、回教徒はしだいに親日的傾向を示してきた。それにもかかわらず、彼らはほとんど団結を企てることなく、そのために不利な待遇を受けなければならなった。しかるに、一九三一年における満州事変の勃発、一九三二年における新京を国都とする満州国の独立、一九三四年における帝制の宣言などによって、平安な満州帝国が出現するにおよんで、回教徒も民族協和を理解しつつ、王道楽土の建設のために奉仕している。しかも、満州帝国の成立前後から、回教徒はようやく相互扶助の必要を痛感し、日本人の助勢のもとに、新京において満州伊斯蘭《イスラム》協会を設立した。その後、この満州伊斯蘭協会は満州各地の県村を単位として一六六箇所の分会をさえも設置し、さらにその機関誌として「伊斯蘭旬刊」を発行し、回教徒の啓蒙と回教文化の高揚とに尽瘁《じんすい》した。それのみでなく、日中戦争およびそれに随伴した中国の回教徒の更生運動によって、満州の回教信奉者も強く反応し、一九三八年に満州伊斯蘭協会を改組するとともに、

タタール系のトルコ族の移住

イディル・ウラル・トルコ・タタール文化協会の発生

満州の回教徒の動向

満州回教協会と改称し、その体制を拡大強化し、ほぼ中国回教総連合会の歩調と並行しつつ、新しい機関誌「回光月刊」を通じて、興亜精神および防共思想の提唱、教化事業の促進、生活の安定、近代文化の獲得を言明している。なお、満州には一八九八年の開通にかかる東清鉄道（現北満鉄道）に沿うて東進してきたタタール系のトルコ族が、ハルピン、ハイラル、奉天《ほうてん》、その他に回教徒として存在している。しかも、彼らはソビエト・ロシアの成立のために亡命することをよぎなくされた同族の移住によって増加した。そこで、満州事変以後、東アジアのタタール系のトルコ族の結合を準備していた彼らは、一九三六年に、奉天を本部とするイディル・ウラル・トルコ・タタール文化協会を結成し、満州のほかに、日本の東京および神戸、さらに中国の上海、その他の諸地に支部を設立し、その機関誌としての「民族旗（ミルリー・バイラク）」をもって、文化向上と防共主義と興亜意志とを唱道しはじめている。いずれにしても、満州の回教徒も、民族協和を謳歌《おうか》すると同時に、日本文化の精粋《せいすい》を摂取し、近代文化の恩恵を認識し、新生への憧憬を具現し、興亜の大業を翼讃《よくさん》しつつある。

（一三）今日の回教徒の目標

要するに、現今の回教圏には民族主義ないし国民主義の声が叫ばれ、近代化の波が高まり、復興の風が吹きすさんでいる。この回教的台風のなかに、回教徒はヨーロッパ人のために、むざんにも、蹂躙《じゅうりん》された名誉を奪回しようとする。これは回教徒がアジア的勢力であるかぎり、当然、いわゆる「アジアの嵐」として現象する。そうして、これはかつての場合のように、世界史の運命に巨大な変化をもたらすにちがいない。事実、近時の回教圏における民族解放の主張と近代文化の追求とは、ヨーロッパ列強の植民地支配の基礎を揺り動かしているではないか。

回教徒の新生的態度と回教文化

トルコ共和国の近代化と回教の立場

回教ブロックの意義とその使命

しかし、民族精紳や国民精神などを意識し、かつ近代を理解しはじめてきた回教徒は、彼ら自身の宗教的伝統の新生を要求している。すなわち、ここに、民族思想によって解釈された回教は、その中世的格律《かくりつ》を批判されるであろう。その意味において、回教文化は転形期に立っている。それはトルコ共和国の場合において、もっとも明瞭である。もちろん、トルコ共和国の新文化工作は、決して回教それ自体の否定を意味しない。それは「アッラーのない国」ではない。政教分離を断行したトルコ人も、依然として真摯《しんし》な回教徒である。ただトルコ人は回教文化を民族的近代化の立場から修正したにすぎない。アッラーへの信仰はそれによって少しも傷つけられていない。また、回教文化の新装を企てているイラン王国においても、回教の光は決して衰えていないのである。しかも、もし一九三七年からこのかた、既述のサーダーバード条約を背景として活躍しようとする四国同盟、すなわちトルコ共和国とイラン王国とイラク王国とアフガニスタン王国とによる回教徒連繫が、回教徒の新しい進路を決定する重要な「回教ブロック」であるとすれば、回教圏における民族主義の勃興《ぼっこう》は、決して無意義ではないであろう。なんとなれば、この「回教ブロック」こそ、回教の民族的解釈と近代的再編とのうえに、はじめて結成されうるからである。とりわけ、一九三九年にいたって、前述のように、シーア教徒のイラン王国の王子とスンナ教徒のエジプト王国の王女とが「成婚典儀《せいこんてんぎ》」によって、両国の親交を深化した事実は、この「回教ブロック」の使命をいっそう重大化し、その結盟をいっそう補強しているわけである。けだし、回教圏の復興の礎石として役立つべき「回教ブロック」は、回教徒の民族的自覚の所産にほかならないのである。

（おわり）

Timeline of the Islamic history

付 回教圏史年表

١٧

一、回暦（ヒジュラ暦）の起元は、六二二年七月一六日である。それは聖遷の翌日にあたる。回暦は純太陰暦であり、純太陽暦の西暦とは相異する。回暦の一年は、一二月、奇数月は、三〇日、偶数月は、二九日である。それは三十年を一週期とし、そのうち、第二、第五、第七、第十、第十三、第十六、第十八、第二十一、第二十四、第二十六、第二十九の諸年度においては、一二月の末に一閏日を置く。それゆえに、回暦にあっては、一年の日数は、三五四日あるいは三五五日となり、西暦におけるものよりも約一〇日少ないのである。それで、回暦と西暦との差は、およそ三五年ごとに一年ずつ減ってゆくのである。本表における太字数字は、西暦年、大カッコ内の数字は回暦年、小カッコ内の数字は半年以上の回暦年である。なほ、日本の場合にあっては、太字数字と並行するカッコ内の数字は皇暦年である。

二、回教王朝系譜における数字はすべて即位年代である。とくに、太字数は王朝の継続年代である。

回教圏

ISLAM

五七〇 マホメット降誕す。

五七九 ササン帝国のホスロー一世他界す。

六一〇頃 マホメット、アッラーの啓示を接受し、回教を開基す。

ヨーロッパ、その他

六一〇 ヘラクレイオス東ローマ帝国皇帝として即位す。

中国および満州

五七二 突厥帝国、東西に分裂す。

六〇四 隋帝の煬帝、即位す。

六一八 隋帝国亡び、唐帝国興る。

日本

六〇七（一二三六） 遣隋使派遣さる。法隆寺創建さる。

六二二（一）
マホメット、メッカからメディナへ聖遷（ヒジュラ）す。この聖遷をもって回暦紀元元年とす。

六二四（三）三
バドルの会戦。マホメットの最初の勝利。

六三〇（八）九
マホメット、メッカを征し、覇をアラビア全土に称す。

六三二（一〇）一一
マホメット入滅し、アブー・バクル衆望の推挙によって即位す。第一代カリフとして正統カリフ時代はじまる。

EUROPA

CHINA

六三〇（八）九
唐帝国、突厥帝国を服す。

JAPAN

六二二（一二八二）（一）
聖徳太子薨去す。

六三四（［一二］一三）
ウマル（一世）、第二代カリフとして即位す。このときから回教徒の世界征服運動積極化す。

六四二（二一［二二］）
ササン帝国滅亡す。

六四四（二三［二四］）
ウスマーン、第三代カリフとして即位す。このころ、サラセン帝国の号令権は西アジアに拡延す。

六五一（三〇［三一］）
ウスマーンの命によって、欽定コーラン結集さる。

六五六（三五、三六）
アリー、第四代カリフとして即位す。

EUROPA

六五一（三〇［三一］）
サラセン帝国（大食）、はじめて唐帝国と修好す。

JAPAN

六四五（一三〇五）（二四［二五］）
大化の改新。

ISLAM

六六一（［**四〇**］**四一**）
ムアーウィヤ、前ウマイヤ朝を建設し、第一代カリフとして即位す。正統カリフ時代はじまる。

六八〇（**六〇**［**六一**］）
カルバラーの戦行なわる。

七〇五（［**八五**］**八六**）
アル・ワリード一世、前ウマイヤ朝のカリフとして即位す。クタイバ東征司令官として活躍をはじむ。

七一一（**九二**［**九三**］）
西ゴート王国回教徒のために亡ぼさる。

CHINA

六五七（［**三六**］**三七**）
唐帝国、西突厥帝国を潰滅す。

七〇二（**一三六二**）（［**八二**］**八三**）
大宝律令発布さる。

七一〇（**一三七〇**）（**九一**［**九二**］）
奈良奠都。

ISLAM

七一二（**九三**［**九四**］）
回教徒はじめてインドに侵入す。

七一三（［**九四**］**九五**）
サラセン人はこの年までに西アジア一帯、アフリカ北辺、トルキスタンにわたる大版図を占領す。

七五〇（**一三二**［**一三三**］）
アッバース朝成立す。前ウマイヤ朝、断絶す。

七五一（**一三三**［**一三四**］）
サラセン帝国軍と唐帝国軍とタラス河畔に戦う。

七二六（［**一〇七**］**一〇八**）
東ローマ帝国偶像禁止令を発布す。

七三二（［**一一三**］**一一四**）
トゥール・ポワティエの会戦。

七一二（**九三**［**九四**］）
唐帝国の玄宗即位す。

七一三（**九四**［**九五**］）
渤海国興る。

七四四（**一二六**［**一二七**］）
ウイグル族強盛となる。

JAPAN

七一二（**一三七二**）（**九三**［**九四**］）
古事記成る。

七五四（一三六、一三七）アル・マンスール、アッバース朝のカリフとして即位す（七七五まで在位）。

七五六（〔一三八〕一三九）サラセン帝国東西分裂し、コルドヴァに後ウマイヤ朝の新政権樹立さる。

七六二（〔一四四〕一四五）アッバース朝の首府バグダードに造営され、それから約半世紀にわたって、サラセン帝国黄金時代現出せしめらる。

七八六（一六九、一七〇）アル・ラシード、アッバース朝のカリフとして即位す（八〇九まで在位）。

EUROPA

CHINA

七五五（〔一三七〕一三八）安史の乱起こる（七六三まで継続）。

八一三（**一九七**［**一九八**］）
アル・マァムーン、アッバース朝のカリフとして即位す（八三三まで在位）。

八二〇（［**二〇四**］**二〇五**）
このころからアッバース朝の分解作用進行す。

八六一（［**二四六**］**二四七**）
アッバース朝ようやく分裂し、衰退の一路をたどる。

八七四（**二六〇**［**二六一**］）
イランにサーマーン朝興起し、アッバース朝の領域の東半を併呑す。

八〇〇（［**一八三**］**一八四**）
カール大帝戴冠す（西ローマ帝国の復興）。

CHINA

八三九（**二二四**［**二二五**］）
ウイグル族ようやく衰う。

JAPAN

七八七（**一四四七**）（**一七〇**、**一七一**）
平安（京都）奠都。

ISLAM

八七五（二六一［二六二］）
エジプトにトゥルン朝興起す。

九〇九（二九六［二九七］）
エジプトにファーティマ朝創立さる。

EUROPA

九〇七（二九四［二九五］）
唐帝国滅ぶ。

九一六（三〇三、三〇四）
契丹帝国の出現。

九二三（三一〇［三一一］）
後唐朝興る。

九二七（三一四［三一五］）
渤海国亡ぶ。

九三六（三二四［三二五］）
後晋朝興る。

九四七（三三五［三三六］）
後漢朝建つ。

九六〇（三四八［三四九］）
宋帝国の興起す。

八九四（二八〇［二八一］）
遣唐使廃止。

九六二（三五八［三五九］）
ガズナ朝建設さる。

九六九（三五八［三五九］）
ファーティマ朝、アフリカ北岸一帯を征服す。

九九八（三八八［三八九］）
このころからガズナ朝しだいに強力化す。

九九九（［三八九］三九〇）
このころ、カラハン朝興起す。サーマーン朝滅亡す。

一〇三七（四二八［四二九］）
トゥグリル・ベグ、セルジューク帝国を建設す。

EUROPA

九六二（［三五〇］三五一）
神聖ローマ帝国創始さる。

CHINA

一〇一九（一六七九）（［四〇九］四一〇）
藤原道長、太政大臣となる。公卿政治の最盛期。荘園制度の成立期にあたる。

一〇五六（［**四四七**］**四四八**）ムラービト朝建設さる。

一〇七七（**四六九**［**四七〇**］）ホラズム・シャー朝創立さる。

一〇九六（［**四八九**］**四九〇**）第一回十字軍進発す（前後七回にわたる）。

一一二一（［**五一四**］**五一五**）ムワッヒド朝興る。

一〇六六（**四五八**［**四五九**］）ノルマン族のイングランド征服。

一〇七六（**四六八**［**四六九**］）グレゴリウス七世法王となる。

一〇三八（**四二九**［**四三〇**］）西夏帝国興隆す。

一一一五（［**五〇八**］**五〇七**）金帝国勃興す。

一一二五（［**五一八**］**五一九**）西遼帝国の建業。

ISLAM

一一四六（〔五八一〕五八二）
ゴール朝建設さる。

一一七一（五六六〔五六七〕）
サラディン、アイユーブ朝を興す（一一九三まで在位）。

一二〇六（六〇二〔六〇三〕）
インドに奴隷王朝創立さる。

一二一五（〔六一二〕六一三）
マグナ・カルタ（大憲章）発布。

CHINA

一一三八（五三二〔五三三〕）
宋朝の南渡（南宋朝）。

一二〇一（五九七〔五九八〕）
西遼帝国滅亡す。

一二〇六（六〇二〔六〇三〕）
チンギス・ハーンの登場、モンゴル帝国の出現。

一一六七（一八二七）（五六二〔五六三〕）
平清盛、太政大臣となる。

一一八五（一八四五）（〔五八〇〕五八一）
平氏政権亡ぶ。

一一九二（一八五二）（〔五八七〕五八八）
源頼朝、征夷大将軍となる。武家政治はじまる。

一二三二（［六一七］六一八）モンゴル帝国軍、トルキスタンおよびインドに侵入す。

一二三八（六三五［六三六］）グラナダにナスル朝現る

一二五〇（［六四七］六四八）エジプトに前マムルーク朝創建さる。

EUROPA

一二五四（［六五一］六五二）ライン都市同盟の成立。このころハンザ同盟活動す。

一二一九（［六一五］六一六）チンギス・ハーン西征を開始す。

一二二七（六二四［六二五］）西夏帝国消滅す。

一二三六（六三三［六三四］）バトゥ、西征の途に登る。

一二四三（［六四〇］六四一）バトゥ、キプチャク汗国を創建す。

JAPAN

一二五八（［六五五］六五六［六五七］）
モンゴル帝国軍、フラグの指揮のもとに、バグダードを占領し、アッバース朝滅亡す。

一二七二（六七〇［六七一］）
十字軍、終結す。

一二九〇（［六八八］六八九）
インドにハルジー朝建業す。

ISLAM

一二七一（六六九［六七〇］）
マルコ・ポーロ、アジア旅行に出発す。

EUROPA

一二七一（六六九［六七〇］）
モンゴル帝国、国号を元と称す。

一二七九（［六七七］六七八）
宋帝国滅亡す（厓山の戦）。

一二七四（一九三四）（六七二［六七三］）
モンゴル帝国軍兵、九州に入寇し敗戦す（文永の役）。

一二八一（一九四一）（六七九［六八〇］）
モンゴル帝国軍、再度来襲し、退却す。日本大勝す（弘安の役）。

一二九九（六九八〔六九九〕）
オスマン一世、独立し、オスマン帝国を建設し、第一代スルタンとして登極す。

一三二〇（〔七一九〕七二〇）
インドにトゥグルク朝興る。

一三三六（〔七三六〕七三七）
このころスペインの回教的政権衰退の極点に達す。

一三五三（〔七五三〕七五四）
オスマン帝国、ヨーロッパに侵入す。

一三三七（七三七〔七三八〕）
イギリス・フランス間の百年戦争はじまる（一四五三まで継続）。

CHINA

JAPAN

一三三三（一九九三）（七三三〔七三四〕）
建武中興。

ISLAM

一三六二（七六三［七六四］）
オスマン帝国、エディルネを占領す。

一三六九（七七〇［七七一］）
ティムール帝国建設さる。

一三九〇（七九二［七九三］）
エジプトに後マムルーク朝起こる。

一三九一（七九三［七九四］）
カシュガル汗国確立す。

一三九六（七九八［七九九］）
ニコポリの会戦、バルカンの大部分オスマン帝国領となる。

第十四世紀—第十六世紀
ルネサンス開花期。

CHINA

一三六八（七六九［七七〇］）
モンゴル帝国（元帝国）解消す。新しく明帝国成立す。

一三九二（二〇五二）（七九四［七九五］）
このころ足利幕府の基礎固まる。朝鮮建国す。

一四〇二（八〇四〔八〇五〕）
アンカラの会戦行なわる。

一四〇五（〔八〇七〕八〇八）
鄭和、明帝の命によって南洋に第一回の遠征を企つ。

一四三〇（八三三〔八三四〕）
鄭和、明朝の命によって最終の遠征に出航す。

一四三二（八三五〔八三六〕）
フランスのレヴァント貿易の基礎築かる。

一四五三（〔八五六〕八五七）
オスマン帝国の強襲によって、東ローマ帝国滅亡す（メフメット二世の征服）。

EUROPA

一四四九（〔八五二〕八五三）
土木堡の変起こる。

JAPAN

ISLAM

一四五八（**八六二**［**八六三**］）カシュガル汗国二分す。

一四九二（**八九七**［**八九八**］）グラナダのナスル朝滅亡す。スペインにおける回教的勢力潰滅す。

一五〇二（**九〇七**［**九〇八**］）イスマイール、サファヴィー朝を開く。

一五〇五（［**九一〇**］**九一一**）ポルトガル人のインド経略進行す。

一四五五（**八五九**［**八六〇**］）イギリスの薔薇戦争（一四八五まで継続）。

一四九二（**八九七**［**八九八**］）コロンブス新大陸アメリカを発見す。

一四九八（**九〇三**［**九〇四**］）バスコ・ダ・ガマのインド航路発見。

CHINA

一四六七（**二一二七**）（**八七一、八七二**）応仁の乱起こる。戦国時代の兆しあらわる。

一五一七（〔**九二二**〕**九二三**）
オスマン帝国のセリム一世、スルタン・カリフ制度を確立す。

一五二〇（**九二六**〔**九二七**〕）
スレイマン一世、即位し、オスマン帝国黄金時代を現出す（一五六六まで在位）。

一五二一（**九二七**〔**九二八**〕）
オスマン帝国、ベオグラードを包囲攻撃す。

一五二六（**九三二**〔**九三三**〕）
ムガル帝国の建設。

一五二九（**九三五**〔**九三六**〕）
オスマン帝国による第一回ウィーン包囲攻撃。

EUROPA

一五一七（〔**九二二**〕**九二三**）
宗教改革（ルーテルの決起）。

一五一九（〔**九二四**〕**九二五**〔**九二六**〕）
マゼラン世界一周に成功す（一五二二に完了す）。

JAPAN

一五三八（［九四四］九四五）
プレヴェザの海戦、オスマン帝国艦隊、スペイン、ヴェニス、法王艦隊に勝ち、覇を地中海に称う。

一五五六（九六三［九六四］）
アクバル、ムガル帝国に君臨す（一六〇五まで在位）。

EUROPA

一五六三（九七〇［九七一］）
ポルトガル人マカオを占拠す。

CHINA

一五五八（九六〇［九六一］）
倭寇の進出はじまる。

一五四三（二二〇三）（［九四九］九五〇）
ポルトガル人たまたま種子島に漂着し、銃砲を持来す。

一五四九（二二〇九）（［九五五］九五六）
キリスト教（天主教）伝来す。

ISLAM

一五六五（九七二［九七三］）
スペイン人フィリピンを割取す。

一五七一（［九七八］九七九）
レヴァントの海戦、オスマン帝国艦隊、スペイン、ヴェニス、法王艦隊によって破らる。このころからオスマン帝国衰運を兆す。

一五七九（［九八六］九八七）
コサック人シベリアを侵す。

一五八一（［九八八］九八九）
オランダの独立。

一五八八（九九六［九九七］）
イギリス、スペインの無敵艦隊（アルマダ）を撃滅す。

一五八三（［九九〇］九九一）
清帝国の芽生。

JAPAN

一五七六（二二三六）（［九八三］九八四）
織田信長、京都に入洛す。

一五九六（一〇〇四［一〇〇五］）インド大半、ムガル帝国のもとに征服統一さる。

一六〇〇（一〇〇八［一〇〇九］）イギリスの東インド会社成立。

一六〇二（［一〇一〇］一〇一一）オランダの東インド会社成立。

一六〇四（［一〇一二］一〇一三）フランス東インド会社成立。

EUROPA

一五九〇（二二五〇）（九九八［九九九］）豊臣秀吉、天下を統一し、その翌年から朝鮮征伐を実行す。

一六〇〇（一〇〇八［一〇〇九］）関ヶ原の戦。

一六〇三（二二六三）（［一〇一一］一〇一二）徳川家康、江戸幕府を開く。

ISLAM

一六一九（一〇二八［一〇二九］）
オランダ人、ジャワにバタヴィア市を建設し、総督府を設置す。

一六三三（一〇四二［一〇四三］）
イギリス人、ベンガル海岸に植民を開始す。この後、イギリスのインド侵略、年ごとに進行す。

一六一六（［一〇二四］一〇二五）
シェイクスピア没す。

一六一八（一〇二七［一〇二八］）
三十年戦役はじまる。

CHINA

一六一六（［一〇二四］一〇二五）
清帝国の成立。

JAPAN

一六三四（一〇四三［一〇四四］）
日本人の外国往来およびキリスト教を禁じ、外国人の居留地を長崎の出島に移す。

一六三七（一〇四六［一〇四七］）
島原の乱。

一六三九（［一〇四八］一〇四九）イラン、トルコ両国間に衝突起こる。

一六六一（一〇七一［一〇七二］）ボンベイ、イギリス領となる。

一六四五（［一〇五四］一〇五五）ルイ十四世即位（ブルボン王朝全盛期）。

一六四八（［一〇五七］一〇五八）ウェストファリア条約（三十年戦争終結）。

一六五二（一〇六一［一〇六二］）オランダ戦役（イギリス、オランダの商権争奪）はじまる。

一六六二（一〇七二［一〇七三］）コルベール重商政策を採用す。

一六六六（一〇七六［一〇七七］）ニュートン万有引力説を発表す。

CHINA

一六四五（［一〇五四］一〇五五）辮髪令発布さる。

一六六一（一〇六一［一〇六二］）明帝国完全に消滅す。

一六六二（一〇七二、一〇七三）康熙帝、位に即く（一七二二まで在位）。

JAPAN

ISLAM

一六六八（[一〇七八]一〇七九）
イラン、ロシア両国間の衝突。

一六八三（一〇九四[一〇九五]）
オスマン帝国による第二回ウィーン包囲。

一六八六（一〇九七[一〇九八]）
オスマン帝国ドイツ軍の攻撃を受く。

EUROPA

一六八八（一〇九九[一一〇〇]）
イギリスの名誉革命。

一六七三（[一〇八三]一〇八四）
三藩の乱起こる（一六八一まで継続）。

一六八九（一一〇〇[一一〇一]）
ネルチンスク条約締結さる。

一六八九（三四九）
（一一〇〇[一一〇一]）
元禄時代。江戸文化の黄金期。

一六九〇（三五〇）
（一一〇一[一一〇二]）
湯島の聖堂建立さる。

ISLAM

一六九八（一一〇九［一一一〇］）カルロヴィッツ休戦条約結ばる。

一七一八（一一三〇［一一三一］）パッサロヴィッツ条約締結さる。

一七三九（一一五一［一一五二］）ベオグラード和約結ばる。トルコしだいに後退を示す。

一七五五（一一六八［一一六九］）イリ全土、清帝国の版図に入る。

EUROPA

一七一三（一一二四［一一二五］）ユトレヒト条約締結さる。

一七二七（一一三三［一一三四］）キャフタ条約成る。

一七三六（一一四八［一一四九］）乾隆帝、位に即く（一七九五まで在位）。

一七〇三（二三六三）（一一一四［一一一五］）赤穂義士の義挙。

一七五七（［一一七〇］一一七一）プラッシーの戦、インドのフランス勢力ほとんど駆逐さる。

一七六〇（一一七三［一一七四］）清帝国、カシュガリアを平定す。

一七六五（［一一七八］一一七九）クライブ、インドに再来し、第一代ベンガル州知事となる。

一七六八（［一一八一］一一八二）ロシア、トルコ戦役（一七七四まで継続）。この結果、ロシア、クリミアとドブルジアとを割取す。

一七五六（一一六九［一一七〇］）七年戦役（植民地七年戦役）起こる。

一七六〇（一一七三［一一七四］）このころからイギリス産業革命に入る。

一七六四（一一七六［一一七七］）ワット蒸気機関を実用化す。

CHINA

JAPAN

一七七四（〔一一八七〕一一八八）キュチュク・カイナルジ和約成る。

一七七九（〔一一九二〕一一九三）カージャール朝興る。イランを支配す。

一七八九（一二〇三〔一二〇四〕）ナポレオン、エジプトに遠征す。

一八〇五（〔一二一九〕一二二〇）ムハンマド・アリー朝興る。エジプト、オスマン帝国から離る。

EUROPA

一七七六（〔一一八九〕一一九〇）アメリカ独立戦争起こる（一七八三まで継続）。

一七八九（一二〇三〔一二〇四〕）フランス大革命勃発。

一八〇四（一二一八、一二一九）ナポレオンフランス皇帝となる。

JAPAN

一七九六（一二一一〔一二一二〕）白蓮教徒の乱起こる。

一八一三（一二二八〔一二二九〕）天理教匪暴動を起こす。

ISLAM

一八二四（一二三九［一二四〇］）東トルキスタンにおける回教徒の叛乱。

一八二五（一二四〇［一二四一］）ジャワの排オランダ運動表面化す。

一八二六（一二四一［一二四二］）オスマン帝国、ギリシャ軍を破る。ロシア・イラン戦役起こる。

一八一四（一二二九［一二三〇］）ウィーン列国会議開催さる（一八一五まで継続）。

一八二一（一二三六［一二三七］）ギリシャ独立戦争。

一八二三（一二三八［一二三九］）アメリカ合衆国、モンロー主義を発表す。

一八二五（一二四〇［一二四一］）はじめて汽車イギリスにおいて運転さる。

CHINA

ISLAM

一八二七（二二四二［一二四三］）ナヴァリノの海戦起こる。

一八二八（二二四三［一二四四］）ロシア・トルコ戦争（第一次バルカン戦争）。翌年アドリアノープルにおいて和し、ロシア、カフカス以南の地域を獲得す。

一八三〇（二二四五［一二四六］）フランス、アルジェリアを占領す。

一八三二（二二四六［一二四七］）ムハンマド・アリー活動し、近東問題ようやく悪化す。

一八二七（二二四二［一二四三］）ロンドン条約によってヨーロッパ列強、ギリシャの保護を議す。

一八三〇（二二四五［一二四六］）七月革命（フランス）。

一八三五（二二五〇［一二五一］）モールス、電信を完成す。

CHINA

JAPAN

一八三八（二四九八［一二五三］一二五四）天保の改革。

一八四〇（〔一二五五〕一二五六）
ロンドン四国会議によってエジプト干渉さる。

一八四五（〔一二六〇〕一二六一〔一二六二〕）
カシュガリアにおいてホジャ群叛乱す。

一八五三（一二六九〔一二七〇〕）
クリミア戦争（一八五六まで継続）勃発し、トルコ、ロシア開戦し、イギリス、フランス艦隊出動す。この結果、一八五六のパリ条約においてオスマン帝国の領土保全さる。

EUROPA

一八四八（一二六四〔一二六五〕）
二月革命（フランス）。

一八四〇（〔一二五五〕一二五六）
阿片戦争起こる。

一八四二（〔一二五七〕一二五八）
南京条約締結さる。

一八五〇（〔一二六七〕一二六八）
長髪賊の乱（一八六四まで継続）。

一八五一（〔一二六八〕一二六七）
捻匪の乱（一八六八まで継続）。

一八五三（二五一三）（一二六九〔一二七〇〕）
アメリカ水師総督ペリー浦賀に来朝す。

ISLAM

一八五五（一二七一［一二七二］）中国雲南省の回教徒叛乱す（一八七三まで継続）。

一八五七（一二七三［一二七四］）ムガル帝国、イギリスのために滅ぼさる。東インド会社解散し、インド、イギリス直轄領と化す。

EUROPA

一八六一（一二七七［一二七八］）アメリカ南北戦争起こる（一八六五まで継続）。

一八六二（一二七八、一二七九）ビスマルク宰相となる。

一八五六（［一二七三］一二七二）アロー戦争の発端（一八六〇まで継続）。

一八五八（［一二七五］一二七四）アイグン条約締結さる。

一八六〇（［一二七七］一二七六）北京条約締結さる。

JAPAN

一八五四（二五一四）（一二七〇［一二七一］）日本開国す。

一八六二（一二七八［一二七九］）中国、西北諸省の回教徒叛旗を翻す（一八七八まで継続）。

一八六七（［一二八三］一二八四）左宗棠、欽差大臣として中国の西北辺境の経営にあたる。

一八六八（［一二八四］一二八五）ブハラ汗国、ロシアのために亡ぼさる。

一八六六（［一二八二］一二八三）プロシア・オーストリア戦役。

一八六九（［一二八五］一二八六）スエズ運河成る。

一八七〇（［一二八六］一二八七）プロシア・フランス戦役（一八七一まで継続）。イタリア王国統一。

一八七一（［一二八七］一二八八）ドイツ帝国形成。

CHINA

一八六七（二五二七）（［一二八三］一二八四）明治天皇御践祚（一九一二まで御在位）。維新の大業はじまる。五箇条の御誓文を賜う。

一八六九（二五二九）（［一二八五］一二八六）東京奠都。

一八七三（〔**一二八九**〕**一二九〇**）ヒヴァ汗国、ロシアに降る。

一八七五（〔**一二九一**〕**一二九二**）ヘルツェゴビナ、モンテネグロ、セルビア、オスマン帝国に反抗し、バルカン問題紛糾す。

一八七六（〔**一二九二**〕**一二九三**）アブドゥルハミット二世即位（一九〇九まで在位）。コーカンド汗国ロシアのために亡ぼさる。

一八七七（〔**一二九三**〕**一二九四**）ロシア・トルコ戦争はじまる。その翌年、サン・ステファノ条約締結さる。

EUROPA

CHINA

一八七二（**二五三二**）（〔**一二八八**〕**一二八九**）学制頒布。

一八七七（**二五三七**）（〔**一二九三**〕**一二九四**）西南の役起こる。

ISLAM

一八八一（**一二九八**［**一二九九**］）
エジプトの財政、イギリス、フランス両国の共同管理のもとに立つ。フランス、チュニジアを保護領化す。清帝国、ロシアから東トルキスタンを奪還し、新疆省を置く。

一八七八（［**一二九四**］**一二九五**［**一二九六**］）
ベルリン会議開かる。セルビア、モンテネグロ、ローマ、ルーマニア、オスマン帝国から独立す。シベリア鉄道起工さる。

一八八二（**一二九九**［**一三〇〇**］）
三国（ドイツ、オーストリア、イタリア）同盟結成す。

JAPAN

一八八二（**二五四二**）
（［**一三〇〇**］**一二九九**）
日本銀行設立さる。

一八八二（**二五四二**）
（［**一三〇〇**］**一二九九**）
朝鮮事変。

一八八五（一三〇二［一三〇三］）ビルマ、イギリス領インドに編入さる。

一八八七（一三〇四［一三〇五］）イギリス、ロシア両国、アフガニスタンの国境協定を決議す。

一八九〇（一三〇七［一三〇八］）イギリス、フランス両国間、ならびにイギリス、ドイツ両国間にアフリカ分割の協定なる。

一八九四（一三一一、一三一二）イギリス、ロシア両国、パミール問題を解決す。

EUROPA

一八八七（一三〇四［一三〇五］）フランス、インドシナを領有す。

CHINA

一八八四（［一三〇二］一三〇一）清・フランス戦争起こる（その翌年まで継続）。

一八八四（二五四四）（［一三〇二］一三〇一）朝鮮事変。

一八八五（二五四五）（［一三〇三］一三〇二）天津条約締結さる。

一八八九（二五四九）（［一三〇七］一三〇六）憲法発布さる。

一八九〇（二五五〇）（［一三〇八］一三〇七）国会開設さる。教育勅語を賜う。

一八九四（二五五四）（一三一一、一三一二）日清戦争勃発す（一八九五まで継続）。

ISLAM

一八九八（〔一三一五〕一三一六）
ファショダ事件。

一八九九（〔一三一六〕一三一七）
ドイツ、バグダード鉄道敷設権を獲得す。

一九〇一（〔一三一八〕一三一九）
ロシア・イラン通商条約成る。ナジュド王国起こる。

一八九六（〔一三一三〕一三一四）
ロシア、東清鉄道敷設権を獲得す。

一八九八（〔一三一五〕一三一六）
アメリカ、ハワイ、フィリピンを占取す。

一九〇〇（〔一三一七〕一三一八）
ロシア、満州を占領す。

一八九七（〔一三〇五〕一三〇四）
清帝国、膠州湾をドイツに譲る。

一八九八（〔一三一五〕一三一六）
清帝国、大連および旅順をロシアに、威海衛をイギリスに、広州湾をフランスに譲る。

一九〇〇（〔一三一七〕一三一八）
義和団の暴動（北清事変）。

JAPAN

一九〇二（二五六二〔一三一九〕一三二〇）
日英同盟成る。

ISLAM

一九〇五（〔一三二三〕一三二三）
タンジョール事件（第一回モロッコ事件）起こる。ベンガル州の反イギリス運動熾烈化す。

一九〇七（〔一三二四〕一三二五）
アフガニスタンおよびイランに対するイギリス・ロシア協定成る。

一九〇八（〔一三二五〕一三二六）
青年トルコ党の革命運動起こる。ブルガリア独立す。

一九〇九（〔一三二六〕一三二七）
アブドュルハミット二世の反革命。

一九〇七（〔一三二四〕一三二五）
三国（イギリス・ロシア・フランス）協商成立す。

一九〇九（〔一三二六〕一三二七）
イギリス・イラン石油会社開設さる。

CHINA

一九〇八（〔一三二五〕一三二六）
清帝国、憲政綱領を発布す。

一九〇四（二五六四）（〔一三二二〕一三二三）
日露戦争勃発す（その翌年まで継続）。

一九一〇（〔一三二七〕一三二八）インドネシアに回教協会発生す。

一九一一（〔一三二八〕一三二九〔一三三〇〕）アガディール事件（第二回モロッコ事件）起こる。イタリア、トリポリを占領す。イタリア・トルコ戦役起こる（一九一二まで継続）。

一九一二（〔一三三〇〕一三三一）モロッコ、フランスの保護領となる。バルカン戦争起こる（一九一三まで継続）。

一九一三（〔一三三一〕一三三二）青年トルコ党、クーデターによって新政府を樹立す。アルバニア王国建国す。

一九一一（〔一三二九〕一三三〇）武漢起義、革命党の蜂起。

一九一二（〔一三三〇〕一三三一）清帝国滅亡し、中華民国成立す。

一九一〇（二五七〇〔一三二七〕一三二八）日本、韓国を併合し、朝鮮と改名す。

ISLAM

一九一四（一三三二［一三三三］）オスマン帝国、宣戦を布告す。エジプト、イギリスの保護国となる。

一九一六（一三三四［一三三五］）ヒジャーズ王国成立す。

一九一九（一三三七［一三三八］）セーブル条約調印さる。インド統治改革法案イギリス議会を通過す。

一九二〇（一三三八［一三三九］）ガンジー、インドの反イギリス運動を開始す。

一九一四（一三三二［一三三三］）パナマ運河開通。世界大戦勃発す（一九一八まで継続）。

一九一七（一三三五［一三三六］）ロシア革命起こる。

一九一八（一三三六［一三三七］）世界好況時代（一九一九まで継続）。

一九一九（一三三七［一三三八］）パリ平和会議。ヴェルサイユ講和条約締結さる。国際連盟起こる。

一九二〇（一三三八［一三三九］）国際連盟第一回総会開始さる。

一九一五（一三三三［一三三四］）日支条約協定さる。

一九一九（一三三七［一三三八］）南北和平会議開かる。

JAPAN

一九二一（**一三三九**［**一三四〇**］）サカリヤの会戦においてトルコ大勝す。

一九二二（**一三四〇**［**一三四一**］）スルタン制度の廃止。最後のスルタン、メフメット六世退位し、オスマン帝国滅亡す。近東の危機迫り、トルコ、ギリシャと戦う。

一九二三（**一三四一**［**一三四二**］）ローザンヌ条約締結さる。トルコ共和国の成立。アンカラにおいて、ケマル・アタテュルク大統領に就任す。トルコ共和国憲法発布さる。

一九二四（**一三四二**［**一三四三**］）カリフ制度廃止さる。

EUROPA

一九二一（**一三三九**［**一三四〇**］）ワシントン軍縮会議開かる。

一九二二（**一三四〇**［**一三四一**］）ムッソリーニ、イタリア首相となる。

CHINA

一九二一（**二五八一**）（**一三四〇**［**一三四一**］）日英同盟廃棄さる。

一九二三（**二五八三**）（**一三四一**［**一三四二**］）関東大震災起こる。

一九二五（一三四三［一三四四］）
レザー・パフラヴィー、クーデターを敢行し、カージャール朝を廃して即位す。

一九二六（一三四四［一三四五］）
ヒジャーズ王国、イブン・サウードによって滅ぼさる。

一九二七（［一三四五］一三四六）
サウジアラビア王国公式に出現す。

一九二八（［一三四六］一三四七）
トルコ共和国、政教分離工作を完了し、回教の信仰を各人の良心に委託す。ボンベイにインド諸党の憲法起草委員会組織され、自治憲法草案発表さる。エジプトの反イギリス運動暴動化す。

一九二五（一三四三［一三四四］）
ロカルノ安全保障条約締結さる。

一九二七（一三四五［一三四六］）
ジュネーブ軍縮会議開かる。

一九二八（［一三四五］一三四六）
ソビエト・ロシア五箇年計画を決議す。

一九二五（一三四三［一三四四］）
国民党、国民政府樹立す。

一九二六（一三四四［一三四五］）
蔣介石北伐を開始す。

一九二七（［一三四五］一三四六）
国民政府、南京に成立す。

一九二八（［一三四六］一三四七）
張作霖爆死す。国民革命軍北中国を平定す。

JAPAN

一九二六（二五八六）
（一三四四［一三四五］）
今上天皇御践祚。

ISLAM

一九二九（一三四七―一三四八）
トルコ共和国、アラビア文字を廃棄し、新トルコ文字を強制し、文字革命を敢行す。アフガニスタンのアマーヌッラー退位す。

一九三一（一三四九―一三五〇）
トルコ共和国にアンカラ中央銀行設立さる。馬仲英、漢回軍を統率し、東トルキスタンに侵入し、以後それを反覆す。

一九三二（一三五〇―一三五一）
イラク王国、委任統治から解除さる。それと同時に、トルコ共和国とともに、国際連盟に加入す。

EUROPA

一九三〇（一三四八―一三四九）
ロンドン海軍軍縮会議開かる。トルクシブ鉄道開通す。

CHINA

一九二九（一三四七―一三四八）
チベット自立す。

一九三一（一三四九―一三五〇）
満州事変起こる。

ISLAM

一九三四（〔一三五二〕一三五三）バルカン条約の四国調印終わる。

一九三六（〔一三五四〕一三五五）イタリア、エチオピア併合。シリア共和国独立す。エジハタイ問題起こる。エジプト、イギリスと同盟条約によって独立す。パレスチナ問題表面化す。

一九三三（〔一三五一〕一三五二）ドイツ、国際連盟を脱退し、ヒトラー独裁政治を施行す。

一九三四（〔一三五二〕一三五三）イタリア・エチオピア紛争起こる。

一九三六（〔一三五四〕一三五五）スペイン動乱起こる。イタリア、エチオピアを併合す。

CHINA

一九三二（〔一三五〇〕一三五一）上海事件起こる。満州独立す。

一九三四（〔一三五二〕一三五三）満州国帝政を実施す。

一九三二（二五九二）（〔一三五〇〕一三五一）満州国を承認す。

一九三三（二五九三）（〔一三五一〕一三五二）国際連盟を脱退す。

一九三六（二五九六）（〔一三五四〕一三五五）日本・ドイツ防共協定成る。

一九三七（［一三五五］一三三六）
サーダーバード条約締結され、トルコ、イラン、イラク、アフガニスタン四国間の回教ブロック結成さる。ハタイ共和国自治を認めらる。

一九三八（［一三五六］一三五七）
中国回教総連合会結成さる。パレスチナ問題、反イギリス運動に転化す。ケマル・アタテュルク逝去す。イスメト・イノニュ、トルコ共和国の後継大統領となる。

EUROPA

一九三八（［一三五六］一三五七）
ドイツ、オーストリアを合邦す。スペインの動乱終わる。

一九三七（［一三五五］一三五六）
三中全会開かる。日中戦争起こる。蒙古連盟自治政府、察南自治政府、晋北自治政府成立し、蒙疆連合委員会発生す。

一九三八（［一三五六］一三五七）
中華民国臨時政府開設さる。蒋介石、南京を捨て、重慶に逃がる。張鼓峰事件起こる。

JAPAN

一九三七（二五九七）（［一三五五］一三五六）
日本、正義のために、中国に派兵す。日本・ドイツ・イタリア防共協定成る。

一九三八（二五九八）（一三五六［一三五七］）
興亜の大業進行す。

ISLAM

一九三九〔一三五七〕一三五八〕
蒙疆に西北回教連合会成立す。イラン皇太子と、エジプト王妹との成婚。イタリア、アルバニアを占領す。バルカン協商会議開かる。トルコ共和国ヨーロッパ列強と国際関係の調整に奔走す。バルカン諸国の運命ようやく複雑化す。

EUROPA

一九三九〔一三五七〕一三五八〕
ドイツ、チェコに進駐す。ヨーロッパの風雲ようやく急を告げ、ついにポーランド進軍を契機として、ヨーロッパ戦火に包まる。イギリス、フランス両国対ドイツ宣戦を布告す。

CHINA

一九三九〔一三五七〕一三五八〕
ノモンハン事件起こる。蒙疆政権成立し、徳王その首席となる。

JAPAN

一九三九（二五九九）〔一三五七〕一三五八〕
興亜の新秩序ますます具体化す。日本、ソビエト・ロシアとの間に停戦協定を結ぶ。

Muslim dynasties

付 回教王朝系譜

回暦〔西暦〕（即位年）

回教の教祖　一一―四〇
〔六三二―六六一〕

前五三―一一〔五七〇―六三二〕　マホメット（ムハンマド）

サラセン帝国　一一―六五六
〔六三二―一二五八〕

正統カリフ　一一―四〇〔六三二―六六一〕

一一〔六三二〕アブー・バクル
一三〔六三四〕ウマル（一世）
二三〔六四四〕ウスマーン
三五〔六五六〕アリー

前ウマイヤ朝　四一－一三二
［六六一－七五〇］

四一［六六一］　ムアーウィヤ一世
六〇［六八〇］　ヤジード一世
六四［六八三］　ムアーウィヤ二世
六四［六八三］　マルワーン一世
六五［六八五］　アブドゥル・マリク
八六［七〇五］　アル・ワリード
九六［七一五］　スライマーン
九九［七一七］　ウマル二世
一〇一［七二〇］　ヤジード二世
一〇五［七二四］　ヒシャーム
一二五［七四三］　アル・ワリード二世
一二六［七四四］　ヤジード三世
一二六［七四四］　イブラーヒーム
一二七［七四四］　マルワーン二世

後ウマイヤ朝　一三八－四二二
［七五六－一〇三一］

一三八［七五六］　アブドゥル・ラフマーン一世
一七二［七八八］　ヒシャーム一世
一八〇［七九六］　アル・ハカム一世
二〇六［八二二］　アブドゥル・ラフマーン二世
二三八［八五二］　ムハンマド一世
二七三［八八六］　アル・ムンジル
二七五［八八八］　アブドゥル・アッラーフ
三〇〇［九一二］　アブドゥル・ラフマーン三世
三五〇［九六一］　アル・ハカム二世
三六六［九七六］　ヒシャーム二世
三九九［一〇〇九］　ムハンマド二世
四〇〇［一〇一〇］　ヒシャーム二世（再）
四〇三［一〇〇九］　スライマーン
四〇八［一〇一八］　アブドゥル・ラフマーン四世
四一四［一〇二三］　アブドゥル・ラフマーン五世
四一四［一〇二四］　ムハンマド三世
四一八［一〇二七］　ヒシャーム三世

アッバース朝　一三二－六五六［七五〇－一二五八］

一三二［七五〇］アッ・サッファーフ
一三六［七五四］アル・マンスール
一五八［七七五］アル・マッディー
一六九［七八五］アル・ハーディー
一七〇［七八六］アル・ラシード
一九三［八〇九］アル・アミーン
一九八［八一三］アル・マアムーン
二一八［八三三］アル・ムアターシム
二二七［八四二］アル・ワシク
二三二［八四七］アル・ムタワッキル
二四七［八六一］アル・ムンタシール
二四八［八六二］アル・ムスタァイーン
二五一［八六六］アル・ムアタッズ
二五五［八六九］アル・ムッタディー
二五六［八七〇］アル・ムァタミッド
二七九［八九二］アル・ムァタジッド
二八九［九〇二］アル・ムクタフィー
二九五［九〇八］アル・ムクタディル
三二〇［九三二］アル・カーヒール

三二二［九三四］アル・ラージー
三二九［九四〇］アル・ムッタキー
三三三［九四四］アル・ムスタクフィー
三三四［九四六］アル・ムゥティーァ
三六三［九七四］アッ・タァーイァ
三八一［九九一］アル・カーディル
四二二［一〇三一］アル・カァーイム
四六七［一〇七五］アル・ムクタディー
四八七［一〇九四］アル・ムスタズヒル
五一二［一一一八］アル・ムスタルシッド
五二九［一一三五］アル・ラーシッド
五三〇［一一三六］アル・ムクタフィー
五五五［一一六〇］アル・ムスタンジッド
五六六［一一七〇］アル・ムスタディーァ
五七五［一一八〇］アン・ナーシル
六二二［一二二五］アッ・ザーヒル
六二三［一二二六］アル・ムスタンシル
六四〇［一二四二］アル・ムスタァシム

ファーティマ朝　二九七ー五六七［九〇九ー一一七一］

二九七［九〇九］　アル・マッディー
三二二［九三四］　アル・カーァイム
三三四［九四五］　アル・マンスール
三四一［九五二］　アル・ムァイッズ
三六五［九七五］　アル・アジーズ
三八六［九九六］　アル・ハーキム
四一一［一〇二〇］　アッ・ザーヒル
四二七［一〇三五］　アル・ムスタンシル
四八七［一〇九四］　アル・ムスタァリー
四九五［一一〇一］　アル・アーミル
五二四［一一三〇］　アル・ハーフィズ
五四四［一一四九］　アッ・ザァーフィル
五四九［一一五四］　アル・ファーイズ
五五五［一一六〇］　アル・アージッド

セルジューク帝国　四二九ー五五二［一〇三七ー一一五七］

四二九［一〇三七］　トゥグリル・ベグ
四五五［一〇六三］　アルプ・アスラン
四六五［一〇七二］　マリク・シャー一世
四八五［一〇九二］　マフムット
四八七［一〇九四］　ベルクヤルク
四九八［一一〇四］　マリク・シャー二世
四九八［一一〇四］　メフメット
五一一［一一一七］　サンジャル

ティムール帝国　七七一－九〇六［一三六九－一五〇〇］

七七一［一三六九］ティムール
八〇七［一四〇四］ハリル
八〇七［一四〇四］シャー・ルフ
八五〇［一四四七］ウルグ・ベク
八五三［一四四九］アブドゥルラティフ
八五四［一四五〇］アブドゥルラー
八五五［一四五二］アブ・サイト
八七二［一四六七］アフマット
八九九［一四九三］マフムット

ムガル帝国　九三二－一二七五［一五二六－一八五七］

九三二［一五二六］バーブル
九三七［一五三〇］フマユーン
九六三［一五五六］アクバル
一〇一四［一六〇五］ジャハンギール
一〇三七［一六二八］シャー・ジャハーン
一〇六九［一六五九］アウラングゼーブ
一一一九［一七〇七］バハドゥール・シャー一世
一一二四［一七一二］ジャハンダール
一一二四［一七一三］ファルフ・シャル
一一三一［一七一九］ラフィー・アル・ダラジャート
一一三一［一七一九］シャー・ジャハーン二世
一一三一［一七一九］ムハンマド
一一六一［一七四八］アフマッド
一一六七［一七五四］アラムギール二世
一一七三［一七五九］シャー・アーラム
一二二一［一八〇六］ムハンマド・アクバル二世
一二五三［一八三七］バハドゥール・シャー二世

サファヴィー朝　九〇七－一一四八［一五〇二－一七三六］

九〇七［一五〇二］イスマイール一世
九三〇［一五二四］タフマースブ一世
九八四［一五七六］イスマイール二世
九八五［一五七八］ムハンマド・クダバンダ
九八五［一五八七］アッバース一世
一〇三八［一六二九］サフィー一世
一〇五二［一六四二］アッバース二世
一〇七七［一六六七］スライマーン一世
一一〇五［一六九四］フサイン一世
一一三五［一七二三］タフマースブ二世
一一四四［一七三二］アッバース三世

カージャール朝　一一九三－一三四四［一七七九－一九二五］

一一九三［一七七九］アガ・ムハンマド
一二一一［一七九七］ファトフ・アリー
一二五〇［一八三七］ムハンマド
一二六四［一八四八］ナーシル・ウッディーン
一三一四［一八九六］ムザッファル・ウッディーン
一三二四［一九〇七］ムハンマド・アリー
一三二七［一九〇九］アフマッド・シャー

オスマン帝国　六九九－一九二二［一二九九－一九二二］

六九九	［一二九九］	オスマン一世
七二六	［一三二六］	オルハン一世
七六一	［一三五九］	ムラット一世
七九一	［一三八九］	バヤズィット一世
八〇五	［一四〇三］	メフメット一世
八二四	［一四二一］	ムラット二世
八五五	［一四五一］	メフメット二世
八八六	［一四八一］	バヤズィット二世
九一八	［一五一二］	セリム一世
九二六	［一五二〇］	スレイマン一世
九七四	［一五六六］	セリム二世
九八二	［一五七四］	ムラット三世
一〇〇三	［一五九五］	メフメット三世
一〇一二	［一六〇三］	アフメット一世
一〇二六	［一六一七］	ムスタファ一世
一〇二七	［一六一八］	オスマン二世
一〇三一	［一六二二］	ムスタファ一世（復）
一〇三二	［一六二三］	ムラット四世
一〇四九	［一六四〇］	イブラヒム一世
一〇五八	［一六四八］	メフメット四世
一〇九九	［一六八七］	スレイマン二世
一一〇二	［一六九一］	アフメット二世
一一〇六	［一六九五］	ムスタファ二世
一一一五	［一七〇三］	アフメット三世
一一四三	［一七三〇］	マフムット一世
一一六八	［一七五四］	オスマン三世
一一七一	［一七五七］	ムスタファ三世
一一八七	［一七七四］	アブドュルハミット一世
一二〇三	［一七八九］	セリム三世
一二二二	［一八〇七］	ムスタファ四世
一二二三	［一八〇八］	マフムット二世
一二五五	［一八三九］	アブドュルメジット
一二七七	［一八六一］	アブドュルアージズ一世
一二九三	［一八七六］	ムラット五世
一二九三	［一八七六］	アブドュルハミット二世
一三二六	［一九〇九］	メフメット五世
一三四一	［一九一八］	メフメット六世

トルコ共和国　一三四二ー［一九二三ー］

一三四二［一九二三］　ケマル・アタテュルク
一三四六［一九二七］　ケマル・アタテュルク（再）
一三五〇［一九三一］　ケマル・アタテュルク（再）
一三五四［一九三五］　ケマル・アタテュルク（再）
一三五七［一九三八］　イスメト・イノニュ

イラン王国（パフラヴィー朝）　一三四四ー［一九二五ー］

一三四四［一九二五］　レザー・パフラヴィー

エジプト王国（ムハンマド・アリー朝）

一二二〇―［一八〇五―］

一二二〇［一八〇五］　ムハンマド・アリー
一二六四［一八四八］　イブラヒーム
一二六四［一八四八］　アッバース一世
一二七〇［一八五四］　サイード
一二八〇［一八六三］　イスマイール
一三〇〇［一八八二］　タウフィーク
一三〇九［一八九二］　アッバース二世
一三三二［一九一四］　フサイン・カミール
一三三五［一九一七］　フゥアッド一世
一三五四［一九三六］　ファルク一世

アフガニスタン王国（バーラクザイ朝）

一二五一―［一八三五―］

一二五一［一八三五］　ドスト・ムハンマド
一二八〇［一八六三］　シェール・アリー
一二八三［一八六六］　アフザール
一二九七［一八八〇］　アブドゥル・ラフマーン
一三一九［一九〇二］　ハビーブッラー
一三三七［一九一九］　アマーヌッラー
一三四八［一九二九］　ナディール
一三五二［一九三三］　ムハンマド・ザヒール

イラク王国
一三四六—〔一九二七—〕

一三四六〔一九二七〕　ファイサル一世
一三五二〔一九三三〕　ガージー一世
一三五八〔一九三九〕　ファイサル二世

サウジアラビア王国
一三四四—〔一九二六—〕

一三四四〔一九二六〕　イブン・サウード

Timeline of Muslim dynasties

付 回教王朝表

١٩

回教王朝表その一　第十三世紀前半以前

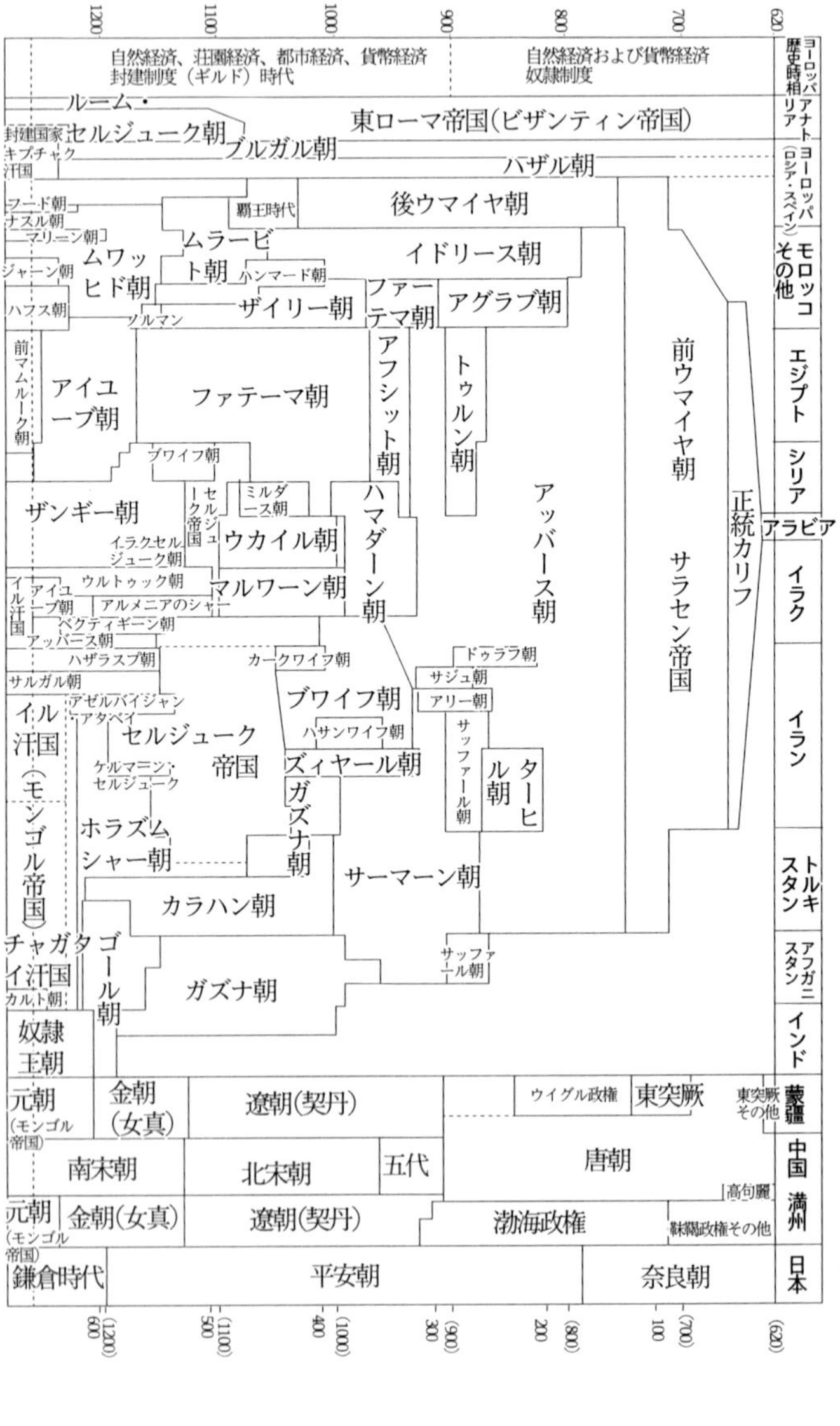

回教王朝表その二　第十三世紀後半以降

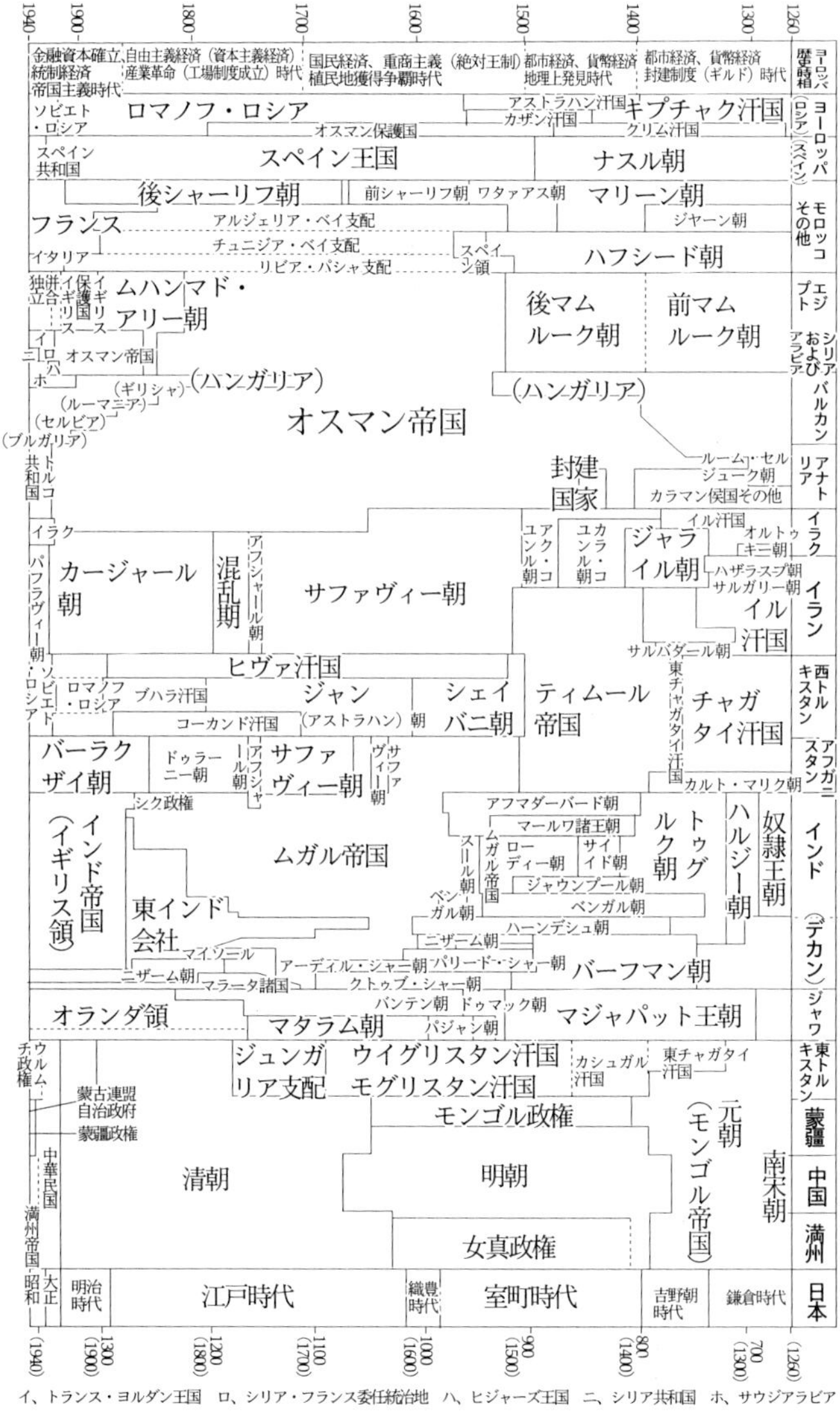

イ、トランス・ヨルダン王国　ロ、シリア・フランス委任統治地　ハ、ヒジャーズ王国　ニ、シリア共和国　ホ、サウジアラビア

Historical map of the Islamic world

付 回教圏史地図

٢٠

回教圏史地図その一

左の図は 1940 年出版の『回教圏史要』巻末掲載図をもとに、
簡略化して作成。

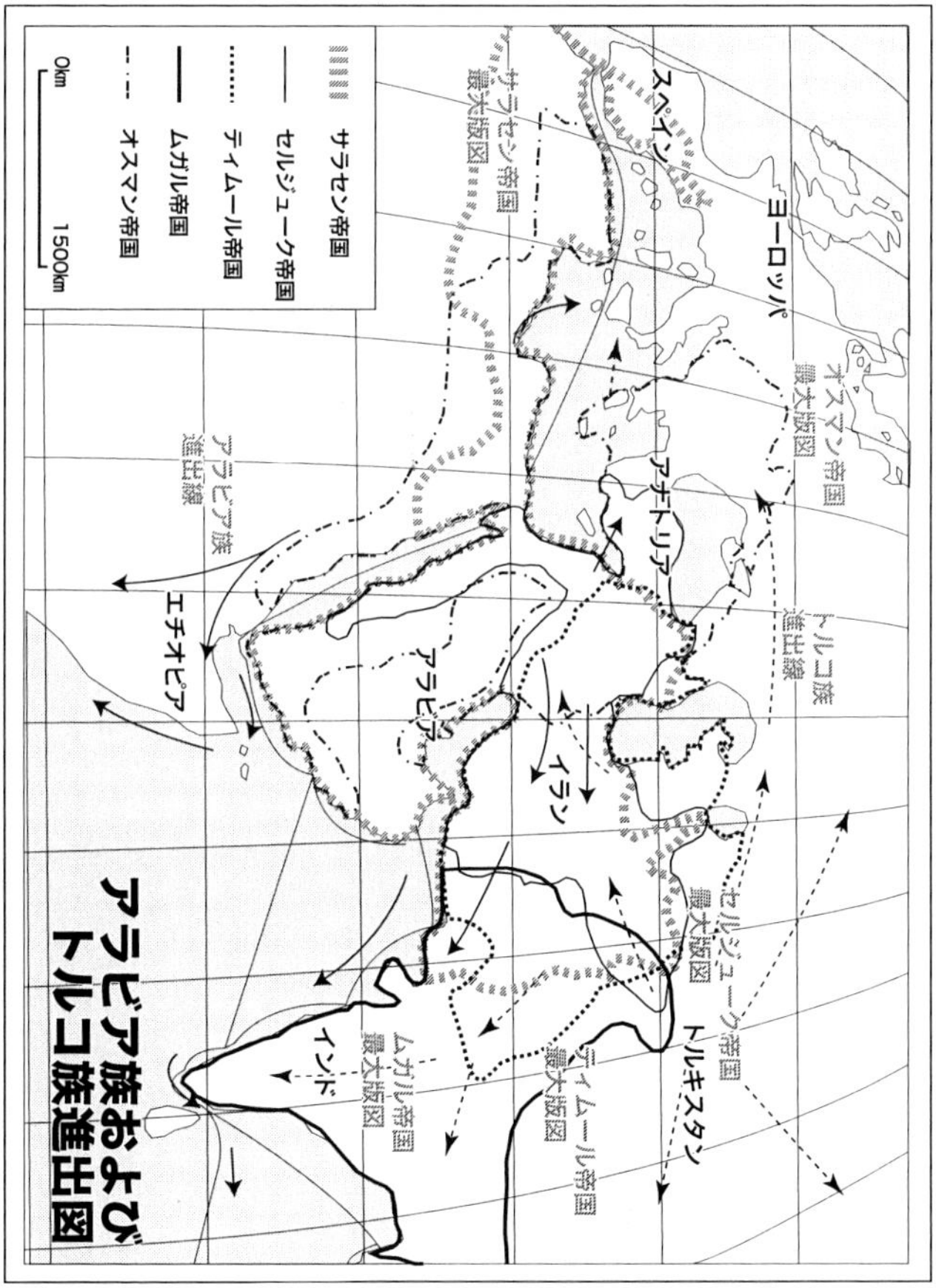

アラビア族および トルコ族進出図

回教圏史地図その二

左の図は 1940 年出版の『回教圏史要』巻末掲載図をもとに、
簡略化して作成。

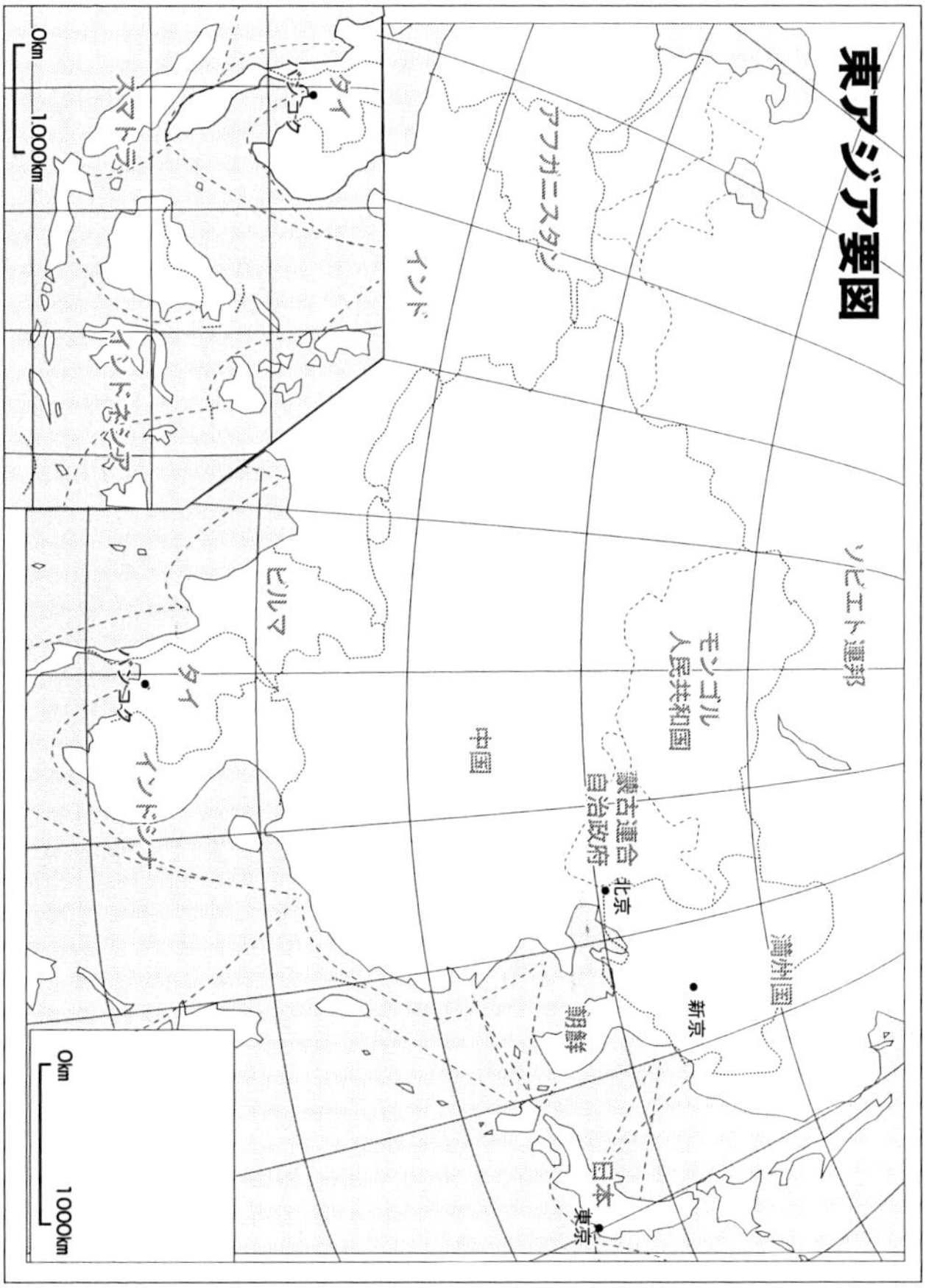
東アジア要図
ソビエト連邦
モンゴル
人民共和国
満州国
新京
北京
蒙古連合
自治政府
中国
朝鮮
日本
東京
アフガニスタン
インド
ビルマ
タイ
バンコク
インドシナ
スマトラ
インドネシア
0km
1000km
0km
1000km

回教圏史地図その三

左の図は 1940 年出版の『回教圏史要』巻末掲載図をもとに、
簡略化して作成。

今日の回教圏

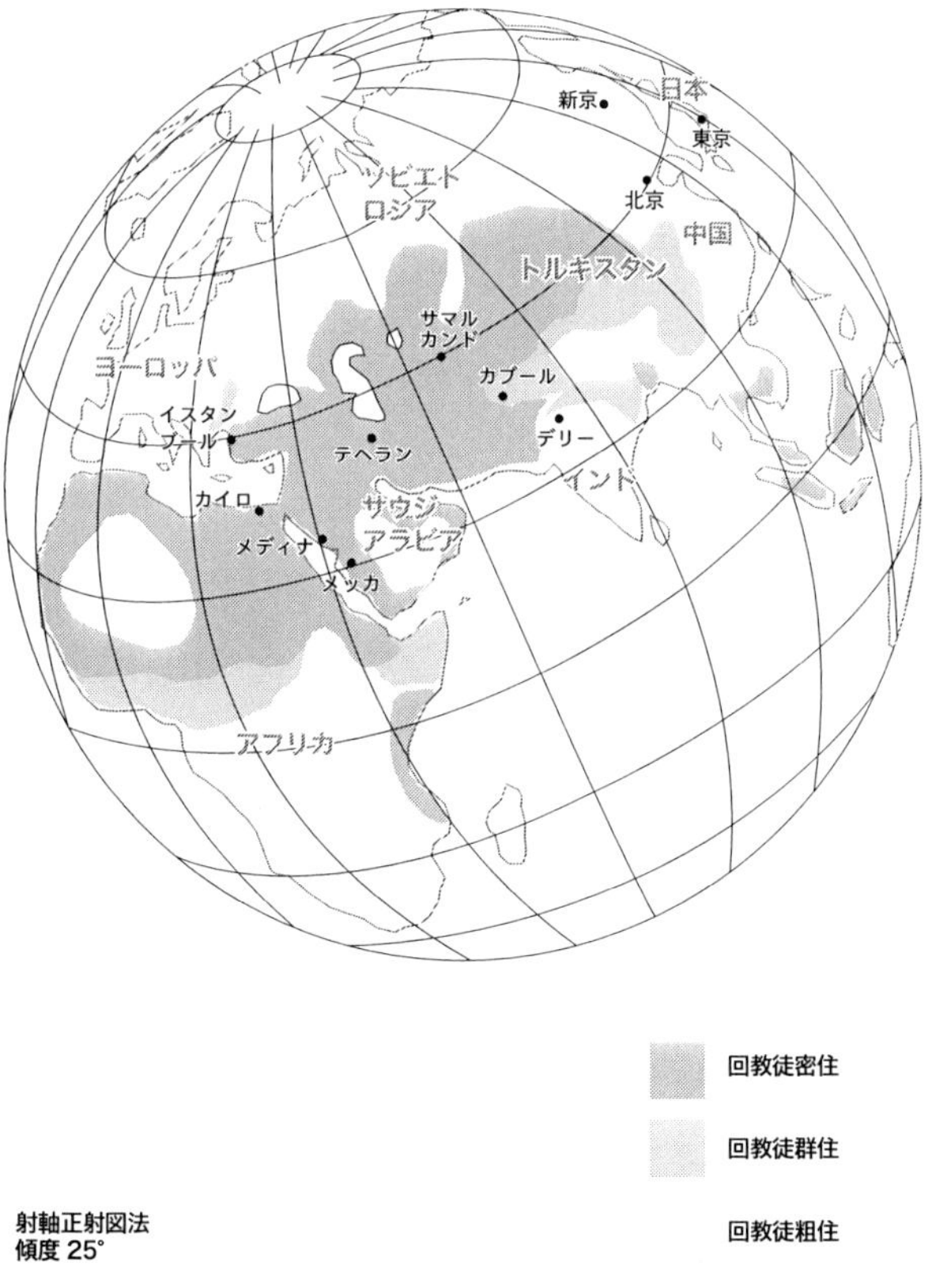
ソビエト
ロシア
新京
日本
東京
北京
中国
トルキスタン
サマル
カンド
カブール
ヨーロッパ
イスタン
ブール
テヘラン
デリー
インド
カイロ
サウジ
アラビア
メディナ
メッカ
アフリカ
回教徒密住
回教徒群住
回教徒粗住
射軸正射図法
傾度 25°

回教圏史要

昭和十五年一月二十二日　印刷
昭和十五年一月二十五日　発行

定価金三円

編者　回教圏研究所
東京市芝区白金三光町二五六
回教圏研究所内
代表者　大久保幸次

東京市神田区三崎町二丁目十一
印刷者　百目木智璉

東京市芝区白金三光町二五六
財団法人善隣協会経営
発行所　回教圏研究所
電話高輪二八〇七番
振替東京一六〇七三七番

東京市豊島区巣鴨七丁目一六九四
発売所　四海書房
電話大塚六九三番
振替東京七三八七四番

著者紹介
回教圏研究所

大久保幸次を所長として、一九三八年に発足した回教圏研究所。アラビア、イラン、トルコ、インド、中央アジア、東南アジア、中国などに広がるイスラム圏の調査研究を行ない、学術誌『回教圏』を発行した。研究部に蒲生礼一、竹内好、井筒俊彦らを抱えていた。一九四五年に解散。

・本書はオンデマンド印刷で作成されています。
・本書の内容に関するご意見、お問い合わせは、発行元の
まちごとパブリッシング info@machigotopub.com までお願いします。

回教圏史要（Classics&Academia）

Digital Publishing

2017年11月14日　発行

著　者　　回教圏研究所
発行者　　赤松　耕次
発行所　　まちごとパブリッシング株式会社
〒181-0013　東京都三鷹市下連雀4-4-36
URL　http://www.machigotopub.com/
発売元　　株式会社デジタルパブリッシングサービス
〒162-0812　東京都新宿区西五軒町11-13
清水ビル3F
印刷・製本　　株式会社デジタルパブリッシングサービス
URL　http://www.d-pub.co.jp/

MP188

ISBN978-4-86143-322-1 C0326　Printed in Japan